山东省本科高校教学改革研究项目（2015M039）
山东省教育科学规划课题（YB15016）成果

乡村旅游规划与开发

Rural Tourism Planning and Exploiting

刘 杰 刘玉芝 郑艳霞 张世富 张玉敏 编著

中国财经出版传媒集团
经济科学出版社
Economic Science Press

图书在版编目（CIP）数据

乡村旅游规划与开发/刘杰等编著.—北京：经济科学出版社，2020.7（2025.1重印）

ISBN 978-7-5218-1661-7

Ⅰ.①乡… Ⅱ.①刘… Ⅲ.①乡村旅游-旅游规划-研究-中国②乡村旅游-旅游资源开发-研究-中国

Ⅳ.①F592.3

中国版本图书馆CIP数据核字（2020）第109636号

责任编辑：宋 涛

责任校对：隗立娜

责任印制：李 鹏 范 艳

乡村旅游规划与开发

刘 杰 刘玉芝 郑艳霞 张世富 张玉敏 编著

经济科学出版社出版、发行 新华书店经销

社址：北京市海淀区阜成路甲28号 邮编：100142

总编部电话：010-88191217 发行部电话：010-88191522

网址：www.esp.com.cn

电子邮箱：esp@esp.com.cn

天猫网店：经济科学出版社旗舰店

网址：http://jjkxcbs.tmall.com

北京季蜂印刷有限公司印装

787×1092 16开 15印张 330000字

2020年8月第1版 2025年1月第2次印刷

ISBN 978-7-5218-1661-7 定价：45.00元

内容简介

本书是为了响应乡村振兴国家战略，在对乡村旅游规划与开发基本知识和基本理论介绍的基础上，阐述了乡村旅游规划与开发的重点内容、技术方法与操作实务。全书包括十大部分，即乡村旅游规划与开发概述、乡村旅游规划与开发基础理论和技术方法、乡村旅游资源的调查与评价、乡村旅游规划与开发的形象定位与功能分区、乡村旅游产品与项目设计、乡村旅游规划与开发的可行性分析、乡村旅游规划与开发的图件及制作方法、乡村旅游规划与开发专业实习、新视角下乡村旅游规划的理论及实践、附录。

本书及时体现《中共中央国务院关于建立国土空间规划体系并监督实施的若干意见》的内容，充分适应《中国教育现代化2035》精神，秉承新时代教育理念，提升学业挑战度，增补延伸资料，提高自主学习时间比例，引导学生多读书、深思考、善提问、勤实践、敢创新。利用"互联网+教育"、探索智能教育新方法，具有时代性、应用性特点。

本书适合地理专业、旅游管理专业、公共管理专业和城乡规划专业的师生阅读，也可以作为政府机关、企事业单位相关部门和从事城乡建设、旅游规划等相关人员业务培训用书。

内容简介

前　言

我国改革开放以来，经济社会发展取得了巨大的进步。但也面临着日益严重的生态环境压力、经济社会转型发展能力不足等问题。近些年来，重大疫情、大气污染、化工厂爆炸等公共事件的连续出现，对我国国土空间安全与可持续发展产生了重大的影响。2019 年发布的《中共中央国务院关于建立国土空间规划体系并监督实施的若干意见》（附件三）中提出：到 2035 年，全面提升国土空间治理体系和治理能力现代化水平，基本形成生产空间集约高效、生活空间宜居适度、生态空间山清水秀，安全和谐、富有竞争力和可持续发展的国土空间格局。构建我国国土空间现代化治理体系，促进国土空间优化与可持续发展是全国人民的强烈愿望。在旅游规划与开发中必须贯彻落实这一新时代的发展理念，实现全国人民的需求。

我国目前正在实施乡村振兴战略。乡村振兴不仅是一个单纯的经济议题，它已经超越了产业发展和经济范畴，涵盖了经济、社会、生态、文化多个领域，必须走出固有的乡村发展思路，真正从乡村本位出发，转变思想，探索出一条乡村崛起的可持续发展路径。近年来，旅游业作为我国市场化程度最高的行业之一，已经逐渐成为国民经济的支柱性产业。乡村旅游作为旅游业的一个分支，既融合三产，又紧密联结农业生产、农产品加工业、农村服务业，是一种新型的产业形态和消费业态。乡村旅游适应城市居民日益增长的周边短途休闲度假消费需求的独特优势，呈现超出一般旅游业态的蓬勃活力，在提高城乡居民生活质量、促进贫困地区脱贫攻坚等方面发挥了越来越重要的作用。通过乡村旅游与三产融合的方式，结合构建完善国土空间规划体系，全面建设美丽乡村，能够有效推进绿色发展为导向的乡村振兴战略落地生根。中外社会经济发展的历程业已证明，乡村旅游是乡村振兴的重要路径之一，是乡村振兴的突破口。但是，并非每一个乡村都适合发展乡村旅游业，必须因地制宜，对乡村旅游业进行科学的规划与开发。

本书的编写基于为乡村旅游规划与开发的人才培养提供理论基础和实践操作。近年来，我们教学科研团队在教学改革的理论研究和实践探索中，教学科研与当地社会经济发展相结合，先后完成了山东省高校教学改革项目、山东省教育科学规划项目、山东省社会科学规划项目等相关课题，并承接四十余项城乡规划项目。先后多次获得学校教学成果一等奖、菏泽市社会科学一等奖。《旅游规划与开发》课程获得山东省省级精品课程称号。在此基础上，逐渐完成了本教材的编写工作。

为深入贯彻全国教育大会精神和《中国教育现代化 2035》，坚持立德树人，围绕学生忙起来、教师强起来、管理严起来、效果实起来，深化本科教育教学改革。在本书编写中，我们秉承新时代教育理念，提升学业挑战度，增补延伸资料，提高自主学习时间比例，引导学生多读书、深思考、善提问、勤实践、敢创新。利用“互联网＋教育”、探索智能教育新方法。

我国正在进行国土空间规划体系的建构。国土空间规划体系聚焦在三方面，即聚焦新时代治理体系、聚焦可持续发展和生态文明建设、聚焦新技术的整体贯通。在本书的编写过程中，我们以绿色生态文明建设发展战略引领乡村旅游规划与开发。在文旅融合发展理念下，乡村旅游规划与开发如何转型发展，如何适应新时代国土空间规划、全域旅游、乡村振兴和旅游扶贫的全新发展环境，目前旅游规划主要以 2003 年颁布的《旅游规划通则》为指导依据进行编制，而在国土空间规划主导的新规划颁布实施形势下，在文旅融合发展中，如何遵循《旅游规划通则》，如何对《旅游规划通则》等相关法规规定做出相应的调整或修订。我们在编写过程中也试图深入探讨这些问题。

在社会服务和实践中我们逐渐认识到，社会对乡村旅游规划与开发的应用型人才需求向两端伸展，一端是对乡村旅游发展的战略规划，即概念咨询；另一端是对乡村旅游项目规划设计的落地实施，即技术操作。在本书编写中，为了实现社会对应用型人才的需求，我们通过对最新规划与开发理念和技术方法介绍，相关法规规定研读，中外经典案例分析，并结合实际项目，引领学生提升实践应用能力和职业素养。强化科研育人功能，把我们团队的科研成果转化为教学内容，激发学生专业学习兴趣，推动科研反哺教学，以高水平科学研究成果提升学生创新和实践能力。

在本书编写过程中，我们力求解决三大问题：学生能够正确理解乡村与乡村旅游的本质特性；学生能够精确把握旅游规划与开发的基本理论、技术方法和相关法规规定；学生能够基本具备国土空间规划与治理的职业素养。

本书由刘杰谋划设计和通稿定稿。刘玉芝协助刘杰进行了通稿。全书共分十大部分。其中，第一章和第二章由刘杰编写；第三章、第四章和第八章由刘玉芝编写；第五章和第六章由郑艳霞编写；第七章由张世富编写；第九章由刘杰、张世富和张玉敏编写；附录部分由张玉敏整理。

由于水平和时间的限制，书中肯定有许多不当甚至错误之处，恳请读者批评指正。

刘　杰

2020 年 2 月 24 日于菏泽牡丹城

目　　录

第一章　乡村旅游规划与开发概述

【知识学习】

了解中外乡村旅游的兴起和发展；
理解乡村旅游规划与开发的内涵；
掌握乡村与乡村旅游的概念。

【能力提升】

认识并分析中外乡村旅游的经典模式，理解乡村性与乡村景观的内涵，并能应用于乡村旅游规划的学习与实践中。

【素质养成】

通过本章的学习，学生对乡村旅游规划与开发有全面深入的认识，培养学生民族自豪感和爱国情怀。

◆导入案例

什么样的乡村适宜发展乡村旅游？

据中国住建部的统计，中国现在还有261.5万个自然村落。国务院办公厅指出，“到2020年，在261.5万个自然村落里形成10万个以上的休闲农业和乡村旅游特色村”。也就是说约有3.8%的乡村，是跟乡村旅游有关系的。这些乡村，共同构筑的是拥有中国1万亿元巨大的乡村旅游产业潜力的市场。

从外在条件讲，适宜发展乡村旅游的乡村，市场基础好，位于大中型城市的附近、临近成熟的景区、大型的旅游项目或者政府规划的重要旅游区域内，可引入非常好的交通干道。这样一些乡村都是比较容易成型的乡村旅游。

从内在条件讲，传统村落，从风貌和景观上保持着传统的风格，环境生态好，容易打造出有味道乡村，如果它有自己的优势产业，如蔬果业、渔业、养殖业、手工业，就会比较有体验度，容易成为一个好的旅游乡村。

资料来源：国家资金申报网微信号：gjzjsb（20180912）。

思考：什么样的乡村适宜发展乡村旅游？

第一节　乡村与乡村旅游

一、乡村

（一）乡村的概念

乡村（rural/country）是对现存人类生活空间的描述，“rural”最初源自拉丁语，意为乡下的、农村的，被作为名词来指代来自乡村的人，后来演化为指代城市之外的地区，偏重于客观自然属性的描述；“country”也起源于拉丁文，原意为某一领地周围的土地，后来则指对立于城市而存在的土地，或者属于某一特定民族或国家的领土，相对带有较多的社会文化的内涵（龙花楼，2012）。乡村一般有以下三个特点：乡村土地利用是粗放的，尤其是农业和林业等土地利用特征明显；稀小和低层次的聚落，表达出所独有的广阔自然景观背景下的建筑物与周围环境空间匹配范式；乡村生活的环境与行为，是其简约人文景观的有机构成，是特有的乡村生活方式（王云才，2013）。乡村是人类聚落发展过程中的一种较为低级的形式，是城市聚落的初级形态（王德刚，2010）。总之，乡村是和城市相对应的一种地域概念，是指以乡村居民点为中心，在地理景观、社会组织、经济结构、土地利用、生活方式等方面都与城市有明显差异的一种区域综合体。

（二）乡村性

乡村是区域景观特定的演替阶段，是区域特殊的景观地域类型。乡村景观的乡村性研究是客观准确描述乡村景观特征，区别于其他不同类型景观的依据。根据社会学对乡村性的认识，乡村性概念主要建立在城市和乡村关系的社会学理论体系之上，乡村—城市连续统一体模型（Rural - Urban Continuous Model）是社会学对乡村性解释的重要理论模型。该模型描述了乡村景观向城市景观演替的渐变过程，指出乡村是一种特殊社区类型（王云才，2011）。乡村性是乡村地理学研究的核心。乡村性研究工作从原先关注于乡村的物质性，转而关注其政治经济结构特性乃至社会建设过程（龙花楼，2012）。

（三）乡村的特征及分类

在乡村演变和发展的漫长进程中，乡村呈现出了与城市不同的诸多特征，并在一定程度上保留了这些特征的原始性。由于不同乡村的自然人文特征各异，其类型划分也呈现出多元性。

1. 乡村的特征

第一，多数乡村地区地广人稀，人口密度较小。乡村的居民点分散在大的生产环境中，人均土地占有面积远远高于城市，乡村建筑物间隔相对较大。

第二，乡村基础设施、服务设施较城市简陋。很多乡村都是典型的自给自足的小农经济占主导地位发展而来的，随着乡村振兴战略的实施，广大乡村已经发生天翻地覆的变化，但是乡村仍旧保留着相对封闭的、独立的经济循环系统。而且，村庄人口密度小，对各种消费的需求层次不高，这便导致了乡村的基础设施和服务设施比较简陋；文化、教育、卫生等发展水平较低。

第三，乡村的自然生态环境质量高于城市。与许多乡村地理环境的封闭性以及交通的落后性相对应，乡村吸纳人口的能力较弱，这在很大程度上反而有助于乡村生态环境的保护。整体来看，乡村分布比较零散，工业部门鲜有进驻，空气污染指数低，大气环境质量相对较高。

第四，乡村地域文化单一、本真且相对固定。在乡村地区，建立在土地资源基础上的生产劳动需要一定规模劳动力的聚集。乡村中生产和生活的组织一般是以家庭、宗族等为单位，大部分乡村地区仍然保留着乡村宗族格局。乡村地区交通通达性较低，乡村空间相对独立和封闭，受到外来文化的感染和侵袭速度也较慢，是乡村地域文化相对单一、本真和固定的原因所在。

2. 乡村的分类

按照不同的划分标准，乡村的分类形式不同。

第一，发展过程分类。乡村可分为五个历史发展阶段：原始型乡村、古代型乡村、近代型乡村、现代型乡村和未来型乡村。乡村的这五个发展阶段可以看作是按照乡村的发展过程划分的五种类型的乡村，这种划分方法具有明显的历史性和阶段性特征。

第二，单一要素分类。按照地理形态划分，乡村主要包括山村、渔村、平原村等。按照经济活动划分，主要有以种植农作物为主的乡村、以经营桑蚕为主的乡村、以畜牧为主的乡村、以林业为主的乡村、以蔬菜果树为主的乡村、以经营渔业为主的乡村和以非农业为主的乡村等，还有农林、农牧、农渔等兼业乡村。按人口分类划分，乡村主要包含从户口的疏密角度划分的疏居制乡村和密居制乡村、从人口的家族角度划分的单姓乡村和复姓乡村等。按照乡村形成的原因以及聚落分布形态，乡村可以分为条带状乡村、团状乡村和多边形乡村等。按照乡村历史的长短可以分为旧村和新村。根据乡村是否具有行政含义，可以分为自然村和行政村。自然村是村落实体，行政村是行政实体。自然村是村民日常生活和交往的单位，而不是社会管理单位，行政村是我国行政区划体系中最基层的一级，设有村民委员会等权力机构，二者的区别不是规模的大小，而在于行政建制的差异。从村落传统的角度，将村庄分为四大类，即老传统主导的村庄类型、新传统主导的村庄类型、新老传统相结合的村庄类型以及没有传统的村庄类型。

第三，多要素分类。现实乡村大多是一个由政治、经济、文化、环境等多要素组成的区域综合体，乡村类型划分可按照主要因素进行分类，如按照地理因素、历史长短和文化形成等特征分类。以山东省为例，把山东乡村分为以渔村为代表的胶东乡村，以民俗村和传统村落为代表的鲁中乡村，以山村为代表的鲁南乡村，以平原村为代表的鲁西、鲁北乡村，以湖村和船屋为代表的南四湖和运河民俗村，以特色产业村为代表的新农村等（王德刚，2010）。

（四）景观村落与乡村景观

乡村是世界大多数国家中占国土面积最大的人类居住区域。社会经济和科学技术的快速发展，推动了乡村景观的变化。最重要的变化，表现在乡村土地利用变化和乡村聚落景观的变化，其中，乡村土地利用变化对乡村景观具有决定性的作用。

1. 景观村落

景观村落的概念，源于联合国教科文组织世界遗产委员会第十六届会议。景观村落是指那些历经沧桑，依然较好、较完整地保存着原有历史风貌的古村落，它们大都有优美的山水环境，以及数百年上千年以上的建村历史，村落里有一定量的传统建筑与人文景观，并能体现出景观的独特性和文化的多样性。景观村落是一个乡村自然景观和人文景观和谐交融的综合体，承载着村民生产生活生态的悠久历史和文化诉求。随着我国发展理念的转型和社会的全面进步，保护传统景观村落，已成为当务之急。目前，景观村落已经成为全球乡村旅游的重要资源。

2. 乡村景观

乡村景观是历史上不同文化时期，人类对乡村自然环境干扰的信息记录和空间表达。主要表现在以下几个方面：从地域范围来看，乡村景观是泛指城市景观以外的景观空间，包括从都市乡村、城市郊区景观到野生地域的景观范围。从景观构成上来看，乡村景观是由乡村聚落景观、乡村经济景观、乡村文化景观和自然环境景观构成的景观整体。从景观特征上来看，乡村景观是自然景观与人文景观的综合体，人类的干扰强度较低，景观的自然属性较强，自然环境在景观中占主体，景观具有深远性和宽广性。乡村景观区别于城市景观的关键在于乡村以农业为主的生产景观和粗放的土地利用景观以及乡村特有的田园文化和田园生活。例如，乡村具有的稀疏农舍、牲畜棚圈、场院仓库及其他特定乡村生产生活生态的附属设施，这些设施不仅是乡村不可或缺的生产生活生态内容，而且还是乡村景观的重要组成部分（见图 1－1 至图 1－6）。

图 1-1　城市景观

资料来源：刘杰 2016 年 4 月摄于北京明城墙遗址公园。

图 1-2　城市景观

资料来源：刘杰 2016 年 7 月摄于日本京都。

图 1 – 3　城市景观

资料来源：刘杰 2017 年 8 月摄于英国伦敦。

图 1 – 4　乡村景观

资料来源：刘杰 2016 年 7 月摄于日本长野县下武石。

图 1-5　乡村景观

资料来源：刘杰 2016 年 7 月摄于日本长野县下武石。

图 1-6　乡村景观

资料来源：刘杰 2018 年 4 月摄于上海奉化区新强村。

根据景观建造过程中的人类干扰强度，乡村景观可以分为自然景观、经营景观和人工景观三大类型。乡村自然景观可以分为原始自然景观和轻度人为干扰自然景观；乡村经营景观可以分为人工自然景观与人工经营景观，前者是景观中的非稳定成分，如采伐林地、放牧场等，后者则是景观中较为稳定的成分，如农田、果园等；人工景观是一种完全由人类创造的景观类型，如各种交通系统工程、农业水利系统工程以及其他建筑物。

按照景观独立形态进行的乡村景观分类，可以较为精准地描述乡村的景观特征，能够更好地体现乡村性。景观的独立形态特征是指在乡村景观体系中具有特殊的景观功能，独立的景观单元，它们既相互影响又相互独立，成为描述乡村景观的重要组成部分。依据景观独立形态特征，乡村景观主要分为以下类型：居民点景观，包括居民点形态、住宅形态；乡村网络景观，包括道路、河流、林网等；农耕景观，如大田景观、设施农业、农场景观等；乡村休闲景观，如田园公园、观光农园、自然保护区、森林公园等；遗产保护景观，如生态示范区、遗产遗迹、古聚落、民俗村等；野生地域景观，如保护性荒地景观、边缘荒地景观等；湿地景观，如低地、湖沼等；林地景观，如果树景观、人工经济林景观、人工生态林景观等；旷野景观，如开放空间、公共空间、私人领地等；乡村工业景观，如工业大院、矿山采矿等；养殖景观，如养殖小区、库区和湖区景观等。乡村景观是乡村的自然资源和人文资源在乡村空间的表达，乡村景观的区域和空间组合体现了乡村特色，乡村景观的建设和利用方式将影响乡村的可持续发展。

所以说，乡村景观是具有特定的景观特征、景观内涵和景观意象的景观类型。是区域景观结构中的主体景观类型。是以自然景观为基础，以人文景观为主导的人类文化与自然环境高度融合的景观综合体。是乡村旅游规划和设计的重点内容，是乡村旅游业经营和开发的核心竞争力。

3. 乡村景观要素

（1）乡村景观的自然环境要素。自然环境，是由地貌、气候、水文、土壤、生物等要素有机组合而形成的自然综合体，是区域景观的基底，是城市景观的大背景，是乡村景观的核心景观特征。乡村景观所具有的自然环境要素，对乡村景观的形成具有不同的作用，成为乡村景观构成的有机组成要素。

（2）乡村景观的人文环境要素。乡村景观的人文环境要素，包括乡村硬质景观要素和乡村软质景观要素。

乡村硬质景观要素，是指从历史时期到现在的人工干扰自然环境景观的全过程中，在自然环境景观的基底上塑造和建设的可视景观要素。硬质景观的类型、强度和景观结构，反映了在区域发展过程中，人类对自然环境景观的干扰强度和干扰方式。

乡村软质景观要素，是指在长期与自然环境相互作用过程中，人类在认识自然、感受自然、适应自然、利用改造自然的实践中，形成的涉及乡村社会、经济、宗教、政治和乡村组织形式等方面的社会价值观。它是乡村景观要素中最为重要的文化特征，更是文旅业融合深度发展的基本要素。

二、乡村旅游

（一）乡村旅游

1. 乡村旅游的概念

乡村旅游（rural tourism）是指旅游者在乡村（通常是偏远地区的传统乡村）及其附近逗留、学习、体验乡村生活模式的活动［世界旅游组织（WTO），1997］。是利用农业和乡村资源而开发的一种集观光、休闲、度假、体验于一体的综合性旅游产品，是传统的第一产业农业与新兴服务业旅游业的一种产业融合。乡村旅游一般包含以下内容：一是以自然生态环境为基底的乡村景观，最大化表达出乡村景观与城市景观的差异性；二是以独具特色的乡村民俗文化为灵魂，以此提高乡村旅游的品位丰富性；三是以农民为经营主体，充分体现"住农家屋、吃农家饭、干农家活、享农家乐"的民俗特色；四是乡村旅游的目标市场应主要定位为城市居民，满足都市人享受田园风光、回归淳朴民俗的愿望。

乡村旅游是中高品质休闲旅游产品，规划开发乡村旅游，不能再认为是一个简单粗放的项目，美丽而宁静的乡村已经成为稀缺资源。乡村旅游需要两个基本条件，即相对美丽的乡村环境和明显超越别的乡村的设施条件。

乡村旅游属全部旅游产品体系中内涵清晰、外延广泛的一类专项旅游产品，需要同时满足发生在乡村地区和以乡村作为主要吸引物两大特征，这两大特征也是乡村旅游基础价值和面向游客的核心吸引力所在。乡村旅游的本质吸引力在于为游客提供乡村主题鲜明、内涵丰富的旅行体验，特别是个性化的精神体验是主要产品消费诉求。

2. 几个相关概念的比较

在理解乡村旅游这个概念时，注意与其他几个相关概念的区别与联系，诸如农家乐、休闲农业、观光农业、农业旅游、民俗旅游等，因为在现有的乡村旅游研究过程中，经常把这些概念混为一谈，不加区分地交替使用。而实际上，这些概念之间都有着或大或小的区别和联系。

（1）农家乐。在我国乡村旅游发展过程中，通常把乡村旅游简称为农家乐。这是因为，我国的乡村旅游是从农家乐开始的，农家乐成为中国最有特色的乡村旅游形式之一，所以，农家乐也变成中国化的乡村旅游概念。自从四川省成都市周边乡村最早开展农家乐以来，这种乡村旅游形式在全国遍地开花，蓬勃发展。可是，伴随着乡村旅游的纵深发展，在人们的旅游活动更趋向于个性化、多样化的今天，再用农家乐代替乡村旅游的概念越来越不适宜了。

（2）休闲农业。突出休闲度假功能，一般在生态环境良好的乡村建立完善的生活服务设施，并利用不同的农业资源，如森林、牧场、湿地、果园等，吸引游客前去度假，开展农业体验、自然生态领略等各种观光休闲度假旅游活动，满足城市居民放松紧张心理压力的需求。我国台湾地区将乡村旅游与休闲农业两个概念通用。

（3）观光农业。它是以农业活动为基础，以农业生产为依托吸引游客前去观赏，融农业经营与观光为一体的新型交叉型产业，在日本和中国台湾地区使用较广（见图1-7）。在国内，人们常把农业旅游和观光农业混为一谈。尽管观光农业与农业旅游内涵基本一致，但由于观光农业反映的只是传统观光型旅游形式，无法体现当代农业旅游参与性、娱乐性、休闲性等特征，所以观光农业旅游应该算是农业旅游的初级阶段。观光农业的落脚点在于农业，而不是旅游业。观光农业强调现代旅游业在传统农业上的附加，农业仍居于主要地位，而旅游是农业的延伸。并且，观光农业主要以农业资源为旅游开发的本底资源，而乡村旅游的旅游吸引因子却丰富得多，任何处于乡村地区的资源都可以用作乡村旅游的开发。因此，乡村旅游和观光农业不是包容关系，乡村旅游不能包容观光农业，观光农业也不能包容乡村旅游，一个强调旅游在先，一个强调农业第一。

图1-7 日本观光农业

资料来源：刘杰2016年7月摄于日本长野县下武石。

（4）农业旅游。乡村旅游偏重乡村风情，农业旅游的内容却很难与农事分开或者离不开农事活动。乡村是与城市相对的地域概念，乡村旅游应该被视为一种与城市旅游相对存在的独立形态的旅游形式，乡村性应该成为界定乡村旅游的重要标志。而农业则是一个产业的概念，虽然农业旅游也涉及农村风貌、民风民情，但农业旅游脱离不了农业的生产性的基本属性，它主要以农业种植、农业技术、农业景观为内容，开展领略田园风光、学习农业技术、感悟农业生产、体验农事趣味等参与性、体验性活动。乡村旅游和农业旅游有很大部分的交叉重叠，而乡村旅游的内容更丰富，范围更大一些。

（5）民俗旅游。民俗旅游是以民俗事象为主体内容的旅游活动。一般分为都市民俗旅游和乡村民俗旅游。乡村民俗旅游是乡村旅游的一部分（见图1－8、图1－9和图1－10）。因为乡村民俗所具有的丰富的文化内涵，所以它又是乡村旅游吸引力的十分重要的内容。由于人们的现代生活方式正走向趋同，旅游产品同质化竞争也越来越突出，因此差异性的民俗旅游产品便成了吸引游客、增强竞争力的拳头产品。

图1－8　民俗旅游

资料来源：刘杰2015年9月摄于陕西宜川。

图1－9　民俗旅游

资料来源：刘杰2016年11月摄。

图 1－10　古村古镇旅游

资料来源：刘杰 2016 年 11 月摄。

（二）乡村旅游的基本特征和核心要素

1. 乡村旅游的基本特征

乡村性是乡村旅游的基本特征。包括以下含义：一是地域辽阔，人口密度较低，居民点的人口规模较小。二是土地利用类型以农业用地和林业用地等自然用地为主，建筑物占地面积少，即具有乡村型的自然景观；经济活动简单，以农业和林业为主，并具有较强的季节性。三是具有传统的社会文化特征，在社会生活中，社会接触多为直接的、面对面的关系，人与人之间关系密切；社会生活以家庭为中心，家庭观念、血缘观念比城市重；社会行为标准受风俗、道德的习惯势力影响较大；社会变化和生活节奏相对较慢，人们具有保守心理等。

2. 乡村旅游的核心要素

乡村景观是乡村旅游的核心要素。乡村景观是一种半自然状态下的景观生态系统，是介于自然景观与都市景观之间的景观空间；是聚落形态由分散的农舍到能够提供生产和生活服务功能的集镇所代表的区域；是土地利用粗放、人口密度较小、具有明显田园特征的区域。乡村景观有其极为丰富的内涵，涵盖了乡村区别于城市的所有物质、文化、精神景观，是由聚落景观、经济景观、文化景观和自然环境景观构成的景观综合体。简单地说，乡村旅游就是以乡村景观为吸引物的旅游活动。所以说，乡村景观是乡村旅游规划和开发的重点内容，是乡村旅游业经营和开发的核心竞争力。

三、旅游规划与乡村旅游规划

（一）规划的含义

规划是对未来活动所做出的有目的、有意识的统筹安排。规划既是一个过程，即制定规划目标及规划方案的策划、调研、决策过程；也是一个结果，即规划方案的实施、落地（吴殿廷，2018）。规划的核心目标是系统最优和可持续发展（邹统钎，1999）。规划对一个项目的发展影响深远。

1. 规划的三个基本要素

（1）目标。任何规划都必须要有明确的目标，规划方案的选择必须以一定的目标为依据。

（2）条件。任何规划的制定都必须考虑到各种现实与可能条件，并以这些条件为前提。也应当考虑到条件是在不断变化的。

（3）方案。是实现目标的途径或措施。通常来讲，一项规划一般有两个或两个以上的可行方案，在实施过程中选取最优方案。

2. 规划的基本特征

（1）目的性。任何规划都有特定的目的。

（2）前瞻性。以构想的形式安排未来的行动。

（3）动态性。规划所依据的条件是不断变化的，决策者和实施者的规划目的也是不断变化的。所以，规划方案在制定和实施过程中需要修缮。

3. 规划的一般过程

（1）分析。调查分析问题发生的原因并提出课题。

（2）思考。设想研讨解决问题的思路和方法。

（3）构想。制定构划具体的措施和实施计划。

（4）实施。按照规划方案实施具体的措施。

（二）旅游规划的内涵

1. 旅游规划的概念

旅游规划（tourism planning）是对旅游业及相关行业未来发展的设想和策划。其目的是尽量合理有效地配置与利用全部旅游资源，在尽量满足旅游者需求的前提下，实现旅游业的经济效益、社会效益和生态效益的最大化（肖星，严江平，2000）。

2. 旅游规划的功能

（1）合理配置区域旅游资源。资源是旅游发展的基础，市场是现代旅游发展的主体，综合效果是旅游发展的目的。旅游规划借助科学的规划管理手段和技术方法，通过资料评价、区位分析、市场调查、发展预测、形象策划、保障体系的构建等步骤，将旅游经济资源有效地进行配置，为区域旅游发展中的相关利益方提供最大利益。

（2）制定区域旅游发展的战略目标。旅游规划中战略目标的设定，就是将区域旅游发展愿景明确地展示出来，对区域旅游发展核心指标的设定，能够为区域旅游的发展及其管理提供更为清晰的指南。

（3）推进区域旅游相关部门的协同创新。旅游产业具有较强的产业关联性，在当地政府的主导下，区域旅游的发展与提升需要相关行业协同创新。构建多部门行业的利益合作机构是旅游规划编制的重要内容。一般包括产业政策与管理机制整改、土地利用调整、旅游交通与道路规划、公共服务设施安排、基础设施协调规划等专项内容。

（4）维持区域旅游可持续发展。在现实的社会经济环境条件下，旅游地均会出现不同程度的内部稳态失调和外部环境变化。旅游规划能够通过预先谋划，及时调整旅游系统的耦合结构，来维持区域旅游持续发展所必经的内部变化，抵御环境变化所带来的风险，维持区域旅游可持续发展。

3. 旅游规划的分类

（1）按空间和时间尺度分类。就规划的空间尺度可分为：国际协调旅游发展规划、全国旅游发展规划、区域旅游发展规划、旅游地或旅游景点综合规划。

国际协调旅游发展规划是大尺度的规划类型，指国家之间的旅游合作与竞争方面制定的战略安排。如欧盟各国制定一个统一的旅游发展规划，以实现各国之间的旅游发展。跨国性的旅游规划，一般由世界旅游组织或其他国际性组织进行筹备。全国旅游发展规划是大尺度的规划类型，指以国家为基本单位制定的旅游发展战略。区域旅游发展规划是中等尺度的规划类型，其对象通常为省、市、县、镇等，如菏泽市旅游发展总体规划就是典型的区域综合规划。旅游地或旅游景点综合规划是小尺度的规划类型，主要指以景区或者景点为规划对象，进行较为细致的设施、项目规划，如山东省巨野县金山旅游区发展规划。

就规划的时间尺度可分为：短期规划（1~2 年）；中期规划（3~6 年）；长期规划（10~25 年）。如《菏泽市旅游发展总体规划》的规划期限为 2004~2025 年，因此属于长期规划的范畴。

（2）按旅游规划内容分类。旅游综合规划：是对合理利用区域内旅游资源、促进旅游业可持续发展提出总体的发展构想。从具体内容上来看，其覆盖了区域旅游发展的环境和态势分析、区域旅游发展的战略定位、区域旅游发展的战略实施要点等。可见，旅游综合规划是从全局的高度对区域旅游发展进行的战略部署。

旅游专题规划：也称为部门规划、专项规划，是指在旅游综合规划的指导下，针对旅游开发过程中重要部门和环节的发展而制定的针对性较强的规划。专题规划是综合规划的重要补充。常见的类型有旅游资源评价与开发规划、基础设施建设专题规划、旅游市场营销专题规划、旅游人力资源开发专题规划等。

（3）按规划深度要求分类。从旅游规划所使用的技术方法和规划深度来看，旅游规划可以划分为旅游区总体规划、旅游区控制性详细规划、旅游区修建性详细规划。这三类规划在技术要求和规划深度上逐步增强。

旅游区总体规划（master planning）：旅游区总体规划是确定区域旅游发展目标和制定发展战略，其规划的期限较长，一般为10～20年，所需的图件较少，通常附图5～10张比例尺小于1∶50000的规划图纸。

旅游区控制性详细规划（control detail planning）：控制性详细规划是针对规模适中的区域编制的规划。是在总体规划的基础上，以总体规划的内容为依据，将规划对象细分为一系列的地块，并对各地块的使用性质、控制性指标以及管理等提出具体的要求。其目的在于控制区域中土地的使用，并规定每个地块的使用类型和方式。该类规划的年限较总体规划要短，约10年。在规划图件方面，控制性详细规划较总体规划的要求高，需要大量比例尺为1∶20000左右的规划图纸，包括土地利用现状图和土地利用规划图等。

旅游区修建性详细规划（construction detail planning）：修建性详细规划是旅游规划中最为基础的规划类型，它是在旅游发展总体规划和控制性详细规划的基础上，针对具体建筑物及工程设施的设计和施工进行的规划，其目的在于指导旅游工程建设。在内容上，修建性详细规划更为细致，涉及建筑的体量、材质以及外观，给排水、供电、交通、环卫、绿化等。规划图件是重要组成部分，规划图件较多，一般包括90～100张比例尺为1∶500左右的规划图；图件除了给排水、供电、交通、环卫、绿化等内容外，还涉及建筑立面景观效果、景源视线分析、环境效果分析等。修建性详细规划将旅游规划与建筑设计对接，具有较强的专业技术要求。

（4）按规划权威等级分类。按照规划的权威等级，规划分为上级规划和下级规划。规划对象范围较广的规划具有较高的等级性，国家旅游规划比省级旅游规划的等级高，省级旅游规划又比地市级和县级旅游规划等级高。长期规划比中短期规划的等级高。综合性规划比专题性规划的等级高。如国民经济发展规划比旅游产业发展规划的等级高，因为旅游产业是国民经济产业部门中的一部分。下级规划必须服从上级规划，下级规划的编制一定要以上级规划作为依据和指导，与其中的内容保持一致。例如景区的规划要以县级旅游规划为依据，县级规划要与省级规划和国家级规划衔接。旅游专项规划，应在区域主导功能划分时，主动对接国土空间规划。

4. 旅游规划内容和成果形式

（1）旅游规划内容包括：规划范围（包括被规划区的占地面积和边界）、规划依据和原则、规划区的区位和自然人文状况、区域旅游发展战略、旅游资源状况及评估、客源市场分析及评估、旅游项目创意设计、绿色旅游及环境保护、相关的专题规划及部门规划、效益分析及评估、规划设计图件。

（2）旅游规划成果形式包括：规划文本和规划图件两部分。文本是指书面语言的表现形式，通常是具有完整、系统含义的一个句子或多个句子的组合。旅游规划文本主要是针对旅游项目的具体事项的规划而撰写的文字。

旅游规划图件主要是针对旅游项目的具体事项的规划而绘制的图件。如区域旅游发展现状分析图、区域旅游区位分析图、区域旅游资源分布图、旅游规划项目图、区域旅游功能分区图、旅游市场分析图、旅游产品及线路设施图、旅游基础设施图、区域旅游合作规划图。图件还包括各种效果图，例如环境规划效果图、建筑外观效果图。现代信息技术的飞速发展，旅游规划图件的设计制作技术和承载媒介正在发生颠覆式变化。

5. 旅游开发的概念、原则和步骤

（1）旅游开发（tourism exploiting）的概念：旅游开发指为发挥提升旅游资源对游客的吸引力，把潜在的旅游资源转化为现实的经济效果，并使旅游活动得以实现的技术经济行为。旅游开发的实质，是以旅游资源为原材料，通过一定形式的挖掘、加工，满足旅游者的需求，实现旅游资源的经济、社会和生态效益的目的。旅游开发的内容一般包括：旅游资源的开发利用，旅游地的交通安排，旅游辅助设施的建设，旅游市场的开拓等。旅游开发与旅游规划是两个不同的概念。旅游开发是以利益的获取为导向，是一个不断延续的过程。旅游开发包括前期的可行性研究、规划、开发建设，也包括开发后期的经营管理与调整优化（马勇，李玺，2018）。

（2）旅游开发的原则和步骤：旅游开发的原则，包括个性化原则、市场导向原则、综合效益原则、注重保护原则、系统开发原则等。一般来说，旅游开发按照以下步骤进行：旅游资源的调查、旅游资源的评估、制定旅游规划和具体实施计划等。

（三）乡村旅游规划与开发

1. 乡村旅游规划与开发的内涵

乡村旅游规划（rural tourism planning）是旅游规划的专项规划。从资源的角度而言，是以村落、郊野、田园等生态环境为依托，通过对资源的分析、对比，形成一种具有特色的发展方向。乡村旅游开发（rural tourism exploiting）是指对乡村旅游资源进行配置调整和对旅游空间进行功能定位的全过程，而对乡村旅游开发进行战略与行动的整合设计手段就是乡村旅游规划。乡村旅游规划的范围可以分为乡村旅游区整体规划和乡村旅游园区景观规划。乡村旅游区的整体规划的空间范围一般是以市、县、乡、村的行政界限作为空间界定进行类型划分，也可以是几个行政单位的联合规划和开发。所谓整体规划就是对区内的产业结构、种养分布、土地利用等状况进行完整地宏观调控，并设计、配置、组合旅游产品的规划，科学安排不同开发阶段的建设与管理。乡村旅游园区景观规划则是指以现存的果园、花园、鱼塘、牧场等地界边境为规划范围，尽量以唯一的经营管理主体来负责乡村旅游开发和管理。

2. 乡村旅游规划与开发的条件

（1）旅游资源条件。从新的资源观来看，任何一种现有的和潜在的乡村资源都可能成为乡村旅游开发的条件。旅游资源的条件分析一般有观赏价值、历史文化科学艺术价值、珍稀奇特程度、规模与丰富度、景观完整性、民族文化的原生性、知名度与影响力、适合旅游的时期或使用范围、环保与破坏程度等内容。

（2）旅游区位条件。乡村旅游开发必然要考虑到旅游者进入的问题，没有良好的区位条件，即使有再美的景色也会无人问津，把游客引进来是乡村旅游开发的重要条件。乡村旅游大都存在以下问题，乡村旅游景点距离主要的城市客源市场较远，连接客源地的交通条件一般，道路建设较为落后，旅游交通设施状况处在初始发展阶段。提升乡村旅游景区的区位条件和乡村旅游的可进入性非常必要。

（3）旅游接待和配套设施状况。目前，乡村旅游住宿设施规模偏小、设施水平偏低，难以满足来自城市游客的对品质的基本需要。餐饮一般是农家乐餐馆，多数卫生条件较差，档次较低。乡村拥有的旅行社数目少，且基本为散客，业务量小。还存在旅游车船档次低、旅游商品种类少、文化娱乐设施不匹配、服务水平粗放等问题。乡村旅游接待和配套设施尚处在萌芽状态，是乡村旅游发展的瓶颈。改善乡村旅游接待和配套设施是乡村旅游开发的必备条件之一。

3. 乡村旅游规划的过程与阶段

乡村旅游规划作为旅游规划的一种特殊类型，必须遵循旅游规划的一般原则与技术路线。根据旅游规划的规范要求，结合乡村旅游规划的实际需要，乡村旅游规划的过程一般分为五个阶段：

第一阶段：规划准备和启动。主要工作包括：（1）规划范围；（2）规划期限；（3）规划指导思想；（4）确定规划的参与者，组织规划工作组；（5）设计公众参与的工作框架；（6）建立规划过程的协调保障机制等。

第二阶段：调查分析。主要工作包括：（1）乡村旅游地基本情况、场地分析等；（2）乡村旅游资源普查与资源综合评价；（3）客源市场分析与规模预测；（4）乡村旅游发展竞合分析、SWOT 分析等。

第三阶段：战略方向研判。通过分析乡村旅游发展的背景，现状，文脉、地脉及客观形象，横纵向分析，诊断其发展中存在的问题，确定乡村旅游发展的总体思路，包括乡村旅游形象策划、发展方向与布局、开发策划等，确定规划目标。

第四阶段：制定规划。制定规划构建乡村旅游规划内容体系的核心，依据发展乡村旅游的总体思路，提出乡村旅游发展的具体措施，包括乡村旅游产品策划与开发、土地利用规划与环境容量、支持保障体系等。

第五阶段：组织实施与综合评价。依据乡村旅游规划的具体内容，做好乡村旅游规划管理；根据经济、社会、环境生态效益情况进行综合评价，并及时做好信息反馈，以便对规划内容进行适时的补充、调整和提升。

4. 乡村旅游规划与国土空间规划、城乡统筹规划的联系和衔接

（1）国土空间规划。国土空间是指以自然资源为载体，汇集生态环境和各类经济社会活动于一体的系统关系总和，具有长、宽、高、深四维尺度，具有不同功能的立体范围；而国土空间规划是确保国家和地区生态、经济、社会发展安全，协调各类型空间功能需求，提升空间开发保护效能的总体管控方案。新时代国土空间规划的使命就是要治疗空间规划管理旧疾，提高空间治理现代化能力。作为国土空间规划体系中的专项规划——文化和旅游规划，是国家“多规合一”的重要组成部分（吴必虎，2020）。国土空间规划统筹所有空间规划，是空间规划的顶层设计，专项规划都要与其相一致。或者说，专项规划适宜空间的内容，都需纳入这个空间规划。但是国土空间规划不能代替专项规划，所以各行业的规划，包括旅游规划还是要有的。旅游专项规划，应在区域主导功能划分时，主动对接、推动国土空间规划。空间规划有一些核心的、技术性的内容，例如规划“三区三线”等，旅游规划需要重点研究如何结合。旅游规划最常遇到的难题是，在风景名胜区、自然保护区开发旅游时，所占空间如何与空间规划衔接。虽然旅游空间可能只占很小一部分，但有时是深入腹地的，这就需要旅游规划提前做出来。在国土空间规划体系总体框架的指导下，要对旅游规划体系进行系统、全面、深入的研究，努力构建一个科学、完善、适用的乡村旅游专项规划全新框架，以提高旅游规划的整体水平（沈迟，2019）。

（2）城乡一体化与城乡总体规划。城乡一体化的实质就是统筹城乡经济社会的发展，应该按照统筹城乡经济社会协调发展的战略思想去研究和解决我国的发展问题，把城市和乡村结合为一体，联系城市研究农村，联系农村研究城市。城乡总体规划是城乡统筹发展的重要组成部分和实现方式。要改变城乡二元经济结构，统筹经济社会协调发展，解决如何促进区域协调发展，扭转地区收入差距过大的现状问题，就必须重视城乡总体规划，使城乡健康持续地发展。

（3）乡村可持续发展与乡村旅游规划。乡村实施可持续发展战略，就是要以乡村为载体努力寻找出一条人口、经济、社会、环境和资源相互协调，既能满足当代人的需求，又不至于对后代人的发展需求能力构成威胁的发展道路。包括乡村旅游规划的乡村发展规划是乡村可持续发展的实现过程和手段。在乡村旅游规划的过程中，要考虑环境、生态和资源的相互协调性，考虑资源的有限性和不可再生能力，不能让乡村以城市为模板进行复制。规划的重点是考虑如何有效节约用地，保护资源和生态环境；乡村旅游发展规划是乡村可持续发展实现的途径之一，乡村规划的本质是应对可持续发展问题的公共干预，缩小城乡差距，重塑乡村社会可持续发展的能力，这是乡村规划的基本出发点，也是乡村规划的价值所在，同时需要致力于解决乡村发展的三个方面的难题，即促进经济可持续发展、乡村社会治理现代化和乡村生活环境现代化（张尚武，2016）。

第二节 乡村旅游发展和经典案例分析

一、国内外乡村旅游的产生和发展

（一）国外乡村旅游的产生和发展

1. 国外乡村旅游的产生

从乡村旅游的起源来看，乡村旅游活动起源于19世纪的欧洲，从那时候起，人们开始逃避工业城市的污染和快节奏的生活方式，利用周末或节假日时间到郊区和农村地区进行休假、观光、娱乐、体验等旅游活动。

最早的乡村旅游活动发轫于19世纪中期的法国。1855年，法国参议员欧贝尔，带领一群法国贵族，到巴黎郊外的农村地区进行乡村度假活动。在度假过程中，他们参与当地农民的日常生活，亲自动手采摘、品尝农田里生长的各种蔬菜，帮助农民进行农作物耕种、收获，学习当地农民制作工艺，砍伐树木建造房屋并种植新树苗，向农民学习如何饲养等。此间，他们欣赏池塘里的游鱼、天空中的飞鸟，还能进行垂钓、野炊等体验，他们没有居住在酒店，而是与当地农民同吃同住。通过参加这次乡村度假活动，人们重新认识到了大自然的魅力和价值，这次度假也让他们从城市里精密、封闭的鸽笼中解脱出来，实现了回归自然、亲近自然、重温历史的愿望。这次乡村度假活动，对西方乡村旅游的兴起产生了重要影响，也具有划时代的意义。也有些学者认为，现代乡村旅游起源于意大利。1865年，意大利曾经成立了一个农业与旅游全国协会，该协会专门介绍城市居民到农村去体验田园野趣，以便达到暂时离开繁华、喧闹、紧张的城市，获得一些安静和清闲的目的。还有些学者认为现代乡村旅游起源于19世纪中后期的英国，当时大量城市居民开始以休闲为目的走进乡村。休闲农业和乡村旅游起步较晚的亚洲发达国家，如日本，发展速度却极其迅速。

2. 国外乡村旅游发展现状

乡村旅游在发达国家和地区已具有相当的规模，走上了大众化和规范化发展的轨道。所谓大众化乡村旅游，则开始于20世纪60年代的西班牙。70年代后，乡村旅游在欧洲和北美等发达国家的农村地区进入快速成长期，显示出极强的生命力和发展潜力，对推动当地社会经济不景气的乡村的发展起了重要的作用。许多国家的实践证明，乡村旅游是一种阻止乡村衰退和增加农村收入的有效手段，乡村旅游业是乡村经济发展和经济多样性的动力之一。

国外乡村旅游业在发展中遇到的问题主要有：缺少支持；缺少训练；旅游设

施和旅游吸引物缺乏；淡旺季明显，利用率不高；营销效率低下等几个方面（Richard Sharpley，2001）。为了解决乡村旅游面临的问题，发达国家采取了以下积极对策，使乡村旅游呈现出新的发展态势：把发展乡村旅游纳入解决农村问题，推动农村持续全面进步的战略范畴，从政策层面进行支持。突出强调保持乡村自然人文环境的原真性。乡村旅游朝选择的多样性和方式的自助化方向发展。发达国家乡村旅游在20世纪70年代以前，一般限于乡村度假和体验农村生活为主。现在，旅游者对乡村旅游品种的多样性、内容的丰富性和体验差异性的需求越来越高。乡村旅游客源从区域性向跨区域、国际化方向转化。随着乡村旅游产业的发展，乡村旅游目的地的客源构成趋向多元化，一些知名的乡村旅游目的地也吸引了中远程的国内外旅游客源。

（二）中国乡村旅游的发展历程和未来展望

1. 中国乡村旅游的发展历程

与欧美等发达国家相比，中国乡村旅游发展总体起步较晚。乡村旅游发展率先起步的地区，主要是从一些大城市的周边乡村开始的。尽管对于中国大陆乡村旅游的确切起源众说纷纭，但基本认同初创于改革开放的20世纪80年代。中国大陆乡村旅游从发端到成为乡村农户脱贫增收的重要途径，再到加速乡村经济发展、优化乡村经济结构、成为农村经济发展新的增长点，改善农村环境和村容村貌，提升乡村形象，推进乡村振兴战略，大致经历了初创、发展、提升和可持续发展四个阶段。

（1）初创阶段——20世纪80年代中后期至1994年。1986年在四川省成都市郫县农科村诞生了第一家农家乐，号称徐家大院，后来该村数十家农户开创了独具特色的农家乐旅游模式，拉开了乡村旅游的序幕，农科村也由此成为我国乡村旅游的发源地之一。1989年4月，中国农民旅游协会正式更名为中国乡村旅游协会，乡村旅游开始作为一个独立的名词和概念进入人们的社会经济活动中。当时，由于受到旅游业发展阶段的影响，乡村旅游仅是星星之火，处于自发阶段的乡村旅游还未能形成体系化、规范化的旅游产业。

（2）全面发展阶段——1995～2001年。首先，这个阶段内我国两次休假制度的调整催生了假日经济的飞速发展，也带动了乡村旅游的遍地开花。其次，这个阶段内我国两次旅游主题和宣传口号的制定为乡村旅游的全面发展提供了人气保障。1995年“中国民俗风情游”开始将旅游者的视线引向广大的农村地区，“中国：56个民族的家”在带领旅游者深入少数民族风情区的同时，也让旅游者初步感受到了乡村风情的魅力；而1998年“中国华夏城乡游”直接将乡村旅游纳入旅游主题宣传的内容之中，使之享有了和城市旅游发展相当的地位，“现代城乡，多彩生活”吸引了大批旅游者涌入乡村，追寻乡村旅游的多彩风情。

（3）纵深发展阶段——2002～2006年。随着我国新农村建设的推进和国家关于加强农村发展“一号文件”的连续公布实施，我国的乡村旅游逐渐走过分散发展阶段，开始进入规模发展和模式调整时期，新时期的纵深发展成为乡村旅游发展的主要特征。首先，2002 年“中国民间艺术游”的旅游主题，使旅游业发展深入农村，与此同时，2002 年我国颁布了《全国工农业旅游示范点检查标准（试行）》，全面启动了创建全国工农业旅游示范点的工作。农业旅游点作为乡村旅游重要的组成部分，其标准化发展标志着我国乡村旅游开始走向规范化、高质化。其次，2004 年，随着我国对解决“三农”问题的深入探索，乡村旅游在发展农村经济、增加农民收入等方面的作用日益突出，并开始成为农村经济新的增长点。同时，乡村旅游与政策联系更加密切，成为解决“三农”问题的有益尝试和成功探索。最后，2006 年明确提出的“中国乡村游”完全将乡村旅游的角色提到了更加突出的位置，“新农村、新旅游、新体验、新时尚”全面推动了乡村旅游的纵深发展。

（4）提升转型与绿色可持续发展阶段——2007 年至今。2007 年国家旅游局确定了“2007 中国和谐城乡游”的主题，联合农业部下发“国家旅游局农业部关于大力推进全国乡村旅游发展的通知”，协调全国乡村旅游工作的开展。全国已建成的 2 万多个旅游景区，有一半以上分布在广大的农村地区，由国家旅游局倡导创建的全国农业旅游示范点已达 1000 多家，遍布内地省区市，覆盖各种农业产业。在三大黄金周假期期间，全国有 70% 的城市居民选择到乡村去旅游，每个黄金周形成约 6000 万人次规模的乡村旅游市场。近年来，全国乡村旅游景区年接待游客量超过 3 亿人次，旅游年收入超过 400 亿元人民币。如图 1－11 所示。

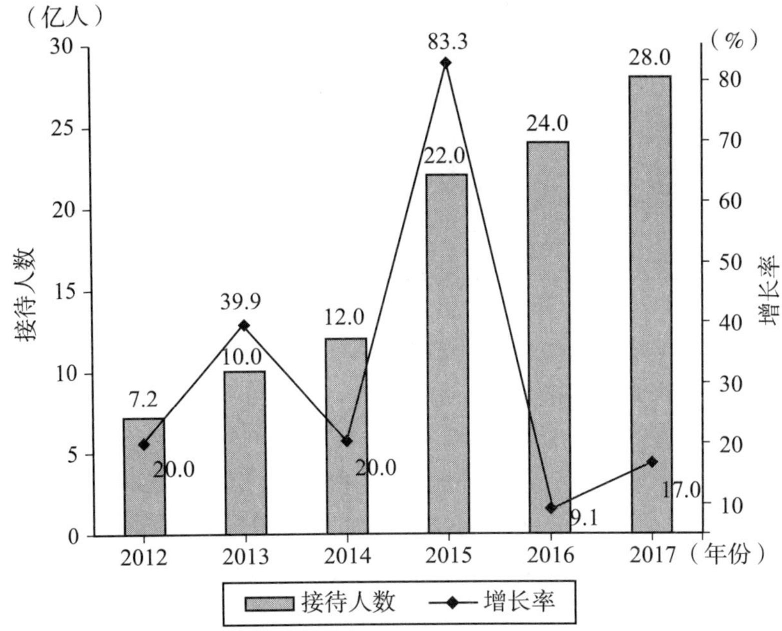

图 1－11　中国乡村旅游年接待游客量增长示意

资料来源：中商产业研究院：《2018 年中国乡村旅游市场前景研究报告》（有修改）。

这一阶段，中国的乡村旅游主要实现了两个提升转型，一是乡村旅游产品的提升转型，即乡村旅游产品实现了精品化和高端化转变；二是乡村旅游产业的提升转型，即在乡村旅游产业化、规模化发展的要求下，与乡村旅游发展用地联系密切的土地流转成为乡村旅游产业转型的重要支撑，二者互相促进，共同创造了乡村旅游产业的高度繁荣。近年来随着国民休闲度假需求的不断提升，部分知名开发商将乡村独特的资源进行延伸挖掘并配套精品度假地产，打造乡村综合体项目，至此，乡村旅游开始朝着绿色生态理念下的精品化方向迈进。同时，随着国家相关农业及旅游政策的不断推进，如美丽乡村、特色小镇、田园综合体等，这一阶段的乡村旅游开发也逐渐从游客需求第一向旅游助推乡村发展、兴业富民转变。

2012～2017 年中国乡村旅游营业收入增长十分迅速，如图 1－12 所示。其中，2013 年、2015 年、2016 年我国乡村旅游游客营业收入都达到 30% 以上，2017 年全国乡村旅游收入达到了 7400 亿元。随着生活经济水平的提高，人们越发追求精神享受，回归自然，将会进一步促进乡村旅游业的发展。

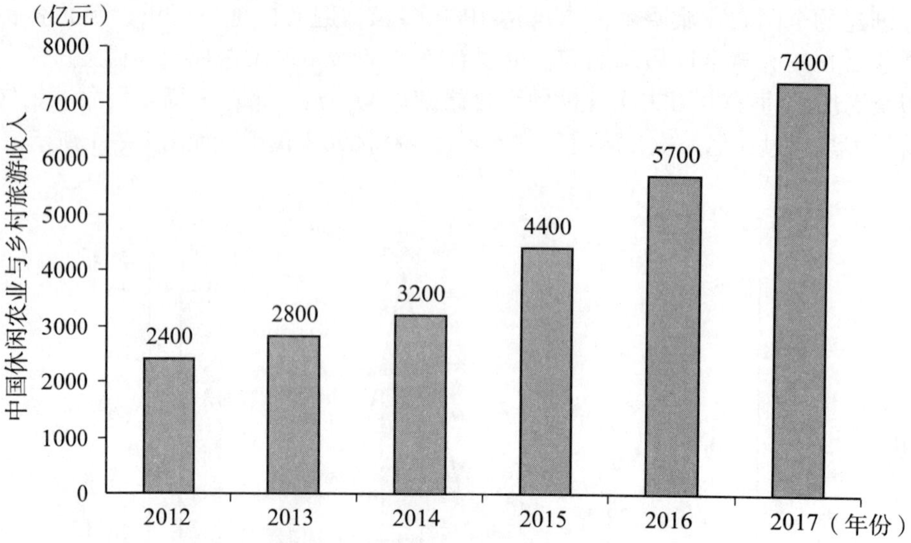

图 1－12　中国乡村旅游年营业收入增长示意

资料来源：中商产业研究院：《2018 年中国乡村旅游市场前景研究报告》（有修改）。

乡村旅游已成为居民日渐常态化的消遣方式，如图 1－13 所示。数据显示（2017），从乡村旅游占国内旅游业比重来看中国乡村旅游接待游客 28 亿人次，占国内游客接待人次的 56%；营业总收入超 7400 亿元，占国内旅游总收入的 16.2%。约有 65.4% 的居民最近一次乡村旅行是在周末，乡村出游已经成为周末休闲的主要选择。游客选择乡村旅游的目的首先是亲近自然，占比 30.77%；其次是因为工作生活压力大，想通过乡村旅游放松身心，占比 23.16%。

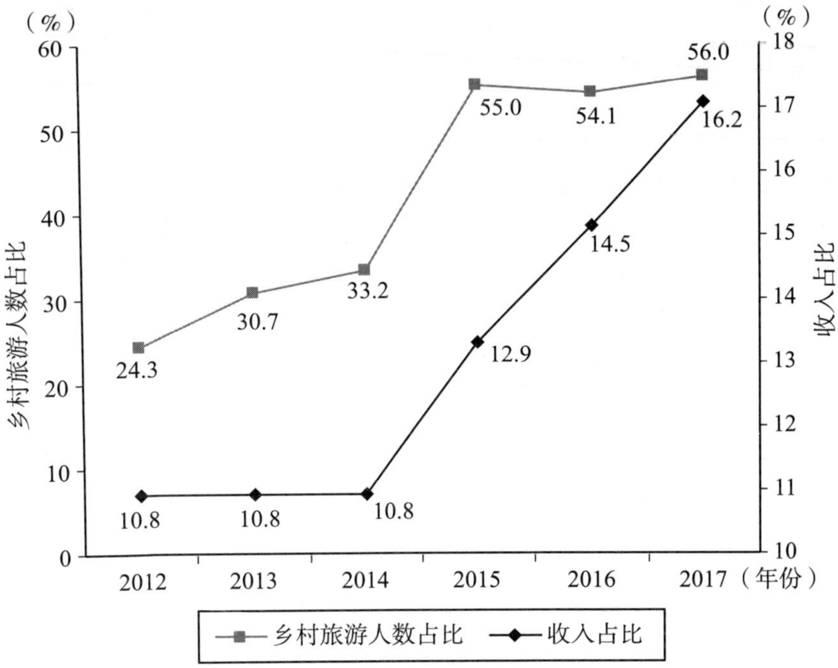

图 1-13 乡村旅游占国内旅游业比重增长示意

资料来源：中商产业研究院：《2018 年中国乡村旅游市场前景研究报告》(有修改)。

2. 中国乡村旅游的展望

随着物联网+时代的到来，展现农业风貌，形成集教育、体验、观光、展示为一体的现代乡村旅游业，将成为中国乡村旅游未来发展的重要方向。未来乡村旅游是乡村生活深度体验时代，游客与居民不再是相互分离的个体，而成为有机统一体，游客逃离城市融入乡村、住在乡村并建设乡村，乡村成为目的地，游客不再是短暂的停留而是生活在乡村，发展为一个休闲生活的圈子，乡村旅游不再是生活的调剂品，而成为日常生活的一部分。这对乡村旅游规划与开发提出了更高的要求，不但要以游客思维考虑到游客的体验过程，更要以居民思维发展乡村经济、美化乡村环境，实现乡村振兴。乡村旅游产业链将进一步完善，数字化智能化也逐步应用到乡村旅游产业，"旅游+""互联网+"等现代科技平台将推动发展休闲旅游、旅游电子商务、城乡一体化旅游、全球化国际化旅游等新业态，拓展乡村旅游产业链价值链。中国旅游进入文旅融合的新时代，文旅融合发展符合全社会需要。而在文旅融合下，传统的乡村旅游规划与开发也正在经历重构（吴必虎，2020）。

二、国内外乡村旅游发展模式和经典案例分析[①]

（一）国内外乡村旅游发展模式

随着全球旅游业升级转型步伐的加快，乡村旅游业也经历着从观光到休闲，从农家乐的简单低端模式到休闲度假康养的多元高端模式，从传统乡村旅游到现代乡村旅游的转变。需要从乡村旅游产品供给的角度和规划设计的角度，分析总结出乡村旅游发展的类型和典范，以指导乡村旅游规划和开发。乡村旅游发展主要模式如表 1 – 1 所示。

表 1 – 1　乡村旅游发展的主要模式

乡村旅游模式	主要特点	开发条件	典型案例
乡村度假休闲型	以乡村生态景观、乡村文化和农村的生产生活生态为基础，以乡村家庭为具体接待单位，开展旅游活动的发展模式；投资少、风险小、经营活、见效快	地处城镇周边的乡村，利用离城市近、交通便利的条件	四川成都农家乐、北京周边民俗村
景区依托型	把附近旅游景区的部分服务功能分离出来，吸引周边村民参与旅游接待和服务，村民为游客提供旅游商品和农副产品，从而促进村民增收致富和周边农村发展	临近重点景区；游客量较大；周围村民旅游意识和服务意识较强	四川九寨沟周边乡村
旅游小镇建设型	旅游资源丰富的乡镇，把旅游开发与城镇建设有机地结合起来，建设旅游小城镇，带动乡村旅游发展	居住条件、基础设施具有一定基础；具有独特的旅游资源，旅游吸引力大	云南丽江
原生态文化村寨型	利用当地原生态的村寨文化资源，包括当地居住环境、建筑、歌舞等独特性，以保护为主，因势利导开发旅游，促进乡村发展	当地村寨必须是原汁原味的，具有独特的文化内涵	福建土楼、安徽西递村
特色产业带动型	在村镇的范围内，依托所在地区独特的优势，围绕一个特色产品或产业链，实行专业化生产经营，以一村一业的发展壮大来带动乡村旅游发展	具有生产某种特色产品的历史传统和自然条件；有相应的产业带动，市场需求旺盛；通过产业集群形成规模	法国葡萄庄园

① 资料来源：北京绿维创景规划设计院官方网站。

续表

乡村旅游模式	主要特点	开发条件	典型案例
现代农村展示型	在部分经济发达的农村地区，因势利导，接待游客参观、展示新农村形象的发展模式	必须是在经济发达、交通便利、知名度较高的农村	江苏华西村
农场庄园型	利用农业生产过程的知识性、趣味性、可参与性，规划开发出观光、休闲、度假等旅游项目，满足游客需求，促进乡村旅游发展	临近城镇、客源市场潜力大；交通便利，可达性强；农业生产知识性、娱乐性、参与性强	西班牙牧场

资料来源：北京绿维创景规划设计院官方网站，有修改。

(二) 国外乡村旅游经典案例分析

(1) 日本的观光农业度假农业园：城乡互动的“食”与“绿”的结合的发展模式。可分为自然景观、高品质农产品和体验型农业三种基本形态，有市民农园、观光果园、观光渔业、自然休养村、观光牧场、森林公园、自助菜园、农业公园等多种类型。

特点：以城郊互动型的都市农业著称；一日游类型的观光农业居多；过半数的农业休闲观光景点由政府机关或当地集体组织开发经营；重视当地的特色和农业的多功能性。开发模式：森林资源开发与利用型。代表案例：茨城县那珂郡美和村。景区边缘与都市郊区型。代表案例：和歌山县白滨町；闲置农地开发利用型。代表案例：饭田市。

(2) 法国的专业农场型度假庄园：非政府组织引导型的发展模式。法国休闲农庄主要有：农场客栈、农产品农场、骑马农场、教学农场、探索农场、狩猎农场、暂住农场以及露营农场等。经济效益显著，相当于法国旅游业收入的1/4。这些农场基本上是专业化经营。代表案例：法国普罗旺斯——普罗旺斯给世人最主要的印象：海滩、薰衣草、法式美食、嘉年华、罗马特色的古城堡，确是完美的度假组合。在满足经济生产的同时，旅游吸引力具有以下特点：打造唯美浪漫的景观环境；举办丰富多彩的节庆活动；富有地域特色的民俗文化。

(3) 德国的休闲农业市民农园：自家庭院的农家生活体验模式。分为度假农场、乡村博物馆及市民农园三种类型。经营特点是以市民农园的形式出现，即由政府或农民将位于都市近郊的土地出租给城市居民，以种植花草、蔬菜、果树或经营家庭农艺为主。市民农园土地来源于镇、县政府提供的公有土地和居民提供的私有土地。

(4) 意大利的休闲农业绿色假期：从城市走向农村的发展模式。休闲农业已成为意大利现代农业的一部分，它融合了当地自然、人文环境，综合开发和利用当地农业资源，对城乡统筹具有重要意义。崇尚绿色、注重提高生活质量，在所谓的“绿色假期”出现后成为意大利人的新追求。意大利创立的“农业与旅游全国协会”，专门介绍城市居民到农村去体味农业野趣，与农民同吃、同住、同劳作，或者在农民土地上搭起帐篷野营，或者在农民家中住宿。绿色农业旅游的发展使得农村成为一个“寓教于农”的生态教育农业园，有效地扩大了生态农业耕地面积。在经营活动中，通过合作经济组织的桥梁作用，为休闲农业提供了完善的管理体系。

（三）中国乡村旅游经典案例分析

由于国情和发展阶段的差异，国内外旅游业的发展模式不同。根据不同区域不同类型景区的特点，分析归纳了中国乡村旅游发展模式。

1. 城市依托型：环城市乡村旅游发展模式经典案例：北京蟹岛

环城市乡村旅游发展模式脱胎于“环城游憩带”理论。根据环城游憩带理论，旅游渐渐成为环城市乡村的主要功能之一，依托于城市的区位优势、市场优势，在环城市区域已经发展形成一批规模较大，发展较好的环城市乡村旅游圈。北京市朝阳区机场高速公路南侧的北京蟹岛就是属于城市依托型的度假村，总占地3300亩，集种植、养殖、旅游、度假、休闲、生态农业观光为一体。以产销“绿色食品”为最大特色，以餐饮、娱乐、健身为载体，让客人享受清新自然、远离污染的高品质生活为经营宗旨。

2. 景区依托型：景区周边乡村旅游发展模式经典案例：北京十渡

成熟景区巨大的地核吸引力为区域旅游在资源、市场方面带来发展契机，周边的乡村地区借助这一优势，成为乡村旅游优先和基础设施发展区。北京十渡依托国家4A级风景区，即北京市房山区世界地质公园，以民俗旅游为主，建设特色民族游的吃、住、行、游、购、娱六方面业态为一体的多功能娱乐小镇。

3. 产业依托型：特色庄园旅游发展模式经典案例：台湾台一生态休闲农场

特色庄园模式以产业化程度极高的优势农业为依托，通过拓展农业观光、休闲、度假和体验等功能，开发“农业+旅游”产品组合，带动农副产品加工、餐饮服务等相关产业发展，促使农业向第二、第三产业延伸，实现农业与旅游业的协同发展。特色庄园模式适用于农业产业规模效益显著的地区，以特色农业的大地景观、加工工艺和产品体验作为旅游吸引物，开发观光、休闲、体验等旅游产品，带动餐饮、住宿、购物、娱乐等产业延伸，产生强大的产业经济协同效益。台一生态休闲农场位于台湾南投县埔里镇，是一处集合花卉造景、自然生态与悠闲住宿的休憩场所，精心规划的特色主题有：花神庙、雨林风情馆、蝶舞馆、绿雕公园、绿茵广场等。走在园区里，不难发现园内设计概念是将花卉、植物融进建筑、屋顶、墙面，仿佛参观了一场小型花博展，处处充满惊喜。

4. 历史文化依托型：古村古镇乡村旅游发展模式经典案例：浙江嘉兴乌镇

古村古镇旅游是当前国内旅游开发的热点，也是乡村旅游体系中一个比较独特的类型，以其深厚的文化底蕴、淳朴的民风和古香古色的建筑遗迹等特点受到游客的喜爱。但是，旅游开发中保护与开发之间的矛盾，传承与商业化的博弈等，也给景区发展带来了诸多限制。因此，古村古镇旅游要实现高效、可持续发展，需要探索出一条既最大限度保持历史文化面貌，又能弘扬传统文化，充分发挥旅游经济效益的发展模式。

5. 创意主导型：传统民间艺术推动乡村旅游发展模式经典案例：江苏无锡泥人文化创意博览园

民间艺术是区域大众生活的体现和特征，主要包括微雕、陶瓷、布艺、木艺、果核雕刻、刺绣、毛绒、皮影、泥塑、紫砂、蜡艺、文房四宝、书画、铜艺、装饰品、漆器等，代表了一个民族和地方的文化特征，独特的区域性，正逐渐成为乡村文化创意旅游的一个重要方面，通过传统艺术创新，不仅丰富了乡村旅游体验，更加强化了旅游目的地的品牌形象。泥人文化创意博览园位于江苏无锡市惠山古镇，地理位置优越，交通发达，处于上海市两小时都市圈内。惠山泥人与天津泥人张这一南一北是我国著名的民间彩塑流派，也是重要的非物质文化遗产。

6. 科技依托型：科技引导现代乡村旅游发展经典案例：海南兴隆热带植物园

兴隆热带植物园位于海南兴隆华侨旅游经济区内，创建于 1957 年，隶属于农业部中国热带农业科学院香料饮料研究所，是海南最早对外开放参观的热带植物园。植物园划分为五大功能区，物种资源丰富、园林景观优美。植物园拥有热带经济作物、林木及园艺植物品种，保存有野生植物资源和珍稀物种，引进国内外名贵的热带植物种类，合理配置，结合林草等优美景观的相间布局，是一座物种资源丰富，园林景观优美，具有科研、科普、观光和植物种质资源保护功能的综合性热带植物园。

以上经典模式可以借鉴，但不能完全照搬。因为在乡村旅游规划与开发中的核心竞争力在于差异和特色。照搬模仿，只会导致乡村旅游项目的同质化。乡村旅游只有因地制宜，挖掘自身特色才能实现最大化的商业价值。要引导各种模式个性化发展，保持和培育乡村旅游产品多样性，要尊重利用当地居民的首创精神和已有基础，推动各种模式间的优势互补，要充分及时关注社会主义新农村建设中涌现出的新型模式的展示和推广。

【本章小结】

（1）乡村是和城市相对应的一种地域概念，是指以乡村居民点为中心，在地理景观、社会组织、经济结构、土地利用、生活方式等方面都与城市有明显差异的一种区域综合体。在乡村演变和发展的漫长进程中，乡村呈现出了与城市不同的诸多特征，并在一定程度上保留了这些特征的原始性。由于乡村的地理区位、经济功能、文化渊源以及行政建制等的不同，乡村的类型划分呈现出多元性。

（2）乡村旅游是旅游者在乡村及其附近逗留、学习、体验乡村生活模式的活动；是利用农业和乡村资源而开发的一种集观光、休闲、度假、体验于一体的综合性旅游产品；是传统的第一产业农业与新兴服务业旅游业的一种产业融合，是实现农民致富奔小康的新途径。

（3）乡村性是乡村旅游的基本特征，包括地域辽阔，人口密度较低，居民点的人口规模较小；土地利用类型以农业用地和林业用地等自然用地为主，建筑物占地面积少；经济活动简单，以农业和林业为主，并具有较强的季节性；具有传统的社会文化特征，在社会生活中，社会接触多为直接的、面对面的关系，人与人之间关系密切；社会生活以家庭为中心，社会变化和生活节奏相对较慢等。乡村景观是乡村旅游的核心要素。乡村景观是一种半自然状态下的景观生态系统，是介于自然景观与都市景观之间的景观空间；是聚落形态由分散的农舍到能够提供生产和生活服务功能的集镇所代表的地区；是土地利用粗放、人口密度较小、具有明显田园特征的地区。乡村景观有其极为丰富的内涵，是由聚落景观、经济景观、文化景观和自然环境景观构成的景观综合体。

（4）乡村旅游开发是指对乡村旅游资源进行配置调整和对旅游空间进行功能定位的全过程，而对乡村旅游开发进行战略与行动的整合设计手段就是乡村旅游规划。乡村旅游规划属于专项规划，其研究范围可以分为乡村旅游区整体规划和乡村旅游园区景观规划。

【案例分析】

日本母亲牧场是如何做到一年2亿元的运营收入？

母亲牧场位于日本千叶县的鹿野山，占地250公顷，约有130名工作人员。1962年由“产经新闻日报”和“东京塔”的创始者前田久吉先生为了纪念母亲和发展日本的畜牧业而创立。每年来牧场参观的人数达85万人次，访客平均消费240~300元/人，年收入达2.1亿~2.6亿元（人民币）。母亲牧场群山环抱，远离了东京这个世界级大都市的喧嚣，然而这里可达性好，距离东京市中心不到2个小时的车程。东京大都市圈3000多万的人口，为母亲牧场提供了源源不断的客流。牧场拥有多种观赏体验项目，如动物园、赏花、采摘、手作体验、游乐园、餐饮、购物、露营等。这里一年四季都有各式各样的鲜花开放，附近观光果园内有当季水果可供采摘。春天还举行叫作“梯队狮狮子舞”的表演活动。圣诞节期间还会举办灯展。在这里，游人除了能和可爱的动物互相接触之外，还可挤牛奶、骑骏马、采水果等，充分享受大自然带来的恩惠。母亲牧场的收入主要是四类：门票、餐饮、采摘娱乐体验和购物。四项收入基本各占收入的1/4。母亲牧场定位为亲子牧场，动物以及围绕动物规划设计的各种亲子体验活动成为其特色项目。

一、动物体验

牧场每天都会举办各种有趣又开心的动物表演活动。例如，精品项目羊群大游行，牧羊犬赶着约150头羊，浩浩荡荡地从山坡上跑下来的场面非常的壮观，当帷幕拉起，眼前豁然开朗，原来大舞台就是这辽阔的牧场天地。牧羊犬的聪明让人惊叹！各种小动物轮番上场，鸵鸟、羊驼、驴等，热热闹闹惹人发笑。精彩的剪羊毛秀，来自世界各地的各个品种的羊儿们陆续登场，整个表演妙趣横生。主持人一边欢快地讲解着，一边利索地三下五除二地剃着厚厚的羊毛外套。还有，鸭子大游行，一群鸭子在清脆的摇铃声中雄赳赳气昂昂地阔步向前，到最后甚至飞了起来！小猪赛跑别开生面的赶猪大赛！想要让这些乱哄哄的小家伙准确跑到目的地，可不是一件容易的事情。不管是参与者还是观众都能感受到趣味。还可以在赛跑的小猪身上押注，凭证就是这只带着编号的小猪玩偶。此外，喜欢马的朋友们不要错过马厩，你既可以买杯胡萝卜条喂这些可爱的小家伙们，也可以亲自骑上去转一圈。

二、赏花体验

母亲牧场坐落在山上，利用广阔的空间栽植了大量的花卉，不同季节的观花也成为牧场的一个卖点。花卉大都采用单一品种大面积栽种的方式，利用山地的地形，增大面积感。不同的花卉，花期交错，让游人每个季节都有不同的感受。母亲牧场最具特色的则是在2014年诞生的“桃色吐息”花圃。从6月上旬到10月中旬，约35000株花会把鹿野山的地表染成鲜明的粉红色。“桃色吐息”是一种新品种的改良矮牵牛花。花在夜间或者雨天会把花瓣闭合起来，保护身体不受夜露以及雨水的侵害。等到雨停了，接收充分的太阳光照后，花瓣又会再次打开。官网上每周都会定期放出花海的实际开放情况，不必担心白跑一趟的窘况。

三、水果采摘

牧场有关东地区最大规模的蓝莓园，以及七层立体式水耕草莓园。同时还有水果番茄采摘，猕猴桃采摘和挖白薯的体验活动。

四、手作体验

亲子牧场必须善于挖掘小朋友的动手能力，满足游客想要培养孩子们的创造能力的需求。在母亲牧场，小朋友们可以在食物体验作坊将采摘下来的水果经老师的指导，做成纯天然的果酱，还可以制作黄油和干酪。在牧场体验作坊里则可以利用羊毛、皮革、树叶、花朵等元素让小朋友们制作出各种充满创造性的作品。

（资料来源：智美旅游策划，第1753期）

【思考题】

（1）简述乡村与乡村旅游的概念。

（2）总结分析中外乡村旅游的基本模式。

(3) 简述乡村性与乡村景观的内涵。

(4) 举例分析乡村旅游规划与乡村旅游开发的区别与联系。

(5) 结合书中的相关案例，探讨当地乡村旅游的规划与开发。

(6) 请大家参考中共中央国务院印发的《乡村振兴战略规划（2018～2022年)》，分析乡村旅游如何促进乡村振兴。

【探究性学习】

(1) 参考文献、网站等相关资料，了解国内外乡村旅游及其乡村旅游规划的热点问题。

(2) 归纳整理我国当前的乡村旅游规划的主要模式，并做成 ppt 的形式进行课堂讨论。

【参考文献】

[1] 龙花楼、张杏娜:《新世纪以来乡村地理学国际研究进展及启示》，载《经济地理》2012 年第 8 期，第 1～7、135 页。

[2] 王德刚:《乡村生态旅游开发与管理》，山东大学出版社 2010 年版。

[3] 何晓芳:《乡村生态旅游规划方法研究》，浙江大学硕士论文，2005 年。

[4] 张小林:《乡村概念辨析》，载《地理学报》1998 年第 4 期，第 365～371 页。

[5] 韩明漠:《农村社会学》，北京大学出版社 2001 年版。

[6] 范学刚、朱竑:《西方乡村性研究进展》，载《热带地理》2016 年第 3 期。

[7] 李立:《乡村聚落：形态、类型与演变——以江南地区为例》，东南大学出版社 2007 年版。

[8] 周加来:《城市化·城镇化·农村城市化·城乡一体化——城市化概念辩析》，载《中国农村经济》2001 年第 5 期。

[9] 吴良镛:《人居环境科学导论》，中国建筑工业出版社 2001 年版。

[10] 王云才:《现代乡村景观旅游规划设计》，青岛出版社 2003 年版。

[11] 王云才:《景观生态规划原理》，中国建筑工业出版社 2014 年版。

[12] 约翰·布林克霍夫·杰克逊著，俞孔坚等译:《发现乡土景观》，商务印书馆 2016 年版。

[13] 沈迟:《国土空间规划系列改革　将如何影响旅游规划编制》，载《智美旅游策划》2019 年第 1929 期。

[14] 张尚武:《乡村的可持续发展与乡村规划展望》，载《乡村规划建设（第 6 辑)》2016 年。

[15] 吴必虎:《国土空间规划体系中的旅游规划：理论与方法》，2019 年。

[16] 向山:《推进黄河流域下游生态文明建设》，载《中国环境报》2019 年第 10 期。

[17] 中商产业研究院：《2018中国乡村旅游市场前景研究报告》，2019年。

[18] 北京绿维创景规划设计院：《国内乡村旅游度假发展模式及典型案例分析》，2015年。

[19] 北京绿维创景规划设计院：《国际乡村旅游度假发展模式及典型案例分析》，2019年。

第二章　乡村旅游规划与开发基础理论和技术方法

【知识学习】

认识乡村旅游规划与开发基础理论及其应用；
掌握乡村旅游规划与开发技术方法及其应用；
熟悉乡村旅游规划项目设计开发流程；
掌握乡村旅游规划和开发的基本要求。

【能力提升】

理解乡村旅游规划的理论基础，认识乡村旅游规划技术操作规程。

【素质养成】

通过学习乡村旅游规划的理论基础和业务操作技能，能够初步应用到乡村旅游规划与开发项目实践中。

◆导入案例

全域旅游时代的“五观”

全域旅游的“资源观”

全域旅游时代提到了全空间、全产业的方向性，旅游的重心不仅放在景区，可以扩展到一个更广阔的区域。全域旅游下的资源观，各种非物质文化资源、社会资源、产业资源都可成为重要的旅游资源，而在乡村确有一些跟城市异样的资源。

全域旅游的“空间观”

从空间观上来看，自由化旅游时代，人们更希望从家门口出发就开始一种很好的旅行观光体验，而不仅仅是去一个有区域范围的景区里做一个旅游活动的观光体验者。

全域旅游的“产品观”

从产品角度上来看，是一个从观光向休闲过渡的过程。人们希望能够有多元化、多层次的创新性的旅游体验的产品。与城市景观相比，乡村景观更接近自然，它又有千百年积累下来的历史和记忆，所以它是创新性旅游产品很好的场域。

全域旅游“产业观”

从产业的角度上看，在乡村，种植业、养殖业、手工业等，可以广泛的跟旅游+新型的乡村产业体系相结合，同时也是游客的消费体系。

全域旅游“主体观”

现在全域旅游时代旅游参与主体，除了政府和旅游企业外，我们看到很多NGO（非政府组织），他们也在进入乡村旅游业，做旅游产品的提供。一些创客、投资机构、艺术家到乡村去，也有农民自发地做一些自己生产和生活方式的改变。

资料来源：根据国家旅游局官网整理。

思考：全域旅游时代“五观”的理论基础有哪些？

第一节　乡村旅游规划基础理论和应用

一、景观生态学理论

（一）景观生态学理论（landscape ecological theory）

人口增加、工业化、城市化及人类活动正以空前的速度、幅度和规模改变着自然环境，导致生物多样性减少、土地退化、环境污染和全球变化。日益加剧的全球环境问题及其生态后果迫使人们达成共识，并为维护与改善人类赖以生存的生态环境进行有目的的规划、设计和管理，在经济发展过程中合理利用自然资源及维护资源的再生能力，使人类的生存环境得到最大限度的保护。1992年6月在巴西通过的《关于环境与发展的里约热内卢宣言》的第一个原则指出：“可持续发展已成为人类最关注的问题，人类应享有健康、富有，并且与自然相互和谐的生活”。可持续发展理论为人类社会提出了未来发展的目标。人们对实现可持续发展研究的尺度可选择生态系统、景观、区域、大陆和全球。全球或生物圈是最高等级的空间尺度，这一等级的可持续性对低等级的可持续性有重要影响。但生物与人类的生存更依赖于较小尺度的可持续性，大陆有明显的边界，被交通运输、经济等因素松散地联系在一起，其中包含着极不相似的土地利用类型。区域的边界由地理、文化、经济、政治和气候多方面的因素所决定，它被运输、通信、文化密切地联系在一起，但在空间上存在明显的生态差异性。景观是一组，或以相似方式重复出现的相互作用的生态系统所组成的，绵延数公里至数百公里的异质性陆地区域（Forman and Godron，1986），它与区域不同，是存在着类似生态条件的综合体。生态系统是在更小空间尺度上的局部同质系统，虽然在没有人类干扰的地区，生态系统可以基本不变的状态维持几个世纪，但较大的自然干扰可以改变许多生态系统，而且现在许多生态系统都受到人类的干扰。在可持续发展中，景观和区域尺度起着承上启下的桥梁作用，所以，景观在可持续发展规划与设计中是较为适宜的尺度。景观生态规划与设计是指运用景观生态学原理、生态经济学及其他相关学科的知识与方法，从景观生态功能完整性、自然资源的内在特征以及实际的社会经济条件出发，通过对原有景观要素的优化组合或引入新的成分，调整或构建合理的景观格局，使景观整体功能最优，达到人的经济活动与自然过程的协同进化，目的是创造一个可持续发展的区域生态系统。因此，景观生态规划与设计是实现景观可持续发展的有效途径。

（二）景观生态理论在旅游规划与开发中的应用

景观生态学的发展带动着景观生态规划与设计的发展。景观生态规划、景观生态设计和景观生态管理构成了景观生态建设（肖笃宁，1991），属于景观生态学结合实践的应用研究。从景观生态规划与设计的本质来讲，景观生态规划注重生态规律的提炼和掌握，景观生态设计则注重生态规律下的景观创新和创造（王云才，2007）。景观生态规划，是从较大尺度上对原有景观要素的优化组合以及重新配置或引入新的成分，调整或构建新的景观格局及功能区域。它强调从空间上对景观结构的规划，具有地理科学中区划研究的性质，通过景观结构的识别，构建不同的功能区域。而景观生态设计，是在小尺度上对景观生态规划中划分的特定功能区域的细化和功能的实现过程，强调对功能区域的具体工程设计和生态技术配置，选择其合理的利用方式和方向，需要技巧性、直觉与本能。也就是景观生态规划的深入和细致，更多地从具体的工程或具体的生态技术配置景观生态系统，着眼范围小，可以是一个居住小区、公园、绿地、休闲地的设计。景观生态规划与设计是对自然人文复合的有机整体系统的设计，一种尽可能借助于自然力的最少设计，一种以自然系统自我有机更新能力为基础的再生设计，即促使现有物质流与能量流的输入和输出形成良性循环流程。景观生态设计与景观生态规划一起构成景观生态学应用领域不可缺少的一部分。它们在国土整治、资源开发、土地利用、生物生产、自然保护、城乡建设和旅游发展等领域发挥越来越重要的作用。

二、区位与空间结构理论

（一）区位和空间结构理论内涵

1. 区位理论（location theory）

区位是指人类活动所占有的场所，这种场所既体现一定的空间位置，又体现一定的空间联系。区位理论是研究经济行为的空间选择及空间内经济活动的组合理论，或说是研究经济活动最优的空间理论。早期区位理论是为了选择生产的最佳布局，德国的农业经济学家杜能（Von Thunen），德国经济学家韦伯（Weber）等都对农业及工业的生产布局问题进行了研究，形成了区位论的系列经典论述。到了近现代，区位理论的研究也从生产布局的成本最小化转到了生产布局的市场范围最大化。这一时期的学者着重研究了空间布局对争夺市场的影响，其中德国克里斯泰勒（Christaller）的中心地理论，廖什（Losch）的市场区位理论都是极具影响力的研究成果。区位理论从研究选址问题发展到研究区域生产力的合理布局问题，进一步提升了区位理论对社会经济发展的影响力。近年来，随着不同学科间在知识体系方面相互渗透和交叉，区位理论也在不断完善，目前，区位理论研究关注的决策因素开始由单一的经济要素向政策、文化等社会因素拓展。

2. 空间结构理论（spatial strcture theory）

空间结构是指社会经济主体在空间中的相互作用和关系，以及由于互动关系而形成的各种空间集聚形态。空间结构可以按照空间尺度的大小分为微观空间结构（企业与企业间的结构）、中观空间结构（城乡间结构）以及宏观空间结构（国家间结构）三个层次。一般在不同的发展阶段，区域空间结构也体现出不同的特点。如在集聚与扩散机制、空间近邻效应等机制的综合影响下，区域内的空间结构会产生升级和优化。一般来说，空间结构会依次经历原始均衡结构、增长极结构、核心—边缘—外围结构、网络一体化结构等阶段。从区域的发展来看，从无序的混乱状态走向网络状的系统化发展是区域经济主体发展方向。区域经济主体发展形态上的演变可以由区域经济系统自发完成，也可以通过人为规划设计完成。空间结构理论在旅游规划中的有效指导能够根据区域发展所处的阶段，提出空间结构优化的方向，从而保证社会经济主体保持最佳的相互关系状态。

（二）区位和空间结构理论在旅游规划与开发中的应用

1. 确定旅游地的市场范围

旅游地吸引力大小决定了其在市场上的影响范围。市场范围有上限和下限之分。市场范围上限就是由旅游地的资源吸引力、社会容量、经济容量以及生态环境容量四者共同决定的客源市场范围或接待游客数量，但是上限值不能超过上述四个变量中的最小值。而市场范围下限则类似于克里斯泰勒中心地理论中的门槛值。所谓门槛，指生产一定产品或服务所必需的最小需求量。旅游地的门槛即为其提供旅游产品和服务所必需达到的最低需求量。否则，旅游地无法实现规模效应，其经营成本无法得到弥补。因此，旅游规划与开发要考虑旅游开发的需求门槛。

2. 确定旅游地的等级

旅游地等级划分的主要根据是它的市场范围，即吸引力。高等级旅游地是市场范围较大的中心吸引物，低等级旅游地则是具有较小市场范围的旅游吸引物类型。通常高等级旅游地提供的产品和服务档次高、功能多、品种全、质量好，而低等级旅游地提供的产品和服务就相对单一。规划者应首先明确旅游地在市场中的等级定位，从而在项目、设施及服务设计等方面做出相应的安排。

3. 制定旅游地的均衡布局模式

不同等级旅游地的服务职能和市场范围存在差异，产生了各级旅游地均衡布局的问题。某个区域内往往存在多个不同等级的旅游地，只有通过均衡布局才能保证区域旅游的健康发展，并最终实现区域旅游的持续进步。旅游地的均衡布局还要考虑到旅游地内部各功能要素间的均衡布局。

三、消费者行为理论（customer behavior theory）

（一）消费者行为理论的内涵

消费者行为理论是研究消费者心理及其行为模式的理论。从国内外对旅游者行为研究的内容来看，主要包括以下三个方面，即旅游者的空间行为模式、旅游者的消费行为模式以及旅游者的消费心理模式。旅游者的空间行为模式，是指旅游者选择旅游目的地时的空间指向。旅游者的消费行为模式，是指旅游者在旅游目的地的消费行为构成。旅游者的消费心理模式，是指对不同类型旅游者消费行为的心理学解读。对于特定区域旅游者的消费行为规律，主要通过访谈、市场抽样调查与统计数据分析等渠道获得。

（二）消费者行为理论在旅游规划与开发中的应用

1. 旅游产品及线路设计

在消费者行为理论的指导下，设计者可以根据当前旅游者的消费特点以及今后旅游消费者可能的消费行为趋势设计相关的旅游产品和线路，以适应不断变化的市场需求。在旅游线路的设计方面，旅游者消费心理的相关研究成果，如旅游兴奋度曲线、疲劳度曲线等，能更为有效地指导旅游线路和行程的设计。以全球闻名的美国迪斯尼乐园为例，该乐园在设计之初并没有设计出游客步行道，而是让旅游者在草地上自由行走，随着时间的推移，草地上会自然就形成一条道路，最后迪斯尼乐园才将这条路建设成为游客的步行道。可见，迪斯尼乐园的游客步行道设计就是对游客消费行为模式研究的产物。

2. 市场营销策略的选择

旅游市场营销策略不仅要迎合旅游者的消费需求，更应创新概念引导旅游者的消费心理。因此，在消费者行为理论的指导下，旅游规划可以在市场推广策略的设计方面，针对目标市场中旅游者的心理特征设计出能有效引导消费需求的市场营销策略。

四、旅游地生命周期理论（tourist area life cycle theory）

（一）旅游地生命周期理论的内涵

旅游地生命周期的概念最早是由德国学者克里斯塔勒（Christaller）在研究欧洲旅游发展时提出的。目前，较为典型的旅游生命地周期模型是巴特勒（Butler）模型、普罗格（Plog）模型以及双周期（Double – Cycle）模型。我们重点介绍加拿大学者巴特勒（Butler）1980 年提出来的巴特勒模型。

1980 年巴特勒在他的文章《旅游区发展周期概述》里面将旅游地生命周期（tourist area life cycle）的演变分为六个阶段，即探索阶段、起步阶段、发展阶段、稳固阶段、停滞阶段、衰落或复兴阶段。如图 2 – 1 所示。

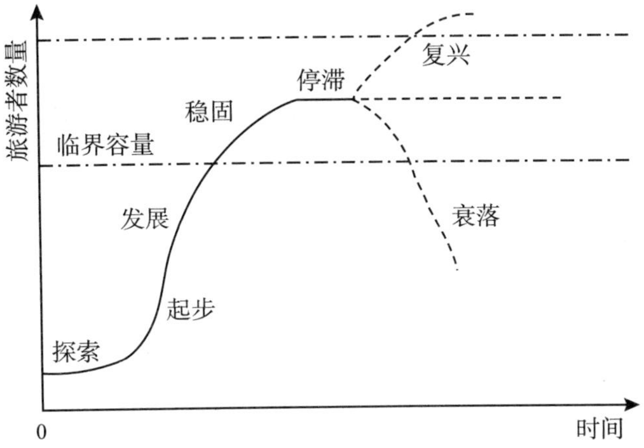

图 2 – 1　巴特勒旅游地生命周期示意

旅游地探索阶段（exploration stage）是指旅游地发展的初级阶段。此时旅游地接待的游客以零散、自发的为主，数量有限。目前南极洲的部分地区、拉丁美洲和加拿大的北冰洋地区就处于该阶段。

旅游地发展的起步阶段（involvement stage）是指随着旅游地逐渐为人们所认识，到该地旅游的旅游者日益增多，当地居民开始逐步为旅游者提供一些简易的设施和基本的服务。目前太平洋和加勒比海地区一些规模较小、发展较晚的岛屿正处于该阶段。

当旅游地进入发展阶段（development stage）时，该地已经吸引了大批旅游者，旅游市场的发育初具规模。到旅游高峰季节时，旅游者人数甚至超过当地居民的人数。随着大量外来资金投入旅游地建设，旅游地的基础设施条件已经大大优化。当地居民已经积极参与了旅游接待活动，甚至将旅游接待作为其重要职业。

当旅游地处于稳固阶段（consolidation stage）时，旅游地经济发展与旅游业息息相关，虽然游客的增长速度减缓，但是旅游者人数仍然巨大。规模巨大的旅游者已经对当地居民的生活造成了一定的影响，居民对旅游者表现出一种仇视情绪。

到旅游地进入停滞阶段（stagnation stage）时，旅游者数量已经大大超过了旅游地的环境容量，产生了一系列的经济、社会、环境问题，旅游业的发展受到来自诸多方面的阻力。

衰落或复苏阶段（decline or rejuvenation stage）是指旅游地进入了衰落阶段。在这个阶段，旅游者受到其他地区新兴旅游吸引物的影响，减少了到该旅游地旅游的频率，旅游业在当地国民经济发展中的重要性日益降低。若旅游地积极进行旅游开发创新，则有可能在停滞阶段之后进入复兴阶段。

（二）旅游地生命周期理论在旅游规划与开发中的应用

1. 预测客源市场规模

对于客源市场的预测是旅游规划与开发的重要内容。目前，很多旅游规划与开发在进行游客量预测时，一般都简单地套用一元线性回归方程进行趋势外推。但是，由于线性回归模型的拟合程度不高使得预测结果失真。旅游地生命周期理论分析了旅游地各发展阶段的特征，预示了发展趋势，因此，可以将该理论作为预测和指导区域旅游规划与开发的工具。如它可以作为一种检验工具，对运用各种预测模型预测出的结果进行判断检验，并对预测结果进行校正。

2. 提供旅游规划调整的依据

旅游地生命周期理论对编制调整性规划具有较大的启示意义。调整性旅游规划是规划实施一段时期后，针对旅游地发展的实际情况对原有规划进行调整的规划。因此，要依据旅游地所处的生命周期阶段及时调整开发方向、产品结构，改善旅游发展环境，改变市场营销策略等，以尽量延长旅游地的生命周期。

3. 指导旅游产品的创新开发

从旅游地生命周期的发展动力机制来看，旅游者的边际效用递减规律会促使旅游者不断寻找新的旅游产品来满足其不断发展变化的欲望和需求，这也从一定程度上论证了旅游者求新、求奇、求异的偏好。旅游地如果保持其功能和产品形式的一成不变，那么其生命周期中的衰退期必定会到来。延长旅游地生命周期就必须不断推进全方位的创新，通过创新来提升旅游地对旅游者的吸引力和市场竞争力。

五、体验经济理论（experience economy theory）

（一）体验经济的发展

1. 体验与体验经济

体验经济是在人类社会经济发展过程中，继服务经济之后的发展趋势。约瑟夫·派恩（B. Joseph Pine）以及詹姆斯·吉尔默（James HGilmore）将体验界定为一种新的价值源泉，是从服务中提炼出来的。他们用以下的例子来证明体验经济带来的经济效益："用同一种咖啡豆煮成的咖啡，每杯成本价格是 5 ~ 25 美分；在街头小餐馆、杂货酒吧，售价为 0.5 ~ 1 美元一杯；在一家五星级酒店，售价为 2 ~ 5 美元一杯；在意大利威尼斯圣马可广场的弗劳里安咖啡店，络绎不绝的顾客愿意为这样一杯咖啡支付 15 美元……" 可见，在体验经济下，消费者在消费时考虑的不仅是产品或服务自身的价值，更为关注的是消费过程中的情感需要、产品和服务的个性化、消费的过程以及消费者更加愿意加入产品及服务生产的过程中。例如在旅游过程中，越来越多的旅游者会喜欢自己动手为家人或朋友制作一件独一无二的纪念品，而不是购买一些标准化模具生产的产品。

2. 体验的内涵及实现

体验由四个部分组成，即娱乐、教育、遁世和审美，如果某个产品或服务能够同时具备上述四个功能，则能够为消费者带来最为客观的体验满足。例如近年来澳门兴建的如威尼斯人度假村酒店、澳门银河综合度假城等综合性酒店度假村娱乐项目，规模宏大、功能多元，在娱乐、教育、遁世以及审美方面取得了较好的平衡，因此，吸引了越来越多的旅游者。此外，约瑟夫·派恩以及詹姆斯·吉尔默还从体验经济的实现角度，将体验的生产分为三个"S"：满意（satisfaction）、代价（sacrifice）、惊奇（surprise）。其中满意度是消费者期望与实际感知之间的差距。代价则是顾客需求与顾客付出的成本之间的差距。惊奇是消费者最终的感知与期望之间的差异。因此，在强化体验经济的过程中，应首先创造消费者满意；然后减少消费者为该产品或服务付出的代价；最终实现惊奇。为此，也有学者指出，所谓的体验就是消费者能够对该产品或服务产生记忆。

3. 旅游与体验

旅游与体验具有较多的相似之处，如都具有无形性特点，强调一种经历或记忆，更为关注消费的过程而非结果等。由于不同旅游者在旅游过程中，获得的体验和经历各不相同，因此，可以从体验经济的角度将旅游归纳为离开常住地追求多种体验的过程，如回归自然的体验、求知学习的体验等。所以，随着人们对体验经济的关注和重视，体验式旅游的概念也应运而生。

（二）体验经济在旅游规划与开发中的应用

1. 能促进旅游规划更好地突出个性，避免规划的模式化

由于体验经济强调的是人性化、个性化和参与式，因此，在体验经济相关理论的指引下，旅游规划需要更加强调区域旅游发展中的主题个性。此时，旅游规划的目标之一就是为到访该旅游地的旅游者提供独特的旅游体验。

2. 能为旅游项目的策划提供较为清晰的方向指引

有学者在对如何营造个性化的体验开展研究后提出，应该从确定主题、以正面要素塑造印象、减少负面要素的作用、充分利用旅游纪念品、实现旅游者感官的整合等方面，为旅游者提供理想的旅游体验。

3. 对有效体验主题的标准进行研究

旅游体验主题应符合自身的特色和具有吸引力；应在时间、空间和资源上协调，并能通过多种方式进行表现；还要能够彻底改变游客对现实的感觉；好的体验主题应该选题新颖。体验主题可从规划区的特色资源中进行挖掘，体验主题的设计要与旅游地产业要素的核心竞争力保持一致。

六、智慧旅游理论（smart tourism theory）

1. 智慧旅游的内涵

现代信息技术的飞速发展对传统的社会发展模式产生了冲击。如各种新型的信息传播渠道、信息硬件设施以及信息处理技术将当今社会引入了智慧化时代。从信息传播媒介的角度来看，目前研究的热点当属 WEB2.0 媒体形态。所谓 WEB2.0 是指以减少信息传播和接受双方界限为目的而产生的各种技术，如博客、即时通信、社会网络、站点摘要、百科全书、对等联网等。在 WEB2.0 时代，信息接收方在信息传播过程中的地位不断增强，主动性也得以提升。广大的受众同时也成了信息传播的主体。从信息硬件设施来看，新型的应用电子产品的涌现和普及，更加有利于信息的传播。如以苹果（apple）为代表的智能手机和平板电脑的普及，人们随时随地获取和处理信息的能力大大提升。

2. 智慧旅游理论在旅游规划与开发中的应用

从信息数据分析和处理的技术来看，5G 移动网络平台的建立，云计算、物联网、泛在网的逐步完善为智慧旅游的发展提供了机遇。所谓云计算是一种新型

计算模型。它提供了更为可靠安全的数据存储、强大的计算能力和方便快捷的互联网服务。物联网则是借助各种感知设备和识别设备将物品的位置、温度、重力、声音、压力、文字、图像等信息透过处理中心，借助信息网络传播所形成的系统。现有的通信网、互联网以及正逐步打造的物联网将共同构成泛在网。透过泛在网则能够实现人与人、人与物，以及物与物之间的信息交换。尽管目前人们对智慧旅游发展模式的研究尚处于起步阶段，我们已经感受到未来旅游消费模式的变革。因此，在智慧旅游的相关理论指导下，旅游规划将更为注重信息技术的运用及智慧旅游时代下旅游者体验的创新。

七、利益相关者理论（stakeholder analysis theory）

1. 利益相关者理论的内涵

利益相关者理论认为，任何一个公司的发展都离不开各利益相关者的投入或参与，企业追求的是利益相关者的整体利益，而不仅仅是某些主体的利益。这些利益相关者包括企业的股东、债权人、雇员、消费者、供应商等交易伙伴，也包括政府部门、本地居民、本地社区、媒体、环保主义等集团，甚至包括自然环境、后代人等受到企业经营活动直接或间接影响的客体。因此，利益相关者理论就要遵循效益均衡原则。

2. 利益相关者理论在旅游规划与开发中的应用

利益相关者理论在旅游规划与目的地的管理中强调权利和义务的均等以及公众参与程度的加强。在乡村旅游中相关者是指企业、政府、村民、旅游者以及后代人的利益。其核心就是重视村民对旅游业发展的长期的、隐形的投资，重视村民在规划和管理中的地位。

八、竞争力理论（competitiveness theory）

1. 竞争力理论的内涵

世界经济论坛和瑞士国际管理与发展学院认为，所谓竞争力是指一国或一公司在市场上均衡地生产出比其竞争对手更多财富的能力。竞争力使资产和生产过程结合在一起。资产是指固有的（如自然资源）或创造的（如基础设施）。生产过程是指资产转化为经济结果（如制造），然后通过市场测试得出竞争力。美国学者迈克尔·波特（Michael E. Porter）则认为，一国产业的国际竞争力主要取决于需求条件、相关与辅助产业的状况、企业策略、结构与竞争者，机遇以及政府六个要素。这些要素共同构成了国际竞争力的概念，一般将波特的竞争力概念称为“国家钻石”竞争力模型。可见，竞争力是指经济主体通过占有具有比较优势的资源，并以其为基础创造更具竞争优势的生产要素和生产环境，向市场提供高效用度和满意度的产品和服务，并获得较高收益的能力。

2. 竞争力理论在旅游规划和开发中的应用

（1）强化了旅游规划与开发中的市场竞争理念。旅游竞争力概念的提出，表明人们已经开始关注旅游地在旅游市场中的竞争能力。此时，旅游规划的目标中相应增加了提升旅游地市场竞争力的内容。竞争力理论被引入旅游规划，一方面更新了旅游规划与开发的观念；另一方面还对旅游规划的内容产生影响。在规划理念创新方面，竞争力理论强化了规划编制者的市场观和竞争观，将提升市场竞争能力作为旅游规划与开发的核心内容，这是对传统旅游规划与开发理念的冲击。

（2）为区域旅游发展战略的制定提供了依据。区域旅游发展战略是对旅游地今后发展道路的总体指导，因此，区域旅游发展战略的制定应该以实现旅游地可持续发展和综合效益为导向，最终切实提升旅游地的竞争力水平。而调查了解规划区域的竞争力现状，则是以竞争力为导向的规划的前提。因此，在竞争力理论指导下对区域旅游竞争力开展结构性分析能够为制定旅游目的地发展战略提供有力支持。

第二节 旅游规划与开发的技术方法

在乡村旅游规划与开发中通常使用的技术方法一般分为传统技术方法和新兴技术方法。本节主要学习新兴技术方法及其应用，即遥感技术、地理信息系统、全球定位系统、虚拟现实技术和增强现实技术。

一、遥感技术

遥感技术（remote sense）是指利用装载于飞机、卫星等平台上的传感器捕获地面或地下一定深度内的物体反射或发射的电磁波信号，进而识别物体或现象的技术。遥感技术具有观察范围广、直观性强、能实时客观获取信息、反映物体动态变化特征的特点。其在旅游规划与开发中的应用主要表现在：

（一）探查旅游资源

遥感图像能够辨别出几乎所有的旅游资源信息，如水体、植被、土地、山地等。还可以从遥感图像上辨别出较小尺度的物体，如一条小路、一棵树、一个人、一条小溪。

（二）提供制图基础

遥感图像是对当地空间发展现状的描述，由于其更新快，能够反映规划区域的最新状况，所以，在旅游项目规划中一般使用遥感图像来做规划图的底图。

（三）动态规划管理

因为遥感图像具有实时动态的特点，通过不同时期遥感图像的叠加处理，可以清晰地观察到旅游规划地域的发展状况，所以，遥感图像常用于旅游规划与开发的动态反馈和未来预测。

二、地理信息系统

地理信息系统（geography information system，GIS）是以采集、存储、管理、描述和分析空间地理数据的信息系统。它以计算机软硬件环境为支持，采用地理模型分析方法，以地理坐标和高程确定三维空间，将各种地学要素分别叠置于其上，组成图形数据库，具有对空间数据进行有效输入、存储、更新、加工、查询检索、运算、分析、模拟、显示和输出等功能的技术系统。其在旅游规划与开发中的应用主要表现在：

（一）为旅游地规划与开发提供图形数据

通过构建旅游地理信息系统，可以将各种规划管理数据输入该系统中，并定期加以维护和更新。借助该系统平台，旅游规划和经营管理者能直观地获得区域内各种数据。

（二）构建智能型和互动型导游系统

由于地理信息系统具有良好的图形界面且蕴含有大量的信息，可以充分发挥计算机多媒体的技术方法构建旅游地电子导游系统，通过声音、图像、视频甚至味觉等信息为旅游者全面展示区域内的风土人情。此外，通过地理信息系统的查询功能还可为旅游者提供路线查询和景点查询的服务，同时借助计算机的外设产品，可将查询结果输出，从而为旅游者提供可随身携带的个性化游览咨询服务。

三、全球定位系统

全球定位系统（global position system，GPS）是美国国防部部署的一种卫星无线电定位、导航与报时系统，它由导航星座、地面台站和用户定位设备三部分组成。导航星座包括24颗卫星，其中21颗卫星是工作星，3颗作为备用星，它们分布在6条轨道上，轨道高度约两万公里，倾角55°，运行周期为12小时。这种分布方式可以保证世界上任何地点的用户至少能同时接收四颗卫星播发的导航信号，实现三维精确定位。其在旅游规划与开发中的应用主要表面在：

（一）定点

定点，就是通过野外考察时利用GPS手持机，确定某个旅游景点的精确位置，包括其三维坐标和地理空间坐标，这在旅游规划中能够发挥重要的作用。

（二）定线

定线，就是为规划者的旅游线路设计提供支持。也可以为旅游者提供导航服务，如通过无线传输技术，将旅游区的GPS信息发送到区域范围内，装载有相应设备的旅游者通过GPS的引导进行全程游览活动。

（三）定区域

全球定位系统技术能够精确计算出旅游规划区域范围的面积大小。

四、虚拟现实技术和增强现实技术

（一）虚拟现实技术

虚拟现实技术（virtual reality，VR）是一门新兴的综合性信息技术，它融合了数字图像处理、计算机图形学、多媒体技术、传感器技术等多个信息技术分支，设计出合理的硬件、软件及交互手段，使参与者能交互式地观察和操纵系统生成的虚拟世界。虚拟现实技术是用计算机模拟的三维环境对现场真实环境进行仿真，用户可以走进这个环境，可以控制浏览方向，并操纵场景中的对象进行人机交互。从概念上讲，任何一个虚拟现实系统都可以用三个“I”来描述其特性，这就是沉浸（immersion）、交互（interaction）和想象（imagination）。这三个“I”反映了虚拟现实系统的关键特性，就是系统与人的充分交互，它强调人在虚拟现实环境中的主导作用。虚拟现实技术可分为两大类，即虚拟实景技术，如虚拟游览故宫博物院；虚拟虚景技术，如虚拟设计的波音777飞机。在旅游规划与开发经营中，通过虚拟虚景向规划委托方展示规划的最终效果。还可以通过虚拟实景，为旅游者提供旅游目的地景观的远程欣赏。

（二）增强现实技术

增强现实技术（augmented reality，AR）是一种将真实世界信息和虚拟世界信息“无缝”集成的新技术，是把原本在现实世界的一定时间空间范围内很难体验到的实体信息，通过电脑等科学技术，模拟仿真后再叠加，将虚拟的信息应用到真实世界，被人类感官所感知，从而达到超越现实的感官体验。真实的环境和虚拟的物体实时地叠加到了同一个画面或空间同时存在。增强现实技术，不仅展现了真实世界的信息，而且将虚拟的信息同时显示出来，两种信息相互补充、叠加。在视觉化的增强现实中，用户利用头盔显示器，把真实世界与电脑图形重合一起，便可以看到真实的世界围绕着它。AR系统具有三个突出的特点：真实世界和虚拟世界的信息集成；具有实时交互性；在三维尺度空间中增添定位虚拟物体。增强现实技术能够应用于旅游规划与开发中的各个方面，如旅游项目的策划、历史场景再现、资源环境保护，以及展示旅游规划内容等。增强现实技术让旅游者方便选择旅游目的地、具体旅游项目和旅游产品。

第三节 乡村旅游规划的技术操作实务

一、乡村旅游规划技术操作流程

乡村旅游规划技术操作流程如图 2－2 所示。

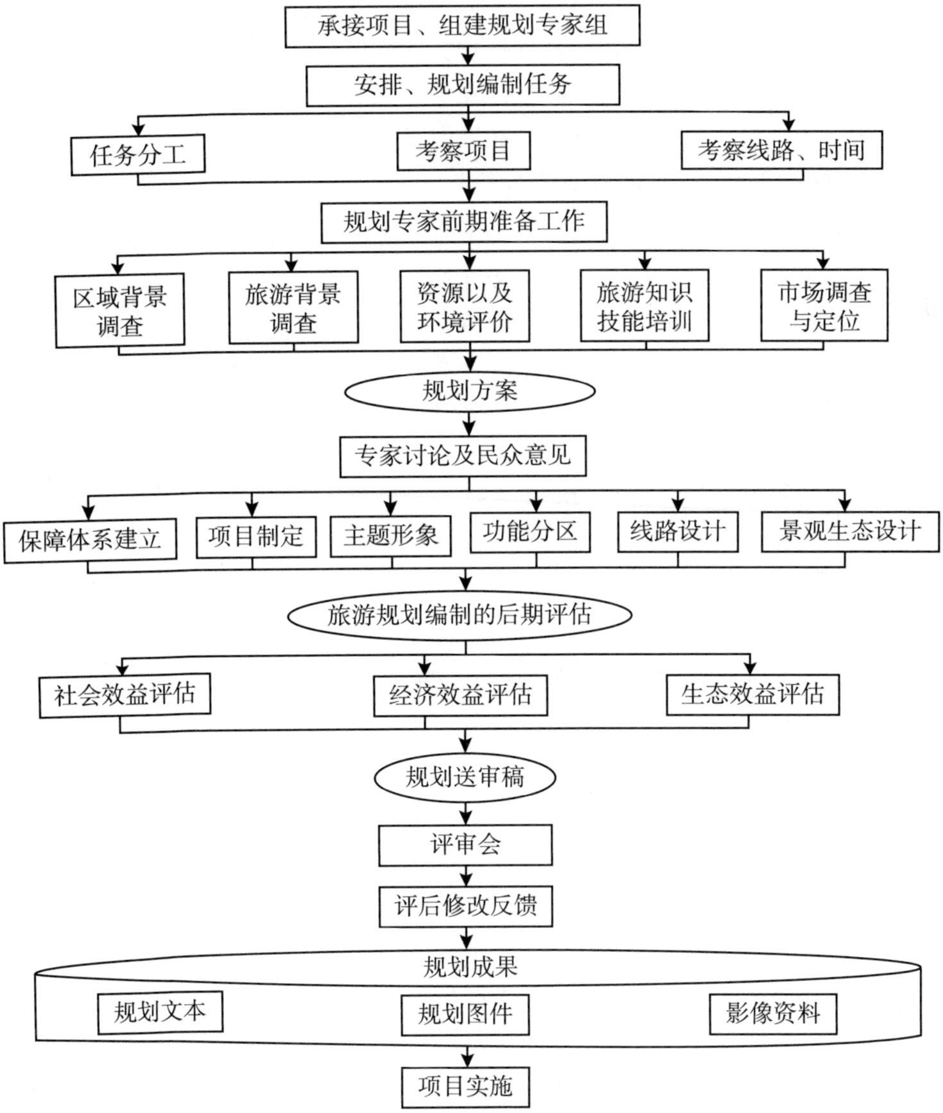

图 2－2 乡村旅游规划技术操作流程

资料来源：王德刚：《乡村生态旅游开发与管理》，山东大学出版社 2010 年版，相关图件，有修改。

二、乡村旅游规划准备工作

（一）准备工作

1. 明确乡村旅游规划的基本范畴

乡村旅游规划的基本范畴包括：乡村旅游所在区域的自然与人文环境特征；国土空间规划控制下的乡村旅游规划空间范围及其内在基本特征；乡村旅游规划的基本意图，如乡村景观遗产抢救性保护方案、解决特定问题、政府的要求、为了获得地方或国际机构的资助、旅游开发与农民脱贫致富等；规划的时间性；规划可以动用的资源，包括财政人力、制度政策、专家学者。

2. 明确乡村旅游规划的价值导向

乡村旅游的独特价值在规划前期必须有明确的判断结论。在乡村旅游价值判断中应该明确价值导向：具有绝对珍稀性特征和巨大文化艺术价值的乡村旅游的绝对保护性导向；在保护性前提下以旅游开发为导向的乡村旅游价值特征；以保护为主导，在严格保护下的适当的旅游开发导向。价值特征包括：乡村旅游的脉络过程，如形成时代、背景、事件、历史过程等；乡村旅游的文化价值特征，如乡村景观遗产保护级别和珍稀性等；乡村旅游的历史价值特征，如特定的断代史价值、特殊的历史事件、特殊的历史人物等；乡村旅游的艺术价值特征，如传统和民间艺术与地方珍惜性戏剧及口头传说等；特殊的市场吸引力特征，如区位特征、消费群体、文化归属等。

3. 明确乡村旅游规划的制定者与执行者

乡村旅游规划是在国土空间规划控制下的一个跨行业的综合专题规划，乡村旅游作为地方经济发展的一项举措，以往乡村旅游规划的制定者是政府部门。随着规划管理的改革和投资主体的多元化，规划的制定者和执行者已出现多种形式：

完全由政府单方面制定的规划；由政府部门主导、公众一定程度上参与的乡村旅游规划是目前基本现实；还有由委托管理经营的投资商制定的规划等。在规划前期准备工作中应明确乡村旅游规划的制定者与执行者。

4. 明确乡村旅游规划的参与者，组织规划工作组

确定规划所涉及的利益人，利益人都是规划潜在的参与者。建立由利益人代表和规划制定者代表组成的规划工作组是一个兼顾各方利益协调的组织。工作组必须参与规划制定的全过程。他们首先应在各自领域内独立地工作，发现问题、提出目标、确定行动方案，然后通过定期的圆桌会议进行协商，达成一个利益平衡的结论。工作组应由以下的人员和机构组成：专家人员，政府管理人员，社区民众，行业协会，公司企业等。

5. 设计公众参与乡村旅游规划的工作框架

公众参与规划有直接参与和间接参与两种方式。前者指公众参加规划工作组，关键是选择公众代表；后者则是公众以间接的形式参与规划过程，需要多数公众知道正在开展的规划及其意义，并通过媒体或者通过独立机构的中介表达意见或建议。

6. 建立乡村旅游规划过程的协调保障机制

在乡村旅游规划过程中不同的利益人之间会出现利益冲突，政府部门之间的意见分歧、经济发展与环境保护之间的矛盾、政绩与公众现实需求之间的冲突等，需要建立一套机制来协调这些矛盾，以保障规划工作的顺利进行。从以下几个方面建立协调保障机制：将规划任务列入政府主要工作日程和部门考核目标体系，以保证各政府部门能够积极参与规划工作；定期召开领导小组会议，协调部门之间的利益冲突；在规划启动之初，与所有参与者达成共识，在参与者之间或规划工作组之间意见分歧时，要组织广泛的公众讨论或专家研讨，以求达成共识。

（二）乡村旅游资源调查

根据《文化和旅游规划管理办法》和《旅游资源分类、调查与评价》等相关文件的规定，进行旅游资源的调查工作。

（1）概查。指对旅游资源的概略性调查或探测性调查。这种调查是为发现问题而进行的一种初步调查，它主要是寻找问题产生的原因以及问题的症结所在，为进一步调查做准备。通常概查以定性为主，一般是对大区域的旅游资源进行调查，以确定旅游资源的类型、分布、规模和开发程度。

（2）普查。是在概查的基础上进行的，它是对一个旅游资源开发区或远景规划区内的各种旅游资源进行综合调查。普查以实地考察为主，因而所获取的资料最为翔实。但是，普查对于时间、人力、资金消耗非常大，调查的项目也不可能很细，对旅游资源的调查缺乏深度。

（3）详查。这是在概查和普查的基础上进行的，将旅游资源普查的结果筛选，确定高质量的旅游资源作为开发的对象，对于这些旅游资源再进行更为详尽的实地考察。详查除了对调查对象的景观类型、特征、成因等进行深入调查之外，还要对景观的地形高差、观景场地、最佳观景位置、游览线路等进行勘察和研究分析。详查结果要编制成景观详图或具体材料图件，以及文字材料说明。

（4）典型调查。根据旅游资源调查的目的和任务，在被调查对象中有意识地选取一个或若干个具有典型意义的旅游资源进行调查研究。

（5）重点调查。即在调查对象中选择一部分对全局具有决定性作用的重点旅游资源进行调查，以掌握调查总体情况的调查方式。

（6）抽样调查。按照调查任务确定的对象和范围，从全体调查总体中抽选部分对象作为样本进行调查研究，用所得的结果推断总体结果的调查方式。抽样调查具有较强的时效性、较高的准确性和较大的经济性。在旅游资源调查中，对于一些不可能或不必要进行全面调查的现象，或人力、财力资源有限的情况下，最适宜使用抽样调查的方法。

三、乡村旅游规划中期核心工作

1. 乡村旅游的形象与定位

乡村旅游的定位是旅游规划的核心问题所在，是对整个规划地区的资源进行合理配置，发挥其资源优势，使其在同类旅游地区中脱颖而出的关键，关系到整个乡村旅游规划水平的高低。多年的乡村旅游规划和开发证明，大城市周边的乡村旅游产品往往具有很大的相似性，粗放式的发展管理模式、投资水平较低，造成旅游项目的可模仿性增大。当一个成功的旅游地出现的时候，就会引出很多拙劣的模仿者，逐步削弱其品牌形象的价值，最后使整个市场陷入恶性价格竞争的怪圈。加强旅游形象的塑造和不断提升是保证乡村旅游市场规范的重要工作。

2. 乡村旅游的功能分区

乡村旅游功能分区是旅游规划的具体实施方案。一般包括：核心原生态保护区，是景区自然风貌和人文传承最好的地段；生态过渡缓冲区，是传统与现代演替的交汇区；景观生态感知体验区，是可供旅游开发的典型传统区域；农耕与旅游服务区，是游客体验区和商贸文化旅游服务聚集区；乡村居民生活区，即演进中的活化的人文生态区等若干功能区。功能区的划分是把乡村旅游、乡村生产、社区生活有机融入、有合有分，使得旅游在不破坏生态环境的前提下，真正和乡村居民生活集合起来，使他们获得直接的经济利益，并且通过旅游设施、公共设施改善提高乡村生态环境和生活水平，最终实现宜居乡村。

3. 乡村旅游的意境营造与景观生态规划设计

乡村旅游规划中应当凸显天人合一的传统文化精髓和实现设计结合自然的现代景观生态理念，保留或营造自然和谐的乡村意境。乡村景观是乡村意境的关键载体，是乡村旅游的核心内容。乡村景观主要由乡村田园景观、乡村聚落景观、乡村建筑景观、乡村农耕文化景观和乡村民俗文化景观构成。

在景观细部的设计处理上，应充分挖掘古宅、幽巷、花墙、农田、林地、沟渠、湿地、河塘、农具、广场等众多乡村事物的造景功能，从不同层面、多个角度共同维护乡村生态的自然天成，适度保留、修复和再现某些传统的耕作方式和技术，把人与自然接触过程中形成的田园优美风光保持住，真正为游客打造不同于城市的生活方式和文化氛围。对于传统乡村聚落的人文生态景观塑造，应按地脉肌理与文脉演化进行统一布局，依地势而导，将文化的魅力融合到自然的空间，做到高低起伏、错落有致，与环境融为一体。在乡土建筑风貌的塑造中，在建筑风格上应突出当地乡土的建筑特色，切忌模仿城市建筑风格，遵循小规模、小体量、小影响的生态原则进行分散布局、适度集聚。在建筑材料上应充分体现简明、朴拙、天然、闲适的要求，突出用料的环保化和当地化。

乡村旅游景区的规划设计，一方面要完成宏观层面的意境营造，以全部乡村资源为依托，以区域内传统乡村自然、文化生态景观为平台，建立特色鲜明、风格统一的综合性乡村旅游区；另一方面要在微观层次上，在区域乡村环境中的合适地点具体设计相适应的观赏景区和活动项目，开展休闲赏乐、农事劳作、趣味比赛、蔬果采摘等。

4. 乡村旅游的产品开发与项目设计

乡村旅游的产品开发与项目设计作为整个规划的内容，是实现规划总体定位的相关要素，同时又是整个规划的功能分区的功能体现。作为整个规划的支撑体系，它在规划文本中是至关重要的。乡村旅游活动项目的开发要因地制宜，例如在一些具有典型文脉节点特征的区间开展古村落文化观光游；在乡村田园风光和农耕文化突出的地方开展生态型农业体验游等；在乡村民俗文化积淀浓厚的地域设立民俗风情专项游，开展一系列特有民俗文化活动等。

5. 乡村旅游的路线设计

旅游线路是以旅游景观为节点，以交通线路为线索，专门为旅游者设计、串联或组合而成的旅游过程的具体走向。旅游线路的设计是否科学合理，不仅关系到旅游者的舒适度和满意度，而且关系到旅游目的地形象的塑造。乡村旅游的线路设计，涉及以下几个方面的内容：一是可进入性信息，主要提供客源城市至乡村目的地的路线及交通费用和所需时间；二是中转地旅游信息，即线路沿途所经过的区、县、镇、村及其特色旅游内容；三是目的地观赏游玩路线图，包括景区名称、游览方式、概况、特色、传说，途中特色餐饮名吃、特色旅游纪念品及土特产品，需住宿的饭店名称、档次、价格、特色等；四是周边地相关信息，即该产品线路中其他特色鲜明、文化独特、内涵深厚、极具吸引力的区域或线路相关信息；五是景区当地的风土人情、民风民俗等。

6. 乡村旅游的保障体系

保障体系一般包括：旅游管理、人力资源、政策法规、环境保护、旅游教育。这些都是一个区域旅游规划后发展所需要的基本条件保障，最终实现区域的可持续发展。

四、乡村旅游规划后期评估与完善

乡村旅游规划的评估要在可持续发展的理念指导下，综合考虑社会效益、经济效益和生态效益三个部分的内容。在确保生态效益的前提下，以积极的社会效益为诉求点，争取获得最大化的经济效益，力求实现三大效益的共同提高。

1. 社会效益

乡村旅游是振兴乡村的主要措施之一，有助于增进城乡之间的了解，有助于形成稳定的社会结构。乡村旅游开发对于促进欠发达地区文化与环境的保护和实现可持续发展具有极大地推动作用。通过旅游开发，社会中散落的民俗文化、手工艺技术、特色建筑等都将被重新收集、整理和恢复。乡村旅游资源的开发和旅游业的发展，要求各地区需进一步完善公共基础设施和旅游配套服务设施，进而改善了当地居民的生活环境，提升区域整体发展水平，实现国土空间规划控制下的城乡一体化和美丽乡村建设。

2. 经济效益

通过发展乡村旅游，可以提升农业产业结构，实现第一、第二、第三产业融合发展，合理安排劳动力就地转移，改变农民收入结构。旅游作为一种经济活动，必然会产生收入，并且促使与其相关的国民经济行业收入增加，对于国民经济结构的改善和升级转型具有推动作用。通过乡村旅游建立城乡之间的纽带关系，不仅有利于在农村地区形成造血功能，同时也有利于形成以工补农、以城促乡的长效机制，实现乡村经济的可持续发展。

3. 生态效益

新时代乡村旅游的生态效益应该放在首位。体现在通过产业结构调整，发展经济型、生态型、观光型农业，随着旅游者的进入，乡村旅游目的地的自然、人文环境会受到不同程度的影响。如果过分追求经济利益，游客人数在超过乡村景区游客容量后将会使该地的环境产生不可逆转的退化。必须加强生态建设，在乡村旅游开发的同时，实现生态的平衡、稳定和可持续发展。

【本章小结】

（1）乡村旅游规划编制者需要在旅游规划研究方法的运用、旅游系统的准确认知、旅游规划技术手段的掌握及运用、旅游规划的质量和过程控制等方面得到系统化的理论指导。旅游规划与开发理论的功能分为两类：一是指导旅游规划编制者世界观的理论体系，如景观生态学理论、区位和空间结构理论、旅游经济理论等，这些理论能够帮助规划者认清当今旅游规划与开发理念的本质；二是为规划编制者提供技术及方法指导的规划设计分析技术理论。如各类数据调研技术、信息分析技术、发展决策技术等。这些技术增强了规划者处理信息的能力，同时也大大提升了旅游规划的科学性和操作实践能力。

（2）景观生态规划与设计是指运用景观生态学原理、生态经济学及其他相关学科的知识与方法，从景观生态功能完整性、自然资源的内在特征以及实际的社会经济条件出发，通过对原有景观要素的优化组合或引入新的成分，调整或构建合理的景观格局，使景观整体功能最优，达到人的经济活动与自然过程的协同进化，中心任务是创造一个可持续发展的区域生态系统。因此，景观生态规划与设计是实现景观可持续发展的有效工具。景观生态规划与设计是在风景园林学、地理学和生态学等学科基础上孕育和发展起来的，和土地规划设计、自然环境保护和资源管理等实践活动密切相关，并深深扎根于景观生态学，从中不断吸取营养，成为景观生态学的有机构成。景观生态学的发展带动着景观生态规划与设计的发展。

(3) 区位和空间结构理论对于乡村旅游规划与开发中的选址和布局具有重要的指导意义。在乡村旅游规划中关键的问题在于给每个项目选择最佳区位，同时保证区域内部各主体间能在有序的空间结构下高效协调发展。

(4) 巴特勒将旅游地生命周期的演变构建为六个阶段，即探索阶段、起步阶段、发展阶段、稳固阶段、停滞阶段、衰落或复兴阶段，也称为巴特勒模型。广泛应用在预测客源市场规模、提供旅游规划调整的依据和指导旅游产品的创新开发上。

(5) 消费者行为理论、体验经济、智慧旅游理论、利益相关者理论以及竞争力理论等理论分别从消费者心理及其行为、旅游体验的形式、旅游发展主题、旅游经济发展理念等方面，对旅游规划与开发产生深远影响。未来可以预见，还会有更多的理论进入旅游规划与开发的领域，为旅游规划与开发的不断发展提供理论指引和技术支持。

(6) 随着信息技术的不断发展，在旅游规划与开发过程中规划者所使用的技术手段也不断更新，目前应用较为广泛的是遥感技术、地理信息系统、全球定位系统、虚拟现实技术和增强现实技术等。这些新兴技术手段对乡村旅游规划与开发都具有巨大影响。

(7) 乡村旅游规划的技术操作的基本内容及技术操作规程包括前期准备工作、中期核心工作和后期评估工作。

【案例分析】

案例一、鼎湖山旅游地的衰落与复兴

鼎湖山位于广东珠三角西部的肇庆市，东距广州 80 公里，是地球北回归线上极少完整保存着南亚地带性植被的区域，也是唯一由中国科学院管辖的自然保护区。1970～1977 年，到鼎湖山的游客多数属于行政事业接待性质的旅游者，旅游业并未真正起步，实际上处于其生命周期的参与阶段。1978～1986 年，鼎湖山经历了一个复杂的发展阶段，作为“星湖”国家重点风景名胜区的重要组成部分，虽然当时鼎湖山知名度还不高，但因为七星岩声名远扬，对珠三角、港澳地区及日本、东南亚地区的游客吸引力很大。因此，在国内旅游尚未成形、旅游市场并不成熟的历史背景下，年均游客保持在 35 万人次左右，这已是很大的成绩。1986～1991 年，随着国内旅游的起步，鼎湖山游客量上了一个台阶。但客观来说，这仅是一个发展与停滞并存的阶段，每年游客维持在 60 万人次以上，1991

年出现一个高峰值，这与国内旅游开始兴起有关。随着深圳“锦绣中华”等主题公园的兴起，以及这些地方经济的快速发展，广东境内旅游格局迅速改变，省外游客到广东的旅游动机更多地表现为经济因素。而鼎湖山在旅游开发方面并没有多少进展，肇庆当时也没有危机意识。因此，1992～1995 年，尽管国内旅游开始迅速发展，鼎湖山却还是以“老面孔”待客，其旅游内容简单、旅游区域狭窄的局面开始凸显。“在飞水潭照一张相，到鼎湖山烧一炷香”成为人们当时游鼎湖山的刻板写照；景区老化现象也很严重，除一些宗教朝拜者和当地居民外，游客回头率并不高。鼎湖山旅游吸引力开始下降，已不知不觉步入一个衰落期。游客量由 1991 年的 83 万人次下滑到 1995 年的 50 万人次左右，其后一直徘徊不前。

面对一个衰落的市场，鼎湖山旅游经营者感到压力很大。为了改变这种局面，鼎湖山在旅游开发方面采取了有力措施。1996～1999 年，先后在原天溪谷景区上游开辟了鼎湖新景，开发了湖中游愿望岛、原始次森林探险等旅游项目，以扩大景区容量丰富旅游内容，阻止游客量下滑的趋势。1998 年底鼎湖山在我国森林旅游方面的有关专家指导下，成功地对其独特的森林环境资源进行了深度开发，推出以空气负离子为核心的养生保健旅游产品，这是鼎湖山由衰落期转变为复兴期的重要因素。1999 年是生态旅游年，“回归大自然”成为时尚。肇庆旅游部门在年初通过新闻发布会的形式适时向外宣传，产生了广泛的“鼎湖山空气负离子效应”。1999 年 1～7 月份游客量与 1997 年和 1998 年同期相比，增加了 10 多万人次。但全年总量比较接近，说明下半年没有增加，反而有所减少。这与空气负离子养生保健旅游产品与旅游季节——夏季密切联系的特性有关，同时也反映出旅游市场呈现复杂化的特点。近年来多数人的旅游消费已经变得理性，旅游需求日益呈现多样化。但以空气负离子为核心的养生保健旅游产品毕竟使鼎湖山增加了一种持久的吸引力，对增加周期性的中老年客源市场极为有利，因此仍是鼎湖山由衰落期转向复兴期的关键。2000 年 12 月鼎湖山又依据其文脉（主要是地方性），开发建设了高品位的宝鼎园，使鼎湖山有“鼎”，也有“湖”，名副其实，鼎湖山旅游的文化内涵得到极大充实和提高。宝鼎园不仅是鼎湖山旅游的一个新景区，也是肇庆旅游又一明珠，它进一步巩固了鼎湖山的复兴期，并使之逐渐发展为成熟期。

（资料来源：马勇、李玺：《旅游规划与开发》，高等教育出版社 2012 年版）

讨论问题：

根据材料内容试绘制鼎湖山旅游地生命周期曲线示意图，并解释每个转折点的含义。

案例二、热带雨林咖啡厅的体验式消费

热带雨林咖啡厅是美国著名的休闲娱乐场所，在旅游体验设计方面有许多独到之处，特别是利用质感的材料、灯光和照明控制、音像、气味，还有促成某些

活动的道具，通过多种感官刺激的组合，营造特殊的主题氛围，从而带给顾客永久难忘的体验。看到这类主题餐厅的名字，消费者便会联想到进入餐厅的感受。热带雨林咖啡厅在其服务中将体验经济特征体现得淋漓尽致。当顾客走进咖啡厅时，首先听到嗞嗞的声音，然后会看到迷雾从岩石中升起，而且还会感觉到雾的轻柔、清凉，甚至闻到热带雨林的气息，这时咖啡厅的带位侍者会提示顾客说“您的冒险即将开始”。就位后，用餐者发现自己置身于浓密的植物、袅袅而升的薄雾、急泻而下的瀑布、甚至令人震惊的闪电和雷鸣之中，所面对的就是活生生的热带雨林景观。热带雨林咖啡厅建造的目的，就是为了让消费者感受热带雨林的生动，体验大自然的情趣，给顾客一种生动和独特的自然之美。

（资料来源：马勇、李玺：《旅游规划与开发》，高等教育出版社 2012 年版）

讨论问题：

试用体验经济理论，探讨美国著名的休闲娱乐场所热带雨林咖啡厅为消费者提供了哪些类型的体验。

【深度探究】

“乡村旅游+”，到底加了啥？

党的十九大报告中首次提出实施“乡村振兴”战略，这是我国新时代“三农”工作的指南针。“乡村振兴”不仅是一个单纯的经济议题，它已经超越了产业发展和经济范畴，涵盖了经济、社会、生态、文化多个领域，要求我们必须走出固有的乡村发展思路，真正从乡村本位出发，转变思想，探索出一条乡村崛起的可持续路径。通过乡村旅游与三产融合的方式，能够推进农业供给侧结构性改革，推动绿色发展为导向的乡村振兴真正落地实现。

一、乡村旅游与第一产业的融合

发展乡村旅游就是为了延长农业的产业链，就是为了实现农业、农村、农民价值的再创造。通过产业链的延伸、价值的再创造，把以前不值钱的变得值钱了，把以前不能卖钱的都卖掉了。近年来发布的文件也提出：推进农村第一、第二、第三产业融合发展。增加农民收入，必须延长农业产业链、提高农业附加值；积极开发农业多种功能，挖掘乡村生态休闲、旅游观光、文化教育价值；加大对乡村旅游休闲基础设施建设的投入，增强线上线下营销能力，提高管理水平和服务质量；激活农村要素资源，增加农民财产性收入。

1. 挖掘卖点

浙江安吉，是中国美丽乡村建设的发源地，也是休闲农业和乡村旅游做得最好的地方之一。他们以前的主产业就是烧石灰，由于安吉是黄浦江的源头，为了保证上海人的饮水安全开始做产业转型，当地政府以安吉是黄浦江的源头为卖点，通过规划设计、宣传推广把上海人拉到安吉来休闲旅游。现在不仅上海人喜欢去，全国各地的人们都喜欢到这地方来休闲、放松、旅游，从而带动了安吉休闲农业和乡村旅游的发展。

2. 保留农村符号

有的人来到农村放松、休闲，是为了寻找他内心认定的那种乡村、乡味。在发展休闲农业的时候要保留农村的符号，不能一味地追求现代化，要在保留农村符号的同时，融入现代化的元素，这样人们不仅可以找到内心认定的乡村、乡味，还会产生更大的吸引力，从而可以吸引更多的回头客。

3. 满足都市人的多种需求

都市农业的特性：城乡互动、三产融合、功能多样、跨界开放。传统农业经营困难，农民需要增收，农业结构需要调整，农村需要现代化，要求农业必须从第一产业延伸到第二、第三产业，要求农业资源要跳脱传统的只生产粮食的用途，强调环境、知识、健康、美学、文化的价值实现三产融合发展。例如，都市人对于食品安全的要求，对于绿色农业的需求，城里人亲近乡土的需求，对于亲子教育的需求。

二、乡村旅游与第二产业的融合

发展乡村旅游还要与第二产业进行融合，第二产业就是农产品的深加工，还有一个就是旧房子的改造。

1. 农产品深加工

农产品的深加工解决的是客户的需求。曾有旅游专家讲过一个后备厢的故事：我看一个地方的乡村旅游发展的好不好、生态农业做得成不成功，标准就是看游客的车辆后备厢是不是装满了当地的土特产。用什么东西来装满他的后备厢呢？应季的农产品只能满足一时，别的时间怎么办呢？要满足游客旅游中“购”的需求，必须要有一些深加工的东西，就要把农产品变成礼品，通过深加工提高农产品的附加值。

2. 农村的传统手工业

现在农村有很多的传统手工业，我们可以把它为我所用。比如，特色民俗产品、传统年画、竹筐等，这些手艺可以教游客做，也可以做好卖给游客。比如，做采摘农庄的，可以给游客发自己编好的竹筐，这样游客拿着也有感觉，能更好地提高游客的参与感。从另一个层面来讲，还带动当地农民的就业，促进了当地农民的增收。

3. 乡村建筑业

随着低碳概念的深入人心和乡村旅游本身所蕴含的生态诉求，生态建筑、新能源建筑在休闲农业中占有越来越重要的分量。精明的商人遍地找破落的村庄，租房子，然后进行改造，外部形态不变，只进行内部改造，改造成乡村酒店，营造度假的轻松氛围。有的时候，游客来这里不仅仅是吃一顿饭，睡一宿觉，而是在享受生活的美好。在农村，进行建筑改造，要抓住城市人来农村的心理需求，既要保存乡土特色，又要具备现代化设施与功能的建筑。传统的农家院应在满足游客最基本的安全、卫生需求的基础上，提升硬件设施，在满足其更高层次的需求方面多下功夫。

三、乡村旅游与第三产业的融合

1. 信息互联网产业

过去人们看演唱会挥舞的是双手，现在进入信息化时代，再看到明星，挥舞的是手机。每个人都是一个自媒体，游客来到园区消费也要传播，游客游玩拍完照片肯定是要发到微博、朋友圈等社交媒体分享给其他人看，而你只需要花几百元钱开通 WiFi 就行，这本身就是一种免费的宣传广告。

2. 文化创意产业

农村遍地都是资源，农村的水、农村的土地、农村的牛，都可以变成我们的吸引物，我们一定要通过一些创意活动吸引游客前来。农村蕴含着丰富的民俗文化、农业产业文化。这些丰富的旅游资源必须经过文化创意产业的加工，才能发挥出应有的价值。游客购买纪念品肯定要送人的，如果没有包装，现在的人肯定不喜欢；如果你提前做好包装，那么肯定会受欢迎；如果是有创意的包装，那么会更受欢迎，而且会吸引更多的游客前来。

3. 休闲体验活动

休闲农业的东西并不一定要花很多钱，比如有些家庭农场，崇尚的就是生产简单的快乐！轻资产、重创意！从一片荒芜开始，通过组织不同的活动，吸引游客参与到其中。景区的设计也很有针对性，能被大人、小孩所接受，大家玩的都很高兴。比如，有一个成本仅 1000 元的水滑梯，如果在市场购买成套的设备需花费十几万元，但是庄主通过一些创意的改造，不仅大大降低了成本，而且在冬季还可以把场地另作他用。

4. 养老产业

随着城乡统筹各项改革的进一步深化，尤其是农村集体建设用地流转政策的进一步明晰，农村地区的养老、休闲房地产开发将会迎来新的高潮。因为农村拥有最宜居的资源：自然资源、社会资源、文化资源，这是任何地方都无法比拟的。

从乡村振兴发展层面看，推动第一、第二、第三产业融合发展，有助于进一步推动农业产业化、专业化发展，让农村更加美丽，农民生活更加富足。未来，乡村旅游与三产融合的方式将成为乡村振兴战略的重要抓手。要通过打造农业新产业、新业态、新模式，来延伸农业产业链，进而实现农业、农产品加工业、农村服务业的融合。

（资料来源：www. sohu. com/a/369577641_100021508. 2020. 1）

问题探究：乡村旅游是如何与三产融合发展的?

【思考题】

（1）试简要说明区位和空间结构理论的内涵及其对乡村旅游规划与开发的意义。

（2）举例分析巴特勒旅游地生命周期理论在乡村旅游规划与开发中的应用。

(3) 对智慧旅游的应用做简要预测。

(4) 简述乡村旅游规划的技术操作的基本内容，并图示乡村旅游规划与设计操作流程。

【探究性学习】

在景观生态理念下如何做好乡村旅游规划与开发项目?

【参考文献】

[1] Forster R R. Planning for Man and Nature in National Parks [R]. Morges, Switzerland: International Union of Conservation of Nature and Natural Resources, 1973.

[2] Gunn C A. *Tourism Planning* [M]. New York: Taylor & Franncis, 1994.

[3] Nieuwkamp L B W. Zone Modelling in Ecotourism [A]:《生态旅游规划与发展国际研讨会论文集》, 1996 年。

[4] 马勇、李玺:《旅游规划与开发 (第四版)》, 高等出版社 2018 年版。

[5] 王云才、郭焕成、徐辉林:《乡村旅游规划与原理》, 科学出版社 2006 年版。

[6] 郭伟、殷红梅:《旅游规划原理与实务》, 北京大学出版社 2012 年版。

[7] 林南枝:《旅游市场学》, 南开大学出版社 2000 年版。

[8] 刘玉芝:《欠发达地区城郊生态农业旅游开发策略研究——以菏泽市为例》, 载《科技信息》2012 年第 10 期, 第 15 页。

[9] 陆林:《旅游形象设计》, 安徽教育出版社 2002 年版。

[10] 吴殿廷、宋金平、陈光:《区域规划概论》, 科学出版社 2018 年版。

[11] 邹统钎:《旅游开发与规划》, 广东旅游出版社 1999 年版。

[12] 肖星、严江平:《旅游资源与开发》, 中国旅游出版社 2000 年版。

[13] 刘杰、刘玉芝、郑艳霞、张世富:《景观生态理念下的乡村旅游规划设计》, 经济科学出版社 2018 年版。

[14] 上海得才投资管理有限公司:《"乡村旅游 +" 到底加了啥?》, [OL]. www. sohu. com/a/369577641_100021508. 2020. 1。

[15] 文化和旅游部:《文化和旅游规划管理办法》2019 年 5 月。

[16] 中华人民共和国标准:《旅游资源分类、调查与评价》, 国家旅游局, 2003 年 2 月。

[17] 中华人民共和国标准:《旅游规划通则》, 国家旅游局, 2003 年 2 月。

第三章　乡村旅游资源的调查与评价

【知识学习】

了解乡村旅游资源的含义和特点；
了解乡村旅游资源调查的原则及程序；
理解乡村旅游资源调查的含义及内容；
理解乡村旅游资源评价的原则及内容；
掌握乡村旅游资源的分类；
掌握乡村旅游资源的评价方法。

【能力提升】

通过对乡村旅游资源的学习，掌握乡村旅游资源调查的手段和方法，了解我国常见的乡村旅游资源类型，进一步培养学生对乡村旅游资源进行科学评价的能力；注重学生团队协作能力、野外调查能力、资源识别能力的培养。

【素质养成】

赏析我国绚丽的自然风光和灿烂文化，培养学生民族自豪感和爱国热情。

◆导入案例

读我国某村镇示意图，试回答下列各题。

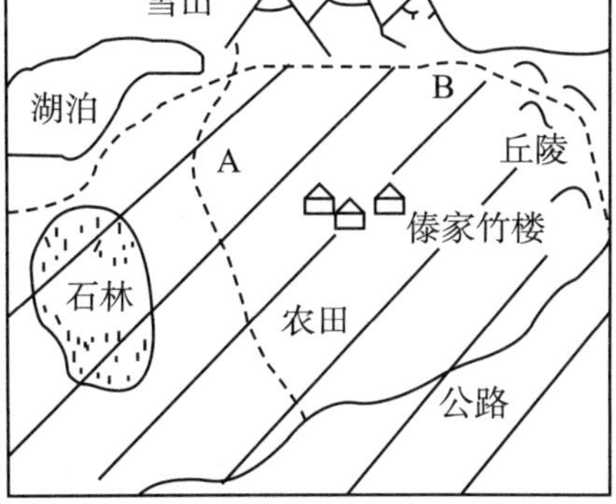

(1) 该地区可能是我国（　　）地区。

A. 东北　　B. 西南　　C. 西北　　D. 东南

(2) 据图可知，该地可以开发利用的乡村旅游资源主要有哪些？（至少列举3个）

(3) 据图分析该地区发展旅游业的主要优势条件是什么？不利因素有哪些？

参考答案：第（1）题，从图中石林、雪山、傣家竹楼等地理事物可判定为我国西南地区。第（2）题，由图知，这里的湖泊、雪山、石林、傣族风情等均可开发为重要的旅游资源。第（3）题，该地区自然和人文旅游资源均较丰富，集群组合较好，具有一定的开发优势；但距发达地区远，交通不便，接待能力弱等也成为其发展的限制因素。在旅游开发中，要对乡村旅游资源进行调查，注意开发乡村旅游资源的优势，同时减少不利因素的影响。

资料来源：人民教育出版社课程教材研究所等：《旅游地理》，人民教育出版社2018年版。

思考：应怎样对乡村旅游资源进行调查和评价？

第一节　乡村旅游资源概述

一、乡村旅游资源概念

目前学术界对乡村旅游资源的定义较多，争论较大。从目前来看，大多是从旅游客体、资源观、景观学等角度进行阐述。乡村旅游资源的界定，最重要的是对其内容与内涵进行科学的分析，特别要注意指出乡村旅游资源的核心特征——乡村性。从游客的角度来说，他们到乡村旅游的主要目的是通过深入了解乡村生活，体验村民生产生活与传统文化，从而返回到生命的本真状态。乡村旅游资源的乡村性包含乡村自然生态、乡村的聚落与建筑、乡村耕作与生产方式、乡村经济贸易方式等位于乡村地域空间的诸多资源要素。从这里可以看出真正意义上的乡村旅游资源在资源禀赋与特征方面都是有别于城市、荒野和传统景区而存在的。

从一般意义上讲乡村旅游资源应该具备以下几个要素：一是乡村性；二是旅游活动的传统性、生活性和小规模；三是其建筑的地域性和本土性；四是要有舒适、缓慢的生活节奏；五是要体现出利用地理区位、气候特征、土地利用与耕作方式、经济与社会结构、历史与民间文化信仰的多样性，开发出各具特色的乡村旅游活动与项目。乡村旅游资源是有别于城市的乡村区域空间，以村民传统生产和乡土生活文化为吸引核心，以乡村自然生态背景、乡村生态聚落、传统农业劳作、乡村地域特色经济、传统农耕与民俗文化、乡村居民建筑与家具陈设等整体系统性的“乡村性”为内涵的旅游资源。乡村旅游资源结合了乡村的自然生态景观和人文景观，从本质上看是一种包含多种旅游资源的综合体。

从以上论述可以看出，乡村旅游资源是以乡村产生的景观为根基，具有较强的吸引力，满足游客需求的乡村事物、事件、活动、文化、民俗、传说、民间艺术等资源。

二、乡村旅游资源的特点

（一）乡土性

乡土性是乡村旅游资源的核心元素，是其区别于其他旅游资源的最根本特征。乡村旅游的大部分游客来自城市，他们渴望见到的是一种不同于城市或其他地方的独特旅游资源，这是促使他们去乡村旅游的最根本动力，也是乡村旅游资源的魅力所在。

（二）生命性

从乡村旅游资源所在的环境来看，其主体景观是种类繁多、生机盎然的动植物。这是其景观的基底和本色。与一般产业类型的旅游资源相比，一旦乡村旅游的生命性遭到破坏，便不易恢复，甚至永远失去。乡村旅游资源生命性决定乡村旅游资源的开发必须把保护放在首位，科学合理地制定开发规划，有序开发。

（三）生态性

生态性要求游客与村民一样融入农村的生产生活环境中，把自己与乡村景观融为一体，全方位与自然进行身体与心灵的接触和交流。

（四）和谐性

人与自然的和谐统一，就是在乡村旅游的过程中，人与自然之间不断磨合和协调的过程。在这一过程中，人顺应了自然，遵循了自然发展演变规律，实现了人和自然的协调一致。一旦这种和谐被破坏，乡村旅游资源就会失去其应有的价值和魅力。

（五）保护性

乡村旅游资源包括自然和社会两类生态系统，一旦遭到破坏，就很难恢复。因此在开发的时候，一定要按照生态规律，科学发掘乡村旅游的价值。

（六）广泛性

乡村旅游资源的广泛性主要表现为资源分布的广阔性、品种的多样性和类型的复杂性。我国幅员广阔、地大物博，乡村旅游资源以不同的形式存在于不同的区域内。因气候环境、地理条件和人文风俗等的不同，乡村区域的田园风光、乡风民俗和文化氛围也各具特色、形态各异。世代劳作于乡村的村民，有着独特的生产和生活方式，这使人们在日常劳作中创造出各具特色的乡村旅游资源，既有农村、牧村、渔村、林区等不同的农业景观，集镇、村落等不同特点的聚落景观，又有独具地域特色的民族风情。

（七）季节性

乡村旅游资源季节性特征也十分明显。以自然风貌、劳作形态和传统习俗为主的乡村旅游资源，因受到自然条件的影响，在不同季节、不同气候条件下，会呈现出非常明显的季节性。

三、乡村旅游资源的分类

（一）旅游资源国家分类标准

我国目前对乡村旅游资源的分类研究侧重于从基本属性方面进行，但从乡村旅游活动的性质、结构、乡村旅游资源的吸引力和开发利用程度等方面进行分类的研究较少。分类标准可参考国家旅游局2003年2月24日颁布的中华人民共和国国家标准《旅游资源分类、调查与评价》（GB/T 18972—2003），如表3-1所示。

表3-1　旅游资源分类（GB/T 18972—2003）

主类	亚类	基本类型
A. 地文景观	AA. 综合自然旅游地	AAA. 山丘型旅游地　AAB. 谷地型旅游地　AAC. 沙砾石地型旅游地　AAD. 滩地型旅游地　AAE. 奇异自然现象　AAF. 自然标志地　AAG. 垂直自然地带
	AB. 沉积与构造	ABA. 断层景观　ABB. 褶曲景观　ABC. 节理景观　ABD. 地层剖面　ABE. 钙华与泉华　ABF. 矿点矿脉与矿石积聚地　ABG. 生物化石点
	AC. 地质地貌过程形迹	ACA. 凸峰　ACB. 独峰　ACC. 峰丛　ACD. 石（土）林　ACE. 奇特与象形山石　ACF. 岩壁与岩缝　ACG. 峡谷段落　ACH. 沟壑地　ACI. 丹霞　ACJ. 雅丹　ACK. 堆石洞　ACL. 岩石洞与岩穴　ACM. 沙丘地　ACN. 岸滩
	AD. 自然变动遗迹	ADA. 重力堆积体　ADB. 泥石流堆积　ADC. 地震遗迹　ADD. 陷落地　ADE. 火山与熔岩　ADF. 冰川堆积体　ADG. 冰川侵蚀遗迹
	AE. 岛礁	AEA. 岛区　AEB. 岩礁

续表

主类	亚类	基本类型
B. 水域风光	BA. 河段	BAA. 观光游憩河段　BAB. 暗河河段　BAC. 古河道段落
	BB. 天然湖泊与池沼	BBA. 观光游憩湖区　BBB. 沼泽与湿地　BBC. 潭池
	BC. 瀑布	BCA. 悬瀑　BCB. 跌水
	BD. 泉	BDA. 冷泉　BDB. 地热与温泉
	BE. 河口与海面	BEA. 观光游憩海域　BEB. 涌潮现象　BEC. 击浪现象
	BF. 冰雪地	BFA. 冰川观光地　BFB. 常年积雪地
C. 生物景观	CA. 树木	CAA. 林地　CAB. 丛树　CAC. 独树
	CB. 草原与草地	CBA. 草地　CBB. 疏林草地
	CC. 花卉地	CCA. 草场花卉地　CCB. 林间花卉地
	CD. 野生动物栖息地	CDA. 水生动物栖息地　CDB. 陆地动物栖息地　CDC. 鸟类栖息地　CDE. 蝶类栖息地
D. 天象与气候景观	DA. 光现象	DAA. 日月星辰观察地　DAB. 光环现象观察地　DAC. 海市蜃楼现象多发地
	DB. 天气与气候现象	DBA. 云雾多发区　DBB. 避暑气候地　DBC. 避寒气候地　DBD. 极端与特殊气候显示地　DBE. 物候景观
E. 遗址遗迹	EA. 史前人类活动场所	EAA. 人类活动遗址　EAB. 文化层　EAC. 文物散落地　EAD. 原始聚落
	EB. 社会经济文化活动遗址遗迹	EBA. 历史事件发生地　EBB. 军事遗址与古战场　EBC. 废弃寺庙　EBD. 废弃生产地　EBE. 交通遗迹　EBF. 废城与聚落遗迹　EBG. 长城遗迹　EBH. 烽燧
F. 建筑与设施	FA. 综合人文旅游地	FAA. 教学科研实验场所　FAB. 康体游乐休闲度假地　FAC. 宗教与祭祀活动场所　FAD. 园林游憩区域　FAE. 文化活动场所　FAF. 建设工程与生产地　FAG. 社会与商贸活动场所　FAH. 动物与植物展示地　FAI. 军事观光地　FAJ. 边境口岸　FAK. 景物观赏点
	FB. 单体活动场馆	FBA. 聚会接待厅堂（室）　FBB. 祭拜场馆　FBC. 展示演示场馆　FBD. 体育健身馆场　FBE. 歌舞游乐场馆
	FC. 景观建筑与附属型建筑	FCA. 佛塔　FCB. 塔形建筑物　FCC. 楼阁　FCD. 石窟　FCE. 长城段落　FCF. 城（堡）　FCG. 摩崖字画　FCH. 碑碣（林）　FCI. 广场　FCJ. 人工洞穴　FCK. 建筑小品

续表

主类	亚类	基本类型
F. 建筑与设施	FD. 居住地与社区	FDA. 传统与乡土建筑 FDB. 特色街巷 FDC. 特色社区 FDD. 名人故居与历史纪念建筑 FDE. 书院 FDF. 会馆 FDG. 特色店铺 FDH. 特色市场
	FE. 归葬地	FEA. 陵区陵园 FEB. 墓（群） FEC. 悬棺
	FF. 交通建筑	FFA. 桥 FFB. 车站 FFC. 港口渡口与码头 FFD. 航空港 FFE. 栈道
	FG. 水工建筑	FGA. 水库观光游憩区段 FGB. 水井 FGC. 运河与渠道段落 FGD. 堤坝段落 FGE. 灌区 FGF. 提水设施
G. 旅游商品	GA. 地方旅游商品	GAA. 菜品饮食 GAB. 农林畜产品与制品 GAC. 水产品与制品 GAD. 中草药材及制品 GAE. 传统手工产品与工艺品 GAF. 日用工业品 GAG. 其他物品
H. 人文活动	HA. 人事记录	HAA. 人物 HAB. 事件
	HB. 艺术	HBA. 文艺团体 HBB. 文学艺术作品
	HC. 民间习俗	HCA. 地方风俗与民间礼仪 HCB. 民间节庆 HCC. 民间演艺 HCD. 民间健身活动与赛事 HCE. 宗教活动 HCF. 庙会与民间集会 HCG. 饮食习俗 HGH. 特色服饰
	HD. 现代节庆	HDA. 旅游节 HDB. 文化节 HDC. 商贸农事节 HDD. 体育节
数量统计		
8 主类	31 亚类	155 基本类型

注：如果发现本分类没有包括的基本类型时，使用者可自行增加。增加的基本类型可归入相应亚类，置于最后，最多可增加 2 个。编号方式为：增加第 1 个基本类型时，该亚类 2 位汉语拼音字母 + Z、增加第 2 个基本类型时，该亚类 2 位汉语拼音字母 + Y。

资料来源：中华人民共和国国家标准《旅游资源分类、调查与评价》（GB/T 18972—2003）。

（二）乡村旅游资源其他分类标准

1. 按照资源属性划分

乡村旅游资源按其属性可以分为乡村自然旅游资源、乡村人文旅游资源和自然与人文资源结合型三大类。乡村自然旅游资源包括乡村山地生态、水域风光、生物生态、田园景观、生态农庄、农林牧副渔业生态景观等。乡村人文旅游资源包括乡村民俗旅游和民族风情旅游、乡村遗产旅游、聚落文化、乡村意境体验旅游、乡村旅游商品等。自然与人文资源结合型是既有乡村自然旅游资源，也有乡村人文旅游资源的特征。举例来说，成都“五朵金花”属于自然资源类型的旅游，河南南街村则是人文资源类型的乡村游，而江西婺源乡村旅游就属于自然与人文资源结合型的旅游形式。

2. 按照发展模式划分

我国乡村旅游地在发展过程中形成了不同的模式，可以分为依托中心城市型、依托景区目的地型和依托资源特色型三种类型。

依托中心城市型是指依托大、中城市，以城市居民为主要目标市场的乡村旅游资源发展模式。这类发展模式需要有便利的交通、优越的区位位置，一般呈现环城市休闲带发展特点。最典型的就是环成都市区乡村旅游带，环成都市区乡村旅游带包括东郊的龙泉桃花故里、西郊的温江高端健康休闲现代田园、南郊的双流锦绣东山生态观光走廊、北郊的凤凰湖城市湿地公园。

依托景区目的地型主要依托于某一国家级（或世界级）、省级风景名胜区，以景区游客为主要目标市场的乡村旅游资源。这类旅游资源保存着乡村的原生态，客源主要来自所依托的著名景区，与其依托景区的产品类型形成互补性，突出本身特色。如江西井冈山的公社食堂、安徽黄山的宏村。

依托资源特色型是指主要依托原生性强、丰富的、相互交织的人文资源与自然资源来进行发展的模式。这类旅游资源交通便捷、基础设施良好、有着特色化与乡土化并重的特征。如被称为世界版“桃花源记”的日本合掌村。

乡村旅游开发要如何抓住“五风”资源？

乡村旅游，区别于一般的景区旅游，乡村旅游更多的是依托田园风光和人文环境，乡居生活是核心。旅游资源利用角度，可以将旅游资源概括为“五风”——风貌、风物、风俗、风情、风味。景区开发偏重“风光”，而乡村旅游开发则对五者都很看重。乡村，是人与自然的有机结合体，自然环境是背景，人文环境塑灵魂。在乡村旅游中，“人情味儿”是关键因素，而乡村旅游资源中的“五风”，无不与原住居民有关，乡村最能吸引游客的就是乡村独有的人文气息。

一、风貌——乡村旅游的环境基础

风貌包括自然风貌和建筑格局，对于许多游客来说，田园风光、乡村建筑可能是最能吸引他们的。

二、风物——乡土文化的重要载体

风物主要指的是当地的特产和生活生产用具，大多数是人类在长期生活中发明创造的产品。如田地里的耕牛、农业器械、村子里的石碾、石磨、水井、辘辘等能体现人与自然和谐发展的物件。还有当地的特产如绍兴黄酒、客家米酒、新疆的馕等。

三、风俗——乡村旅游的核心资源

我国自古就有“百里不同风，十里不同俗”的说法，风俗是当地文化的重要体现。在两千多年的发展中，人类产生了许多的内容丰富的传统节日和风俗习惯。传统节日、乡规民约都成为乡村生活的一部分。城市化的过程中，这些风俗被逐步破坏，但是许多乡村还保留，成为乡村吸引城市游客的重要资源。

四、风情——乡村生活的主要卖点

风情主要指风土人情，包括具有地域特点的生活环境、宗教信仰、民族性格和审美情趣、民间传说等方面。在许多地方，古老的生活生产方式至今仍然保留。一些口口相传的歌曲、少数民族的舞蹈、独特的打招呼的方式，等等。

五、风味——乡村最大的诱惑力和感召力

风味主要指的是具有地域特色的饮食、小吃。陕西的袁家村为什么这么火，就是他把当地特色小吃完好的汇集到一起，让游客可以体验到最地道的当地美食。这种小吃的吸引力，可以让游客不惜驱车几百公里前往，成为乡村旅游最大的魅力。

资料来源：https：//www. sohu. com/a/194126459_247689。

第二节　乡村旅游资源调查

乡村旅游资源调查是进行乡村旅游规划与开发非常重要的一环，也是编写乡村旅游规划的最基础工作之一，是其前期必须要进行的工作，也是其后续开发的前提条件之一。乡村旅游资源调查要详细调查乡村区域内旅游资源的类型、现状、特征、规模和开发潜力等基本旅游开发要素。这对于乡村旅游资源的科学规划、合理开发、现代化管理和环境监控与保护都有积极意义。

一、乡村旅游资源调查概述

（一）乡村旅游资源调查的内涵

乡村旅游资源调查是对目标区域内旅游资源的类型、现状、特征、规模和开发潜力等因素进行详细调查的活动，是认识、评价和开发目标区域内旅游资源的必要条件，是制定乡村旅游业发展目标的基础，是乡村旅游资源规划和开发的重要依据。

（二）乡村旅游资源调查的目的

（1）认清乡村旅游资源的禀赋，摸清乡村旅游资源的数量，掌握这些资源的开发状况，弄清其开发利用的价值和潜力。

（2）了解乡村旅游资源的特色、性质、价值和功能，从而为科学规划提供可靠保证。

（3）建立系统的乡村旅游资源档案资料，使对它们的管理保护工作科学化。

（4）通过对乡村旅游资源自身及外部开发条件的深入调查，可以全面掌握乡村旅游资源在开发保护过程中存在的问题，从而为乡村旅游资源的开发导向、开发时序和开发重点提出有针对性的管理措施并提供翔实可靠的资料。

（三）乡村旅游资源调查的原则

1. 真实可靠性原则

乡村旅游资源的调查首先要保证真实可靠。确定调查区域后，要利用科学的手段和方法对调查对象进行客观实在的调查和分析，以保证调查结果的可靠性。真实可靠性也是乡村旅游资源调查意义的根本体现。

2. 点面结合原则

“点”就是指要仔细调查乡村旅游资源价值较高、规模较高、具有代表性的单体旅游资源。“面”就是乡村旅游资源的调查范围要广，尽可能覆盖到全区域的现存和潜在的乡村旅游资源。

3. 动态性原则

乡村旅游资源本身是个动态的概念，因所处的自然和人文环境的改变而变化，其内涵和外延都处于动态之中。在调查过程中要注意调查对象的发展过程及趋势，特别是要注意发现潜在的旅游资源，对旅游开发提出有力的依据。因此调查不能一次结束，而是要经常调查。这样乡村旅游资源的信息就会不断更新，便于了解乡村旅游资源的变化。

4. 理论联系实际的原则

调查者要掌握乡村旅游资源的形成机制、分布规律、旅游业务发展的基本规律、旅游者的消费需求规律等基础理论，进而分析文字资料，将野外调查工作与室内分析研究相结合，用理论规范调查工作，用调查数据来得出结果。

5. 系统与综合的原则

乡村旅游资源的调查工作涉及诸多学科理论，要对调查区域的自然和人文资源、经济、交通、社会条件、人口状况等各项因素进行全面的调查和分析。

（四）乡村旅游资源调查的基本要求

（1）要严格按照《旅游资源分类、调查与评价》（GB/T 18972—2003）规定的内容和要求进行。

（2）要保证调查的结果，确保整个运作过程的科学性、客观性、准确性。

（3）要充分掌握与乡村旅游资源有关的各种资料和研究成果，完成统计、填表和编写调查文件等各项工作。要积极收集、分析、转化和利用这些资料和研究成果，并且要通过访问、实地观察、测试、绘图、摄影、室内分析等方式做到逐一核实，无一遗漏。

二、乡村旅游资源调查的方法

1. 现场勘测法

这是一种最基本的乡村旅游资源调查方法。现场调查人员主要通过观察、踏勘、测量、拍照、摄像、填绘等方式获取乡村旅游资源的第一手资料。这种方法首先要做到覆盖较广的调查，掌握乡村资源分布和聚集情况，然后再对这些面上的点进行系统完善的调查，最后选择出最有特色和开发价值的乡村旅游资源类型和景区，并对其产生的各种效应进行评价。乡村旅游资源调查表的填绘、草图的绘制等都要在这个阶段完成。必要时还要提取景点的相关物质（水样、植物、土质、水质）进行检测。

2. 文献分析法

这种方法就是要充分利用各部门的调研结果，包括农业、林业、水利、交通、气象、环境等部门的调查结果和统计数据，以及有关地方风土人情的刊物、汇编、著作的相关信息。对于这些收集到的数据和信息应该用统计分析法进行归类，并对其权威性、准确性、可利用性进行评价。在这个基础上对乡村旅游资源的分布进行整理，拟出实地调查的提纲，编写出下一步具体调查时关于工作部署、人员配备、考察方法的计划书，并为现场勘测做好准备。

3. 访问座谈法

这种方法就是要召集乡村旅游资源所在地的一些老年人、文化管理人员、行政人员以及从事当地地理、文化、环境、水文研究的专家，进行交谈，或实地走访当地居民，从而获得相关旅游资源信息的方式。这种方式收集到的信息较为详细、准确，并可以弥补因时间、人力、资源不足而导致的无法深入了解乡村旅游资料的缺陷，大大提高了乡村旅游资源调查的质量和效率，是一种较好的乡村旅游资源调查方式。

4. 问卷调查法

这种方式主要是对不同的群体对象进行询问，包括专家问卷调查（主要调查公园管理人员、相关专家和学者、旅游相关人员等）和游客问卷调查（分春、夏、秋、冬四个季节四次的游客调查）。这种方式要求问卷内容设计合理、程序公平、公开，从而保证问卷调查结果合理有效。这种方式最大的好处就是能及时获得动态的旅游信息，为乡村旅游资源的规划与开发提供较为可靠的依据。

5. 资源图表法

这种方法就是将调查到的资料描绘在图件中或用一定的方法表示出来。如描绘乡村旅游资源分布图，可以很清楚地了解到重点旅游资源分布状况或各种类型乡村旅游资源分布情况。

6. GIS 法

现有的资源调查方式普遍比较落后，野外实地调查和测量的方式是最常用的。但因文稿的形成、图件的制作及资源的评价都是采用人工方式，同时又受到气候、地势、交通等条件的影响，所以这种方式也有较大的限制。而且因为收集的数据较多，各个数据之间的关系较为复杂，无法对数据做到全面、系统的整理与共享。因此这些信息的片面重复和不一致为信息应用带来极大的困难，无法提供动态性的信息。所以在日常生活中也采用了一些新的资源调查技术。地理信息系统（geographic information systems，GIS）作为一种主要分析和处理大量地理数据的新型科技手段，现已成为旅游资源调查中应用较多的一种方式。这种技术具有诸多的优势：第一，这种技术可以在短时间内获取最新的大区域范围内的数据，这样就可以节省大量的时间和人力物力；第二，GIS 会海量存储信息，这样就会对大量的资源数据和开发条件数据做可行性分析，同时还可以对目标数据进行自动查找和自动更新；第三，通过这种技术编制的专题地图具有科学性、方便性、美观性。但地理信息系统技术在乡村旅游资源调查中的应用还刚起步，所以领域不够广，不够深入，且大多限于基础理论研究阶段。随着 GIS 技术的日渐成熟，这一技术将会得到更广泛的应用。

7. 遥感调查法

遥感技术是近来在旅游资源调查中使用较多的一种技术，应用于旅游资源地的调查可追溯到 20 世纪 60 年代的欧美国家。遥感调查技术适合于对较大区域乡村旅游资源的调查。这种技术可以通过遥感图像的整体性全面掌握调查区现状，判读各景点的空间分布和组合关系，发现一些野外调查不易发现的潜在旅游资源，可获取全面、准确的资料。在人迹罕至、山高林密、坡陡谷深、常规方法无法穿越的地区，采用遥感调查法具有更明显的优点。不过，遥感调查法也有一些局限性，某些人文景观资源的调查还须结合已有历史文献进行调查。

8. 网络资源查询法

网络资源查询法是指通过互联网进行的，有目的、有系统地收集、整理、分析大量与乡村旅游发展以及旅游规划相关资料的一种调查方法。在乡村旅游规划中最常用的就是搜索引擎检索法和电子资源检索法。在搜索引擎法中通常又由分类目录和关键词检索两部分组成。专业电子资源检索法是指网络上常用的专业数据资源系统，包括中文和英文数据库。

三、乡村资源调查的内容

1. 资源所在区的环境条件

根据乡村旅游资源规划与开发的要求，要对其周围的自然、社会、市场环境等多方面进行调查。自然环境调查主要包括这一地区的地貌、水文、动植物、气象气候等自然条件；社会环境调查包括其行政归属与区划、人口和乡民、位置、经济发展状况、基础设施、医疗环卫、安全卫生等；市场环境调查包括与客源地经济的密切程度、客源地的居民消费水平和出游率，客源地的范围以及对客源地游客的吸引力；此外还要对影响乡村旅游资源环境的工矿企业、人口、生活服务等造成的污染状况和治理情况进行调查，还要注意会不会出现突发性的自然灾害等。

2. 资源所在区的资源状况

这项调查主要包括乡村旅游资源的类型、数量、结构、规模、级别、成因、乡村旅游资源单体的面积、形态、组合结构、内部空间、重大历史事件、社会风情、名人活动、文艺作品以及有关的资源分布图、图片、录像及其他声像资料，还要寻找乡村旅游中独具特色、具有特殊功能、适合农业学习和科学考察的旅游资源等。对很重要的乡村旅游资源，更要对其性质特征、出入条件、保护与开发现状进行多方面详尽的调查。

四、旅游资源普查的程序

（一）事前准备阶段

这个阶段的主要任务就是要成立调查小组，明确调查任务，安排调查内容。第一，要从从事地学、乡村旅游、环保、园林景观、历史文化等相关专业中选调出一批经验丰富、年富力强、创造性强、年龄搭配合理的人组成乡村旅游资源调查小组；第二，根据相关的调查要求，明确调查的总任务和各个组员的分任务，使其能各司其职，顺利完成各自工作；第三，根据相应的调查任务，予以合适的资金分配和调拨，满足调查资金上的需求，保证调查的正常进行；第四，在广泛收集该地区资料的基础上，对该地区的乡村旅游资源有个大致的了解，尤其要注意与乡村旅游资源相关的地方志书、乡土教材、旅游区与旅游点介绍、规划与专题报告等相关的各类文字性描述材料，与此相关的专题地图、各种照片和影像资料也是收集的重中之重；第五，要准备定位仪、摄影器材等相关设备，确保能获得技术上强有力的支持；第六，还要制定调查表格，乡村旅游资源所在区的旅游经营机构数量、经营状况、从业人员以及乡村社会经济情况统计表、旅游设施统计表、景区概况统计表等一些表格，表格制作要规范、清晰、明了、全面。

（二）事中调查阶段

这就需要深入到乡村旅游资源的所在区域，摸清乡村旅游资源所在线路、分布状况和大体位置。在调查过程中一定坚持多种调查方式并用，遵循多看、多问、多想的“三多”原则。在这个过程中，首先要确定调查所在区域内的调查分区和线路。为满足以后乡村旅游资源调查、统计和开发的需要，可将调查区域分为若干调查分区，这种区域既可按行政区划进行，也可以按现有的旅游区划分开。调查线路则要按照实际需要设置，但一定要通过调查分区和乡村单位旅游资源所在地。其次要认真选择调查对象。要选择具有明显社会、文化和经济价值的单体旅游资源，而对于复合型的旅游资源则要选择那些具有代表性、典型性的旅游资源，不要选择那些价值不大、品味不高、有损国家法律和风俗、不具备开发价值的旅游资源。在完成这个任务后，调查小组可以填写一份以《旅游资源分类、调查与评价》（GB/T 18972—2003）为标准拟订的《乡村旅游资源单体调查表》，如表 3－2 所示。

表 3－2　　乡村旅游资源单体调查表（GB/T 18972—2003）

单体名称：　　基本类型：　　单体序号：

代号			
行政位置			
地理位置	东经　　北纬		
性质与特征（单体性质、形态、结构、组成成分的外在表现和内在因素，以及单体生成过程、演化历史、人事影响等主要环境因素）			
旅游区域及进出条件（单体所在地区的具体部位、进出交通、与周边旅游集散地和主要旅游区［点］之间关系）：			
保护与开发现状（单体保存现状、保护措施、开发情况）：			
填表人		调查日期	

资料来源：中华人民共和国国家标准《旅游资源分类、调查与评价》（GB/T 18972—2003）。

（三）事后总结阶段

这一阶段是对收集到的资料进行理性的分析和总结阶段。借助相关的技术手段，在进行系统化的分析后，形成相关的文字、数据、图表，再撰写最后的调查报告。因此这个阶段的主要任务就是填写《旅游资源调查区实际资料表》（见表 3－3）、编绘《乡村旅游资源图》，撰写《旅游资源调查报告》。

表 3-3 旅游资源调查区实际资料表（GB/T 18972—2003）

调查区名称		调查时间	年 月 日至 年 月 日
行政位置			

A. 调查区基本资料

调查区概况（面积、行政区划、人口、所处的旅游区域）

调查工作过程（工作程序和调查重点，提交主要文件、图件）

调查区旅游开发现状和前景（总体情况、产业地位、旅游开发潜力、旅游开发）

B. 各层次旅游资源数量统计

系列	标准数目	调查区	
		数目	占全国比例（%）
主类	8		
亚类	31		
基本类型	155		

C. 各主类、亚类旅游资源基本类型数量统计

1. 地文景观	37		
综合自然旅游地	7		
沉积与构造	7		
地质地貌过程形迹	14		
自然变动遗迹	7		
岛礁	2		
2. 水域风光	15		
河段	3		
天然湖泊与池沼	3		
瀑布	2		
泉	2		
河口与海面	3		
冰雪地	2		

续表

C. 各主类、亚类旅游资源基本类型数量统计			
3. 生物景观	11		
树木	3		
草原与草地	2		
花卉地	2		
野生动物栖息	4		
4. 天象与气候景观	8		
光现象	3		
天气与气候现象	5		
5. 遗址遗迹	12		
史前人类活动场所	4		
社会经济文化活动遗址遗迹	8		
6. 建筑与设施	49		
综合人文旅游地	11		
单体活动场馆	5		
景观建筑与附属型建筑	11		
居住地与社区	8		
归葬地	3		
交通建筑	5		
水工建筑	6		
7. 旅游商品	7		
地方旅游商品	7		
8. 人文活动	16		
人事记录	2		
艺术	2		
民间习俗	8		
现代节庆	4		

D. 各级旅游资源单体数量统计

等级	优良级旅游资源			普通级旅游资源		未获等级
	五级	四级	三级	二级	一级	
数量						

E. 优良级旅游资源单体名录
五级
四级
三级

续表

F. 调查组主要成员									
责任	姓名	专业	职称	分工	责任	姓名	专业	职称	分工
组长					成员				
副组长					成员				
成员					成员				
成员					成员				
成员					成员				
成员					成员				

G. 主要技术存档材料
类别
文字资料
调查记录
调查图件
影像资料

填表人		联系方式	单位： 电话： 电子信箱：	填表日期： 年　月　日

资料来源：中华人民共和国国家标准《旅游资源分类、调查与评价》（GB/T 18972—2003）。

五、乡村旅游资源调查报告的编制

乡村旅游资源调查报告是调查所有乡村旅游资源结果的汇总，它汇集了乡村旅游资源调查的全部数据和资料。在编写时应秉承材料典型、内容翔实、中心明确、结构完整、贴合实际的原则，以求能为外界提供丰富、准确的资料，也为业内人员从事乡村旅游资源规划提供理论依据和附件材料。调查报告的基本篇目如下。

（一）标题

这部分主要包括调查项目的名称、单位和日期等内容。

（二）目录

这部分主要包括调查报告的主要章节及附录的索引。

（三）前言

要将调查任务的来源、目的、要求、调查区位置、行政区划与归属、调查组基本情况、工作期限、工作量等内容做一概述。

（四）概况

包括调查区域概况以及此次调查的工作任务、目的、具体要求等内容。同时在概况中还要将调查人员的组成、工作安排及期限、工作量和取得成果做逐一介绍。

（五）正文

这是调查报告的主体部分。主要包括以下几个方面的内容：

第一章　调查区旅游环境（调查区的旅游环境、位置、行政区划、自然地理特征、交通状况、社会经济概况）

第二章　乡村旅游资源开发历史和现状

第三章　乡村旅游资源的基本类型（乡村旅游资源的名称、类型、分布位置、特征、形态、规模等）

第四章　乡村旅游资源评价（首先对调查区内的乡村旅游资源做综合性评价，与其他乡村旅游资源的比较，判定自身乡村旅游资源的等级）

第五章　乡村旅游资源保护与开发建议

主要参考文献

以上这些部分都是必须包含的，不能遗漏，但可以做适当的调整。

（六）附件

这部分是对主题报告的补充或详细说明。主要包括背景资料、图件、声像材料及其他材料。具体包括：调查区一般概况的一些材料；反映调查区的系列图件；各种资料的汇总表；整理之后的影像资料和其他调查日记、卡片等材料。

第三节　乡村旅游资源评价

在对乡村旅游资源有个正确的认识和初步调查之后，就要对旅游资源进行评价。所谓的乡村旅游资源评价，是在乡村旅游资源单体基础研究及资源组合定量评价的基础上，对旅游资源类型组合、数量特征、空间集中与分散、空间组合关系等进行评价。对乡村旅游资源进行评价，目的是确定乡村旅游资源的开发价值与秩序等，是在旅游资源调查的基础上所进行的更深入的研究工作。

一、乡村旅游资源评价研究概述

随着乡村旅游理论研究的深入，越来越多的学者着手于乡村旅游资源开发利用的影响因素研究。通过对文献的梳理，不难发现国外对旅游资源评价的研究呈现出标准化、定量化、模型化特点，其评价方法和技术的创新主要表现在先进技术，如GIS技术、3S技术、网络技术、虚拟现实等开始广泛应用于旅游资源评价中。并且不断地吸收行为科学、经济学、社会学等科学研究成果，多学科融合趋势是国外旅游资源评价不断创新的动力。在研究内容上，随着旅游活动与环境冲突问题日益凸显，环境保护意识增强，在对旅游资源视觉质量研究不断深入的同时，旅游资源的人文价值，特别是旅游资源游憩价值的评估成为近年来研究的热点。

目前国内关于乡村旅游资源评价虽尚未形成统一标准，但学者根据各地资源特征建立了富有地方性的评价模型，奠定了乡村旅游资源评价指标体系的基础。王庆文（2005）基于乡村旅游资源类型和乡村旅游地属性状况，选取外围吸引物、可进入性、乡村资源、设施和乡土性等因素建立乡村旅游资源综合评价模型和指标体系，并进行了实证分析。谭根梅等（2007）从旅游资源价值、资源区域条件、资源区位特点三方面对乡村旅游资源进行评价。吕祯婷等人（2008）利用外围吸引物、可进入性、乡村资源、设施及乡土性等指标建立起了乡村旅游资源评价模型。毛凤玲（2009）根据大银川旅游区乡村休闲旅游地资源属性状况，采用层次分析法，从资源条件、区位条件、开发条件三方面建立评价模型。

从以上内容看国内旅游资源评价研究起步较晚，在借鉴国外理论研究成果的基础上，基本上形成了较为成熟的评价体系。同时，随着旅游产业的不断发展与科学技术的进步，学者们也在采用其他学科的理论或者运用新型的科学技术，创新了乡村旅游资源的评价方法。

二、乡村旅游资源评价的意义

乡村旅游资源的评价直接影响到旅游资源开发利用的程度和旅游地的前途和命运，对旅游业的发展也有着重要意义。

（一）乡村旅游资源评价能为乡村旅游资源的开发和改造提供科学根据

乡村旅游业的发展以及景区的开发建设都是建立在正确认识旅游资源、合理评价旅游资源的基础上的。通过对乡村旅游资源的种类、组合、结构、功能和性质的评价来决定其价值大小、地位高低，从而能够为编制旅游规划提供客观依据，对提高资源开发利用的科学性起到关键作用。

（二）乡村旅游资源评价能为乡村旅游可持续性发展提供依据

乡村旅游资源大多属于不可再生资源，也不是所有的旅游资源都适合开发。同样旅游活动会对环境产生破坏，对旅游地的文化产生冲击作用。通过对旅游资源的评价，确定旅游地的性质和类型，既能为国家和地区进行分级规划和管理提供资料和判断标准，也能确定其利用和开发强度，避免盲目开发，以促进乡村旅游业的可持续性发展。

（三）乡村旅游资源的评价有利于确定乡村旅游地资源的开发次序

通过对乡村旅游资源的综合评价，可以为合理利用旅游资源，发挥整体宏观效应提供可行性论证，为确定不同旅游地的建设顺序准备条件。

三、乡村旅游资源评价的原则

乡村旅游资源的评价工作涉及面广、情况复杂，目前没有形成特别统一的标准。但为了更好地开展旅游资源评价工作，一般应遵循以下原则。

（一）全面系统原则

在进行旅游资源评价时不仅要注重对乡村旅游资源本身的成因、特色、数量、质量等因素进行乡村评价，还要将乡村旅游资源所在地的区位、环境、客源、交通等开发利用条件纳入评价过程中来，全面系统地进行评价，准确地反映乡村旅游资源的整体价值。

（二）动态发展原则

乡村旅游资源的特征以及外部的社会经济条件都是不断变化的，这就要求旅游资源评价工作不能拘泥于现状，而要用动态发展的观点，对乡村旅游资源的开发与保护做出积极、全面和正确的评价。

（三）科学性原则

在进行乡村旅游资源评价时，要持有严谨的科学态度，用科学的标准进行评价。在这项工作中，我们不能因其事务的繁杂，而降低对乡村旅游资源评价的要求。在进行评价时，一定要注意利用相关的科学理论来评价和确定旅游资源的属性、本质和价值等内容。

（四）效益估算原则

乡村旅游资源调查的目的是旅游资源的开发，而开发的目的之一又是为了获取经济利益。这就要求在进行乡村旅游资源评价时一定要注意考虑其成本因素，也就是看能否收回成本或是否有利润等。

（五）高度概括原则

因为收集到大量的第一手资料，评价的内容较多，所以不论采用什么形式的评价方法，都要注意评价语言的简洁和高度概括。只有这样才能让人们对乡村旅游资源的概况一目了然，尽快做出评价。

（六）定性和定量相结合的原则

在评价时，要尽可能减少主观因素的干扰，综合使用定性和定量两种方法。对乡村旅游资源本身及其存在的条件分析，要选取一些定性指标，用定性描述性的方法，给予旅游资源好坏、强弱、优差级别的客观评价标准。同时在此基础上，也要选取一些定量指标，精确地判定乡村旅游资源价值的大小，可以更为有效地保证乡村旅游资源评价的水准和质量，提高评价工作的科学性。

四、乡村旅游资源评价的理论依据

（一）价值判断统计学评价

不同个体对同一事物的评价，因为价值观和人口社会学特征的不同，会产生不同的结果，但从实验统计学规律得出，不同人群或个体对同一事物的评价趋于一个相同的结论，在对多个个体或人群统计的情况下，这一趋同的结论会显现出来。因此在对乡村旅游资源进行评价时可依据价值判断的统计性规律，选取不同专业背景和足够数量的人员，以提高评价的权威性和可行性。

（二）人类认知学比较规律

人们对事物的认知有较大的差异，这是因为不同人群或个体本身的差异而引起的，但若让不同的人群或个体对不同的乡村旅游资源进行评价或比较，不同的人群或个体的比较呈现出围绕某一个中心值的正态分布，最终应选择最多人数的评价作为评价结果。

（三）审美学评价

审美活动是人类最基本的精神需求之一，旅游活动就是某种意义上的一种审美活动，包含着对美的追求和享受。乡村旅游资源美的内容主要应包括乡村旅游资源的形态美、色彩美、动态美、幽静美、古悠美、新特美、愉悦美、文化感悟美等。

五、乡村旅游资源评价的内容

由于乡村旅游资源的多样性，且涉及的范围非常广泛，结构十分复杂，种类及性质又千差万别，很难有一个统一的评价标准，而且不同的评价者有不同的审美观，因此目前尚无统一标准和体系。乡村旅游资源评价的内容主要包括以下三个方面。

（一）乡村旅游资源系统综合性评价

1. 乡村旅游资源显性吸引力评价

乡村旅游资源显性吸引力评价主要包括：（1）旅游容量评价；（2）旅游丰度、密度和观赏时量评价；（3）资源知名度和魅力度评价；（4）资源区畅达度评价；（5）感知距离评价等。

2. 乡村旅游资源隐形吸引力评价

乡村旅游资源隐形吸引力评价主要包括：（1）旅游者的旅游环境感应；（2）旅游者的旅游空间偏好等内容。

（二）乡村旅游资源价值评价

乡村旅游资源价值评价是对旅游资源调查自身品质和丰优度的评价，包括下面七个指标：

1. 美学观赏性

美学观赏价值主要指旅游资源使游客在观赏时所产生的美感类型以及这种美感的强弱。这是评价乡村自然旅游资源的一个重要标准，它主要包括乡村旅游资源的形态、韵律、动态、色彩等要素的形式美，重点评价景物形象或意境的象征性的意境美。

2. 历史文化性

历史文化性主要是指乡村旅游资源的历史永久性、独特性、保存完好性等。它包含两个方面：一是指其本身所具有的或体现的某种文化特征；二是指其与重大历史事件、历史人物、艺术作品及神话传说等的相关度。旅游资源产生的年代越久远，越奇特，越具代表性，与名人、名事相关度越高，历史文化价值越大。

3. 科学性

科学性主要是指旅游资源是否具有自然或社会科学研究价值、科学知识普及与教育功能能否反映的现代科学技术成就，及其对不同专业学者的研究考察的价值。

4. 奇特性

乡村旅游资源的奇特性是乡村旅游资源具有强大吸引力的重要因素。一个地区的乡村旅游资源是否具有强大的生命力关键是其是否有鲜明的特色。没有特色的旅游资源是不值得开发的。

5. 规模与组合状况

这里的规模主要是指乡村旅游资源体量的大小、数目的多少、类型是否丰富等。组合状况则是指乡村旅游资源中不同类型的资源结合与互补的情况，以及密集的程度。一般来说，旅游资源越丰富、密度越大、互补程度越高，它的价值就越大。

6. 旅游功能

在对乡村旅游资源进行评价时，应该明确该旅游资源的功能。因为不同性质的旅游资源其功能是不同的，其开发目的、利用方向也不会一样，因此对这个问题要特别重视。

7. 旅游环境容量

旅游环境容量一般是指满足游人最低游览需要时，旅游资源的特质和空间规模所能容纳的游客活动量。游客环境容量包括单位面积容纳的游人数（人/平方米）的容人量和景区游览时需要的容时量。任何旅游资源都有环境容量，一旦超过了这个限度，旅游资源就会遭到破坏。

（三）乡村旅游资源开发条件评价

乡村旅游资源开发是一项涉及经济、环境、社会和文化等多领域的系统工程。乡村旅游资源开发条件的评价，主要是对乡村旅游资源的全部影响和制约因素进行评价。

1. 区位条件

区位条件包括乡村旅游资源所处区域的地理位置、进出的交通便利程度及与周围区域旅游资源之间的关联性等。区位条件的优劣是影响乡村旅游资源的吸引力、开发规模、线路设置和利用方向的关键因素。如果旅游资源与其空间位置、邻近区域的资源组合结构和交通区位状况结合的好，就会产生一种互补关系，形成聚集效应，从而吸引更多的游客；否则会适得其反。

2. 客源条件

客源条件是指乡村旅游资源能够吸引的最大客源范围的半径、范围，以及建立在这种基础上的所吸引来游客的消费水平、层次和特点。客源条件是决定乡村旅游资源开发规模和程度的重要因素之一。

3. 自然环境

乡村旅游资源所在地的地形、地貌、气温、降水、植被、水文和土壤等环境要素，对旅游资源的质量和开发利用有着直接的影响。气候条件不但影响旅游资源的开发规模和程度，还决定了当地的自然景观概貌和观赏性动植物的类型。因此要对自然环境及其作用机理、影响范围和深度进行分析。

4. 经济环境

经济环境包括经济发展水平、人力资源条件和基础设施条件等，代表了旅游资源开发的资金状况、旅游接待能力。资金关系到乡村旅游资源开发的广度、深度、进度和可能性。基础设施的建设关系到乡村旅游资源的可进入性和旅游服务质量。城镇的收入水平则关系到居民的出游水平和频率，进而影响市场的规模。

5. 社会环境

社会环境主要包括当地的政治局势、社会治安、卫生医疗条件、当地政府及居民对旅游业的态度等，政治局势稳定，社会治安、卫生医疗条件良好，政府及当地居民支持旅游业发展的地区，有利于旅游开发，会促进旅游业的发展。

六、乡村旅游资源的评价方法

在对乡村旅游资源进行认真调查研究的基础上，利用从旅游资源调查中获得的数据，对该地区的旅游资源进行客观准确的评价。旅游资源评价有定性和定量两种评价方法。在实际操作中，这两种方法要结合起来使用，具体就是在定性评价的基础上，运用定量评价方法，尽可能地对评价因子予以客观量化，使得评价结果具有可比性。

（一）定性评价法

定性评价法主要指凭借评价者的知识和经验，根据一定的评价体系，对旅游资源做出主观的结论性描述，无具体数量指标。这种方法优点是很易掌握乡村旅游资源的优缺点，缺点是主观性强、科学性不高、个人感情色彩浓厚。

1. 卢云亭的“三三六”评价法

卢云亭提出了“三三六”评价法。“三大价值”包括旅游资源的艺术观赏、历史文化和科学考察的价值。“三大效益”是指旅游资源开发后带来的经济、社会和环境的效益。“六个条件”则是指旅游资源所在地的地理位置和交通、景物或景类的地域组合、旅游景区（点）旅游容量、投资、施工条件和旅游客源市场六项条件。

2. 黄辉实的“六字七标准”评价法

黄辉实提出从资源本身美（旅游资源给人的美感）、古（有悠久的历史）、名（具有名声或和名人有关）、特（特有的、稀缺的、有特色的）、奇（具有新奇感）、用（具有实际开发价值）六个方面和资源所处环境的季节性、环境的质量、与其他旅游资源之间的联系性、可进入性、基础结构、社会经济和市场环境七项标准进行评价。

3. “八、六、五”评价法

北京旅游学院科研室提出对八项吸引力、六项开发条件和五项效益进行评价体系。八项吸引力评价包括对观赏价值、文化价值、科学价值、旅游项目、游览内容丰富程度、环境质量、季节差异、特殊价值和环境容量进行评价。六项开发条件评价包括对地区经济条件、可进入性、依托城市、通信条件、地方积极性和已有服务设施情况进行评价。五项效益评价包括对目前年平均接待游客量、开发所需投资量、投资来源、客源预测和社会效益进行评价。

4. 一般体验性评价法

常用方式是旅游者在问卷上回答旅游资源（地）的优劣顺序，或由各方面专家讨论评价，或统计旅游资源（地）在旅游书籍、常见报刊上的出现频率，从而确定一个旅游资源（地）的整体质量和知名度。我国评选的“中国十大名胜”等就是运用该方法得出的。

5. 美感质量评价

这是一种专业性的旅游资源美学价值的评价。通常是在深入分析旅游者或专家体验的基础上，建立规范化的评价模型，评价结果多具有可比性的定性尺度或数量指标。自然旅游资源的视觉美评价技术较成熟，目前公认的主要有专家学派、心理物理学派、经验学派和认知学派。其中专家学派认为具有形式美的风景就是好风景，心理物理学派则把风景与风景审美的关系理解为刺激/反应的关系，认为风景审美是风景和人之间共同作用的结果。认知学派则把风景作为人的认知空间来评价，强调风景对人的认识及情感反应上的意义，试图用人的进化过程及功能需求去解释人对风景的审美过程。经验学派则把人对风景审美评判看作人的个性及志向与情趣的表现。

6. GB/T 18972—2003《旅游资源分类、调查与评价》评价法

在 GB/T 18972—2003《旅游资源分类、调查与评价》的国家标准文件中提出了这种方法。这种方法主要有“旅游资源共有因子综合评价系统”赋分和“附加值”赋分两部分组成，赋分标准如表 3－4 所示。

表 3-4　旅游资源评价赋分标准（GB/T 18972—2003）

评价项目	评价因子	评价依据	赋值
资源要素价值（85 分）	观赏游憩使用价值（30 分）	全部或其中一项具有极高的观赏价值、游憩价值、使用价值	30～22
		全部或其中一项具有很高的观赏价值、游憩价值、使用价值	21～13
		全部或其中一项具有较高的观赏价值、游憩价值、使用价值	12～6
		全部或其中一项具有一般高的观赏价值、游憩价值、使用价值	5～1
	历史文化科学艺术价值（25 分）	同时或其中一项具有世界意义的历史价值、文化价值、科学价值、艺术价值	25～20
		同时或其中一项具有全国意义的历史价值、文化价值、科学价值、艺术价值	19～13
		同时或其中一项具有省级意义的历史价值、文化价值、科学价值、艺术价值	12～6
		历史价值、文化价值、科学价值或艺术价值具有地区意义	5～1
	珍稀奇特程度（15 分）	有大量珍稀物种，或景观异常奇特，或此类现象在其他地区罕见	15～13
		有较多珍稀物种，或景观奇特，或此类现象在其他地区很少见	12～9
		有少量珍稀物种，或景观奇特，或此类现象在其他地区少见	8～4
		有个别珍稀物种，或景观奇特比较突出，或此类现象在其他地区多见	3～1
	规模、丰度与概率（10 分）	独立型旅游资源单体规模、体量巨大；集合型旅游资源单体结构完美、疏密度优良级；自然景象和人文活动周期性发生或频率极高	10～8
		独立型旅游资源单体规模、体量较大；集合型旅游资源单体结构很和谐、疏密度良好；自然景象和人文活动周期性发生或频率很高	7～5
		独立型旅游资源单体规模、体量中等；集合型旅游资源单体结构和谐、疏密度较好；自然景象和人文活动周期性发生或频率较高	4～3
		独立型旅游资源单体规模、体量较小；集合型旅游资源单体结构和谐、疏密度一般；自然景象和人文活动周期性发生或频率极小	2～1
	完整性（5 分）	形态有结构保持完整	5～4
		形态与结构有少量变化，但不明显	3
		形态与结构有明显变化	2
		形态与结构有重大变化	1

续表

评价项目	评价因子	评价依据	赋值
资源影响力（15分）	知名度和影响力（10分）	在世界范围内知名，或构成世界承认的名牌	10~8
		在全国范围内知名，或构成全国性的名牌	7~5
		在本省范围内知名，或构成省内的名牌	4~3
		在本地区范围内知名，或构成本地区名牌	2~1
	适游期或使用范围（5分）	适宜旅游的日期每年超过300天，或适宜于所有游客使用和参与	5~4
		适宜旅游的日期每年超过250天，或适宜于80%左右游客使用和参与	3
		适宜旅游的日期每年超过150天，或适宜于60%左右游客使用和参与	2
		适宜旅游的日期每年超过100天，或适宜于40%左右游客使用和参与	1
附加值	环境保护与环境安全	已受到严重污染、或存在严重安全隐患	−5
		已受到中度污染、或存在明显安全隐患	−4
		已受到轻度污染、或存在一定安全隐患	−3
		已有工程保护措施，环境安全得到保证	3

资料来源：中华人民共和国国家标准《旅游资源分类、调查与评价》（GB/T 18972—2003）。

根据对旅游资源单体的评价，得出该单体旅游资源共有综合因子评价赋分值。依据旅游资源单体评价总分，将其分为五级，从高级到低级为：

得分值≥90分定为五级旅游资源；

得分值在75~89分之间定为四级旅游资源；

得分值在60~74分之间定为三级旅游资源；

得分值在45~59分之间定为二级旅游资源；

得分值在30~44分之间定为一级旅游资源。

得分值≤29分定为未获取等级旅游资源。

其中五级旅游资源称为“特品级旅游资源”。

五级，四级，三级旅游资源被通称为“优良级旅游资源”。

二级，一级旅游资源被通称为“普通级旅游资源”。

（二）定量评价方法

乡村旅游资源定量评价法是通过某种确定的评价模式，通过对相关数据的统计、分析、计算，用数据来揭示乡村旅游资源的质量和等级的方法。这种方式直观、准确、可操作性强。

1. 技术性的单因子评价

技术性的单因子评价是指进行乡村旅游资源的评价时，针对旅游资源的旅游功能，集中考虑某些起决定性作用的因子，并对这些因素进行适宜性评价或优劣评判。这种评价的基本特点是运用大量的技术性指标，它一般只限于自然旅游资源评价。

2. 综合性的多因子定量评价

该评价方法是在考虑多因子的基础上运用一些数学方法，对旅游资源进行综合评价。从20世纪70年代开始，以美国匹兹堡大学教授塞蒂（A L Saaty）为代表的一批学者，首先建立起一套以定量化为目标的评价模型和指标体系。80年代以来，魏小安、保继刚、楚义芳、俞孔坚、邢道隆等也对此方法的运用进行了尝试与探索。这种定量评价方法，主要包括指标数量化和评价模型化。目前这类评价方法也非常多，如层次分析法（A. L. saaty，保继刚）、指数表示法（弗朗哥-佛-费拉里奥，楚义芳）、综合评分法（魏小安，路燕）、模糊数学评价法（杨汉奎）、价值工程法（罗成德）等。

七、乡村旅游资源评价创新思路

由于在指导思想与方法论上存在偏差，使得在实践中出现各种操作层面的问题，不利于现代乡村旅游业的发展和新时期乡村旅游产品的开发，我们应从指导思想与方法论的高度进行修正，创新乡村旅游资源评价思路。

（一）实用导向

乡村旅游资源调查、评价的目的是通过对旅游资源进行调查、评价，认定旅游资源类型，确定资源特色、优势，评定资源的优劣等级，以评估旅游资源的开发利用价值，编制科学合理的旅游开发规划，建设合理的旅游项目，开发能够满足市场需求的旅游产品，最终实现资源的合理有效配置。因此，旅游资源评价应以实用为导向，其评价结果应突出区域旅游资源开发利用的重点，以打造品牌旅游产品，直接指导开发规划，增强评价结果的实用性。

（二）创新导向

旅游资源分类、评价是一个复杂的系统。因此任何旅游资源分类、评价标准都不是绝对标准、绝对完美的。编制旅游规划，应允许规划专家不拘泥于《国标》而根据实际适当创新。

（三）形象导向

旅游地形象是旅游者对某一旅游地的总体认识和评价，是吸引潜在游客的关键，旅游目的地之间的竞争在很大程度上是形象的竞争。因此在对某地进行旅游资源评价时，应关注当地的旅游地形象，适当提高对旅游地形象产生重要影响的旅游资源的等级，并重点开发建设，形成品牌产品。

（四）市场导向

旅游资源的开发利用根本上是一种投资经营行为，其最终目的是获得效益。因此在对某个区域进行乡村旅游资源调查评价时，必须要以市场需求为目标和导向，开发出能够成为市场“拳头”旅游产品的旅游资源，适当提高其价值和品位等级。

（五）产品导向

由于旅游资源最终会转化成旅游产品，因而区域间旅游业的竞争，最终还会转化为旅游产品之间的竞争。

（六）竞争导向

旅游资源是区位相对优势的产物，其优劣势有绝对和相对之分。对于已开发利用的乡村旅游资源应注重对其知名度、开发利用现状等进行评价，而对于未开发利用乡村旅游资源应注重反映其未来开发利用的价值与潜力等，使乡村旅游资源的评价更具实际指导意义。

【本章小结】

（1）乡村旅游资源是以乡村产生的景观为根基，具有较强的吸引力，满足游客需求的乡村事物、事件、活动、文化、民俗、传说、民间艺术等资源。

（2）乡村旅游资源具有乡土性、生命性、生态性、和谐性、保护性、广泛性、季节性等特点。乡村旅游资源的分类可以参照旅游资源国家分类标准；也有其他分类标准，按其属性可以分为乡村自然旅游资源、人文旅游资源和自然资源与人文资源相结合型三大类。按照发展模式，可以分为依托中心城市型、依托景区目的地型和依托资源特色型三种类型。

（3）乡村旅游资源的调查是对目标区域内旅游资源的类型、现状、特征、规模和开发潜力等因素进行详细调查的活动，是认识、评价和开发目标区域内旅游资源的必要条件，是制定乡村旅游业发展目标的基础，是旅游资源规划和开发的重要依据。要注意乡村旅游资源调查的方法、方式以及乡村资源调查的内容、程序等。

（4）乡村旅游资源的评价直接影响到旅游资源开发利用的程度和旅游地的前途和命运，对旅游业的发展也有着重要意义。要注意乡村旅游资源评价的原则、理论依据、内容、方法等。

【案例分析】

日本的"桃花源"——日本合掌村

我们远走他乡时，故乡似乎也在跟过去告别，工业化、城镇化让村落失去了原有的风土人情，追忆乡愁也变成了"愁乡"，偶尔有几处保存完好的村镇，也都是人群熙熙攘攘，到处弥漫着商业化的气息。如今的人们似乎很难在城市与乡村之间找到一种平衡。

但是在日本，既有如东京、大阪这般繁华喧嚣的都市，也有历经漫长岁月依旧遗世独立的青山茅屋。日本合掌村便是这样一个有着古风遗韵的村落，它被森林环绕，安静祥和，从历史中走来，像极了每一个行色匆匆赶路人的故里，这里蕴藏着一个民族的魂和文化的根。

1. 林尽水源　便得一村

合掌村，乍一听这名字就顿觉好奇，何为合掌村？其实，"合掌"二字源于这个村落建筑的风格，为防积雪屋顶的设计呈60度，形如一个人双手合十的姿势，故而因此得名。

合掌村位于日本岐阜县白川乡的山麓里，岐阜县有着"森林之国"的称号，全县80%的面积被森林所覆盖。这里有海拔3000多米的连山，一直是日本罕见的多雪地带，大雪封山，丛林覆盖，天然的屏障使得合掌村几百年来与世隔绝，居民们过着自给自足的生活。合掌村处在山麓中的一片平原地带，初次来到这里，你定会有陶渊明笔下的《桃花源记》之感："土地平旷，屋舍俨然，有良田美池桑竹之属。阡陌交通，鸡犬相闻"。

2. 最灿烂的遗产

合掌村是日本江户至昭和时期的遗产，距今已有300多年。它初次映入世人眼帘是在1935年，当时德国的建筑师布鲁诺·陶特痴迷于日本的文化和艺术，为此他花了3年旅居日本寻找建筑设计的灵感，一次偶然机会布鲁诺发现了这座美丽的村落，他被森林环绕着的和谐景观深深震撼，回到德国后便立刻写了《再探美丽的日本》一书，向全世界介绍这被人遗忘的茅草屋建筑。

真正让合掌村名声大噪的是在1995年，那一年，在联合国教科文组织第19届世界遗产委员会上，合掌村被指定为世界文化遗产。这样的认可都要归功于村民们共同的努力。为了保存合掌村原汁原味的风格，村民们自发制定"法则"，规定合掌村建筑、土地、耕田、山林、树木"不许贩卖、不许出租、不许毁坏"的三大原则。就是到了今天，谁家房屋需要翻修，村里人都会过去一起帮忙，这种百人站在屋顶上的劳作场面温馨而壮观。

3. 童话里的村落

有了名气的合掌村，不乏世界各地的游客跋山涉水慕名而来，而合掌村吸引游客的项目也并没有因此而变得商业化，民俗和文化成了重点推广的对象，这中间最值得期待的就是每年的浊酒节和点灯节。

浊酒节有着一千多年的历史，是庆祝秋收，感谢自然与祖先赐予恩惠的日子。在浊酒节里，白川乡的人们会排成长列，身着华服手举五色旗走过大街小巷，向着目的地白川八幡神社行进。在那里，人们会表演传统的狮子舞，热情的姑娘们会斟满游客们的酒杯，借酒当歌，不醉不休。

点灯节从1月下旬持续到2月中旬，在大雪覆盖下的小茅屋，在夜色里一个个灯火通明，仿佛穿越到了童话世界一般，对摄影迷来说，可以随时按下快门，将一派北国风光尽收于镜头中。

（资料来源：https：//www. sohu. com/a/117726685_208649）

结合案例思考：日本合掌村的旅游资源有哪些？试对其进行分类和评价。

【思考题】

（1）简述乡村旅游资源的概念及特点。

（2）简述乡村旅游资源的分类。

（3）简述乡村旅游资源调查的程序及方法。

（4）乡村旅游资源的评价方法有哪些？试比较分析各种方法的优缺点。

【探究性学习】

（1）参考中国农业规划网 http：//www. agriplan. cn/，了解休闲农业园区规划等相关案例。

（2）选择某一乡村旅游地，对其旅游资源进行深度调研和评价。

【参考文献】

［1］黄成林：《乡村旅游发展若干问题研究》，载《安徽师范大学学报（自然科学版）》2006年第4期，第390～393页。

［2］马勇、李玺：《旅游规划与开发（第三版）》，高等出版社2012年版。

［3］罗琼：《运用综合价值法评价巴南区旅游资源》，载《重庆工学院学报》2002年第4期，第65～69页。

［4］陶玉霞：《乡村旅游理论建构与理性批判》，中国旅游出版社2016年版。

［5］邹统钎：《旅游度假区发展规划》，旅游教育出版社1996年版。

［6］王庆生：《旅游规划与开发》，中国铁道出版社2011年版。

［7］保继刚：《旅游资源定量评价初探》，载《干旱区地理》1988年第3期，第201～205页。

［8］楚义芳：《旅游地开发评价研究》，载《地理学报》1991年第4期，第396～403页。

［9］邓爱民、张大鹏：《旅游资源开发与管理》，中国旅游出版社2016年版。

［10］杨汉奎：《论风景资源的模糊评价》，载《自然资源学报》1987年第1

期，第54~61页。

[11] 刘玉芝：《欠发达地区城郊生态农业旅游开发策略研究——以菏泽市为例》，载《科技信息》2012年第10期，第15页。

[12] 黄辉、陈国成：《模糊综合法在永安竹文化旅游资源评价的应用》，载《佳木斯大学学报（自然科学版）》2010年第1期，第146~149页。

[13] 谭根梅、柳军、胡汉辉：《基于层次分析法的乡村旅游资源评价——以千年古村：江西婺源江湾村为例》，载《农业经济》2007年第4期，第20~21页。

[14] 吕祯婷、罗世俊、谢晶晶：《皖南黄山区乡村旅游资源评价及开发建议》，载《黄山学院学报》2008年第2期，第27~31页。

[15] 毛凤玲：《大银川旅游区乡村休闲旅游地旅游资源评价研究》，载《干旱区资源与环境》2009年第1期，第142~146页。

第四章　乡村旅游规划与开发的形象定位与功能分区

【知识学习】

了解乡村旅游主题定位的原则；
了解乡村旅游主题形象构建的程序；
理解乡村旅游形象口号的设计；
理解乡村旅游目的地主题形象塑造系统的构建；
掌握乡村旅游主题定位方法；
掌握乡村旅游功能分区的原则、方法及典型的空间布局模式。

【能力提升】

通过对乡村旅游主题形象的学习，了解我国常见乡村旅游地的主题形象，进一步培养学生对优美旅游地的认识，提升学生的文化内涵；

能对乡村旅游地进行主题定位和形象口号设计；

通过学习与感悟，培养学生对典型乡村旅游地进行功能分区的能力。

【素质养成】

了解和欣赏我国丰富多彩的乡村旅游地形象，感受灿烂的文化，培养学生民族自豪感和爱国热情，激发学生爱家乡、爱祖国的情感；

掌握常见的乡村旅游主题定位方法和功能分区技能，为以后从事相关工作打下坚实基础。

◆导入案例

北京大衍致用旅游规划设计院在《菏泽市文化旅游发展规划》中，将菏泽市文化旅游总体定位为世界牡丹文化旅游产业高地，黄河文明旅游带重要节点城市，华夏祖源文化圣地，齐鲁文旅融合发展先行区。针对此总体定位，提出了品牌定位的三个方案。

1. 仁义菏泽。

2. 世界牡丹之都　华夏农耕记忆——世界牡丹之都。

3. 林海花都　河风泽韵。

按照文化旅游融合发展的要求，加强文化旅游产业整体空间布局，突出串珠成链、连片成面、集群发展等原则，提出优化完善三条精品文化旅游带、九大文化旅游集群片区、多个精品文化旅游节点的空间布局体系。

资料来源：北京大衍致用旅游规划设计院：《菏泽市文化旅游发展规划》，2018 年。

思考：《菏泽市文化旅游发展规划》中的形象定位和空间布局如何？

第一节　乡村旅游规划与开发的形象定位

随着中国乡村旅游的日益发展，乡村旅游形象变得日益重要。乡村旅游形象是基于乡村旅游乡村性前提下的区域旅游形象。乡村旅游目的地的规划与开发需要找准自身定位，树立鲜明的形象。形象定位来自营销学的研究术语，最早在 20 世纪 80 年代初由 J. 特劳特和 A. 里斯在《定位》一书中提出。旅游目的地形象是游客对旅游目的地形成的直接认识、主观情感和立体印象。一般意义上的乡村目的地旅游形象定位就是使游客记住乡村旅游地的形象，并形成形象、生动、鲜明、个性的认知。恰当的乡村目的地形象定位，不仅有利于占领市场，也对乡村旅游地的发展规划与开发营销具有核心导向作用，能最大限度地增强乡村旅游目的地的核心竞争力。

一、乡村旅游形象主题定位的原则

（一）深挖资源内涵，突出产品特色原则

这个原则重在对资源特色的提炼。如菏泽市城郊生态农业旅游十分丰富，这为菏泽市生态农业旅游发展提供了坚实基础。但因起步晚，所以开发大多还处于一种原始、粗糙的状态。对此菏泽市应分区域开发，根据本地实际情况，突出特色，精心打造“牡丹之乡”“平原城市森林游”“湿地农业休闲游”“黄河风情环保游”“堌堆农业文化考古游”等城郊生态农业旅游精品，实现多目标、多层次、多途径、全方位的综合发掘。

（二）易识别性原则

在进行主题定位时，应努力用最浅易的方式传达出文化的信息。但是，易识别性往往也容易被复制，如何与难替代性结合，又是一个重要问题。这就要求定

位前要抓住特质，即便同质，也要运用特殊的语言、特殊的标识来区分。如果不注意，便会出现旅游宣传口号上的语言雷同，这对市场开发是不利的。

（三）弹性原则

在旅游景点前随便、刻意加上“某某之乡”的同时，很容易导致失去一部分顾客。因此乡村旅游区域的主题形象塑造周期是相对较长的，如果弹性不足，则容易制约于短期目标口号、特定市场口号的制定及实施。这样，在确保一个明确主题形象的同时，留足了空间，有利于不同时期不同受众市场的口号制定。

（四）写意原则

写意原则主要体现在旅游形象的表现形式方面。作为文明古国的子民，我们容易陷入历史的自恋。可历史学者进入旅游领域，往往会使本来很休闲的旅游变得沉重和生硬。旅游者不是不追求历史的真实，而是在旅游的语境中，旅游者更希望历史、文化的表达是轻松的。在旅游者心中，希望得到的不仅是知识，而更多的则是情感，不是具象，而是抽象；不是实证，而是感觉。这便要求在旅游形象表达方面，要关注诗性，注重发散，以自由、随意的方式传达信息。

二、乡村旅游形象定位方法

（一）领先定位法

领先定位法适用于那些具有唯一性、不可替代性的旅游产品或旅游资源。如一些乡村旅游地区拥有世界上绝无仅有的旅游产品。可以根据旅游者各种不同的标准和属性建立形象阶梯，在这些形象阶梯中占据第一的位置，就有领先的形象。但绝对领先、形式稳固的旅游目的地毕竟不是多数，大量的旅游目的地要依据市场属性采用其他方法进行市场定位。

（二）比附定位法

比附定位法是指乡村旅游目的地要借用著名景区的市场影响来突出、抬高自己。这种方法能短期提高景区的知名度，但也存在一些缺陷，采用这种方法的景区在区位上不可与比附对象的空间距离太近，因为这种定位是吸引比附对象景区的远途客人。另外，对于已经出名的旅游景区和具有独特风格的旅游景区不能随便采用此种定位方法，以免让自己失去品牌。

（三）逆向定位法

逆向定位法已广泛运用于商业领域。心理逆向定位就是打破游客的常规思维，以相反的内容和形式来塑造旅游形象。它所强调和宣传的定位对象一般是消费者心中第一形象的对立面和相反面，同时搭建了一个新的易于为旅游者接受的心理形象平台。例如河南林州林虑山风景区以“暑天山上看冰堆，冬天峡谷观桃花”的奇特景观征服市场；宁夏镇北堡影视城推出的主题定位就是“出售荒凉”。

（四）空隙定位法

这种方法又称填补空白式定位法，是指避开与强有力竞争者直接对抗的一种定位方式。其原因在于旅游目的地不具有明显的特色优势，从而利用被其他旅游景区遗忘的旅游市场角落，塑造自己旅游市场形象。设计和提供该旅游市场上目前没有的特色旅游产品，与竞争者形成差异。这种定位方式能迅速地在旅游目标市场上站稳脚跟，并能使这种特色旅游产品在旅游者心目中较快地树立起良好的形象。

（五）文化融入法

对于文化和历史积淀深厚的地区可以采用将文化内涵融入品牌，形成文化上的品牌差异。如衡山的寿文化、少林寺的武术文化、黄帝故里的根文化、武当山的太极文化等。

（六）对比定位法

对比定位法是指通过与竞争对手的全面比较来进行自我定位，也可称为排挤竞争对手定位法。若采用此种定位法，旅游目的地应设法改变竞争者在消费者心目中现有形象，找出其缺点或弱点，并用自己的品牌进行对比，从而确立自己的地位。

（七）概念定位法

概念定位法就是使乡村旅游的产品、品牌在游客心中占据一个新的位置，形成一个新的概念，造成一种思维认同，获得消费者的支持，让其产生购买欲望。

（八）多头定位法

多头定位法即一个旅游目的地从不同的角度同时确定好几个针对性强的形象，不同的定位之间的差异是互补性质的，有利于全面认识旅游目的地。

（九）组合定位法

组合定位法就是采取相辅相成、互助合力的组合形象的定位策略，以区域联合的形式打造大区域整体旅游目的地形象。它又可细分为主从组合定位、并列组合定位和互补组合定位三种。

（十）重新定位法

严格说来，重新定位法并非一种独立的定位方法，而是原旅游地应当采取的再定位策略。由于旅游地的发展存在生命周期，如何面对市场的衰落一直是旅游经营者的一大难题。重新定位不失为一条可选之路，重新定位可以促使新形象替换旧形象，从而占据一个有利的心理位置。

三、乡村旅游主题形象构建的程序

在乡村旅游主题形象构建前，首先应对乡村旅游地文化、市场等进行综合分析，以乡土优先、文化先行结合旅游产品作为旅游规划定位原则。在主题形象构建的过程中，应树立明确的旅游形象及旅游特色。

（一）基本内容

乡村旅游目的地形象的构建是一个系统的过程，被称为“三三工程”，即进行旅游开发需要三项标准和三个步骤，资源、市场和替代产品是判断一个地区能否进行旅游开发的三项标准，经过三个标准的判断，旅游开发进入三个步骤阶段：首先确定旅游形象；其次围绕旅游形象进行旅游产品开发；最后建立支持系统以及配套建设。“三三工程”的核心就是确定旅游形象。

建立区域旅游形象的基本程序一般包括前期的基础性研究和后期的显示性研究两个部分。前期的基础性研究包括地方性研究、受众调查和形象替代性分析等，其中，地方性研究或称“地格”研究包括自然地理特征、历史文化特征和现代民族民俗文化等内容，主要任务就是通过对规划区域的文脉的把握，对地方历史文化的“阅读”和提炼，精炼地总结该地的基本风格，为未来的旅游开发和规划提供本土特征基础；受众调查和市场定位是确定目的地总体形象、选择促销口号的科学基础和技术前提，其基本目的是了解游客对乡村旅游目的地形象的感知，这是旅游形象设计的第二个基础；旅游形象策划的基础之三就是形象替代分析。后期的显示性工作包括理念核心、界面意象、传播口号和传播视觉符号等。

（二）对乡村旅游主题形象建立程序的认识

乡村旅游形象建立程序将形象设计分为前期基础性工作和后期显示性研究，在“地方性分析和受众调查”之外，增添形象替代性分析。它精简了旅游形象策划一般步骤和程序，对旅游形象策划实践及理论研究具有极为重要的指导作用。但同时该程序也仅止于形象传播，至于形象定位是否准确，形象传播效果是否明显等却没有涉及。

四、乡村旅游目的地主题形象塑造系统的构建

乡村旅游目的地形象塑造是一项非常复杂、涉及领域很广的系统工程。旅游目的地形象的塑造就是通过树立良好的旅游目的地形象，来吸引更多的游客。这

也是乡村旅游目的地构建形象塑造系统的目标和价值所在。

前期基础性的调研工作，中期显示性的形象定位、设计、建立和传播工作，后期的形象管理工作都是乡村旅游目的地形象塑造的重要组成部分。这些工作大致可以细分为旅游目的地形象调研、形象定位、形象设计、形象传播和形象管理五个程序。这五个程序层层递进，环环相扣，缺一不可，共同保证旅游目的地形象的塑造。形象调研是乡村旅游目的地形象塑造的基础，也是形象定位的前提；形象定位是乡村旅游目的地形象塑造的核心、思想指导和灵魂，它指导着后面形象设计、传播和管理工作的开展；形象设计是乡村旅游目的地形象塑造的关键，它是形象定位的实施，是形象传播的载体，旅游者就是通过这个具体的形象设计来感受乡村旅游目的地的定位和具体形象；形象传播是乡村旅游目的地形象塑造的重点，它要确保把设计好的形象完整地呈现给游客，让游客了解，也是这项工作的目的；形象管理是乡村旅游目的地形象塑造的保证。这个系统是一个动态的、循环往复的过程，形象管理并非整个系统的结束，有可能是形象塑造系统的开始。

旅游目的地形象塑造系统是研究人员基于形象定位、形象建设、形象传播等多方面的研究而构建的一个完整系统，它也是对乡村旅游目的地进行的全面综合性塑造研究。因此这一系统的研究不能单纯进行某一方面或某几方面，不能只研究定位、设计或者传播问题，要把其当作一个包括乡村旅游目的地形象调研、定位、设计、传播和管理在内的复合系统进行研究。这一系统除涵盖旅游形象策划的一般要素外，还提出了旅游目的地形象管理的子系统，填补了以往旅游形象策划理论中形象后续管理缺失的空白，富有较强的实践操作性。

五、乡村旅游形象主题口号的设计

乡村旅游主题形象定位的最终表述，是通过主题口号的凝练和设计来概括和展现的，主题口号是旅游形象定位的显示性符号。主题口号的设计必须要准确、完整、形象。这就要求必须找准乡村目的地形象的定位点，并考虑其所在的自然和人文环境，并以旅游资源为基础，将其最具特色和优势的特征进行提炼，凝练成一句生动、形象、朗朗上口的话语，给游客以震撼，吸引其目光和注意力，激发来此一游的决心和行为。目的地形象口号分为旅游总体形象口号和旅游推广活动的主题口号。主题口号的设计需遵循以下基本原则。

第一，旅游形象主题口号的设计要表达乡村旅游资源的地方特征，设计内容来自地方文脉，突出旅游资源的特性。乡村旅游资源相似性强、替代性也强。因此唯有充分挖掘和深刻分析旅游地的地域背景，抓住旅游资源的特色以及地方文化特色，提取地方性的元素充实到主题口号中，才能避免旅游主题口号过于空泛。同时要求主题口号具有广告词的凝练、生动和影响力，易于记忆。如以菏泽穆李村的旅游口号“魅力穆李村，诗意乡村游”为例，语言简明，并突出穆李村的地理位置以及文化特色。在视觉设计中，以LOGO符号、宣传广告作为打造重点，其中LOGO符号设计应汲取村庄自身在自然或人文环境中的特色，并吸取乡土色彩，给人视觉冲击。在行为设计中，主要将游客听觉、味觉、嗅觉作为设计重点。其中听觉以自然声音与人文声音相结合，如流水、鸟鸣，在清晨可以衬托出村庄幽静的自然游览环境，而音律简单、朗朗上口的乡间小调增加了乡村的人文趣味。在味觉设计中，主打乡愁情感与家乡菜味道，用特色乡土味道，留住游客的心。在嗅觉设计中，主要以芳香植物种植为主，用特色的乡土味道给游客留下深刻印象。

第二，旅游形象主题口号的设计要体现行业特征，即表达内容要针对游客。旅游主题口号的设计要充分了解游客的心理需求和偏好，同时体现旅游行业的特征，要让游客轻而易举地认识到这是旅游形象主题口号，因此，旅游形象主题口号强调的是和平、友谊、交流、欢乐等。

第三，旅游形象主题口号的设计要符合时代特征，口号语言要紧扣时代脉搏。比如城市周边旅游的发展和郊野休闲项目的开发，使得康体休闲、亲近自然、郊野派对、亲子同乐等成为国内城市旅游者追逐的旅游主题，也是建立乡村旅游形象可以利用的时代特征。

各类旅游主题形象口号

1. 祈福类：贺州——贺喜之州；灵山九华，福佑天下。

2. 休闲类：宜居宜良，度假天堂——云南宜良；成都——休闲之都。

3. 宗教类：大德盈江——云南盈江；佛教禅宗发祥地——常德。

4. 猎奇类：丹霞山——千古奇观阴阳石，万代风流丹霞山；九乡石林，滇游之魂。

5. 修学类：绩溪龙川——木雕艺术博物馆。

6. 原生态类：草长莺飞，美丽草堰——江苏草堰；新西兰——百分百纯正新西兰。

7. 爱情类：鲁迅故里沈园——千年爱情，不老沈园；一拜天地，二拜高唐——山东高唐。

8. 寻古类：还是明貌的古城——陕西韩城；最后的帝陵，最美的风景——清西陵。

9. 风水文化类：浙江金华——风水金华。

10. 购物类：浙江义乌——小商品的海洋，购物者的天堂。

11. 赏花类：福建漳州——水仙花的故乡；国花牡丹城——洛阳。

12. 寻根问祖类：广东江门——侨乡山水风情画；黄皮肤祖庭——湖北黄陂。

13. 阳光度假类：海南——阳光海南，度假天堂；舞阳——与太阳共舞。
14. 养生类：普洱——妙曼普洱，养生天堂。
15. 红色旅游类：老山兰，麻栗坡绿——云南麻栗坡；江西——红色摇篮，绿色家园。
16. 山水类：浙江——诗画江南，山水浙江；山水大爱——阿勒泰。
17. 故里游类：天津——津门故里，故里寻踪。
18. 武术类：河南登封——中国少林武术之乡。
19. 刺激体验类：宁夏沙坡头——沙都（滑沙、羊皮筏、沙漠冲浪）。
（资料来源：http：//www. toptour. cn/tab1210/info163194_page2. htm）

第二节 乡村旅游规划与开发的功能分区

乡村旅游功能分区要根据乡村旅游功能分区的原则，对各种的功能进行合理的布局安排。乡村旅游功能分区需要充分考虑乡村旅游目的地的自然地理条件、土地状况和景观分布特色等，合理安排各种旅游活动的空间布局。对乡村旅游规划与开发功能分区的研究是乡村旅游规划与开发的重要内容。这决定了乡村旅游的发展方向，对其形成特色旅游区及其形象的塑造都有非常重要的意义，也能在一定程度上优化乡村旅游目的地的空间结构。

一、乡村旅游功能分区的原则

（一）主题突出原则

这是乡村旅游空间规划中最重要的原则。乡村旅游规划与开发在进行功能分区时，要明确发展的主题，其开发的产品和提供的服务也要符合这个主题，不能偏离和扭曲，并通过乡村目的地的景观、建筑等实体物方式来塑造和强化这个旅游区的主题。

（二）集中功能单元原则

在乡村旅游区，考虑到空间的影响，为了最大限度上展示更多的景观，减少基础设施的投入，保护环境，要求对住宿、娱乐、商业等设施按照相对集中的布局来进行功能分区，力求形成空间上的聚集效应。

（三）协调功能分区原则

这一原则主要体现在不仅要协调好乡村景区各个功能分区内部之间的关系，

还要协调好功能区与主体景观和管理区的关系。

（四）合理规划动线与视线原则

乡村旅游区在进行功能分区时要考虑好动线（交通线）和视线（眺望点系统和视线走廊）。旅游区内部各功能分区之间交通应畅通且布局优化，还要充分考虑游客观赏景观的效果，规划好各个景点，以达到移步换景的效果。

（五）因地制宜原则

对乡村旅游景点进行功能分区时要实行因地制宜原则，从而发挥旅游目的地乡村旅游资源的最大价值。一般实行因地制宜原则时要考虑的因素包括乡村旅游资源类型、分布、开发利用和保护现状、交通条件以及当地经济发展水平等。

（六）社会参与原则

在进行乡村旅游目的地功能分区时，应充分考虑原住居民的参与作用，充分调动其积极性。这将有利于提高当地居民对旅游开发的认识，明确建立景区的重要意义，从而增强他们保护旅游资源、提高维护生态环境的觉悟，并有利于改变当地居民对土地的不合理利用方式，营造一个良好的旅游环境，将当地居民的生产生活与乡村旅游资源保护、开发相结合起来，走可持续的发展道路。

（七）生态优先原则

在进行乡村旅游功能分区时要全面落实生态优先原则，具体来说就是生态管理、保护优先；生态治理、恢复优先；生态资源可持续开发利用优先；生态设计、规划、布局优先；资源配置生态优先；生态投资优先等。

二、乡村旅游功能分区的方法

乡村旅游功能分区的划分方法很多，有定性、定量、聚类、定位等方法。由于旅游区涉及的旅游相关要素多种多样，在进行功能分区划分时，有必要对一些要素进行综合分析，以便提炼主要要素，突出旅游主题，划分旅游功能分区。

（一）视觉信息叠加法

视觉信息叠加法是指乡村旅游目的地所蕴含的不同层次的信息重叠呈现在图件或屏幕上，以便研究者了解它们之间的空间关系。视觉信息叠加包括以下几类：旅游区点状图、线状图和面状图之间的叠加显示；旅游区面状图区域边界之间或一个面状图与其他专题区域边界之间叠加；遥感影像与旅游专题地图叠加；旅游专题地图与数字高程模型（DEM）叠加显示立体专题图。

（二）主成分分析法

乡村旅游目的地往往涉及大量相互关联的自然和社会要素，众多要素常给模型的构造带来很大的困难，同时也增加了运算的复杂性。由于各旅游要素通常都是相互关联的，就有可能按这些关联关系进行数学处理以达到简化数据的目的。主成分分析克服了变量选择时的冗余，选择信息最丰富的少数因子进行各种聚类分析，从而进一步划分功能分区。

（三）聚类分析法

系统聚类是根据多种要素对乡村旅游目的地的旅游实体进行划分类别的方法。对不同要素划分类别往往反映不同目标的等级序列，如资源分等定级、资源密度分级等。系统聚类的步骤一般是根据实体间的相似程度，逐步合并若干类别，其相似程度由距离或系数来进行界定和区别。进行类别合并的准则是使得类间差异最大，而类内差异最小。

（四）综合法

综合法是实地调查和数学分析相结合的方法。首先，要进行野外调查。在实地勘察的基础上，叠加分析地形图、林网图、水系图、旅游资源分布图等，从宏观上了解区域旅游资源背景，粗略划分出大的旅游单元；其次，根据所划分区域的总体特征和获取区域的相关资料，采用相应的数学方法，找出反映生态经济关系综合信息的某种共性和不同集合单元结构功能的差异性，将在空间上连续分布的相似类型，结合区域界线，组成具有鲜明特征的功能区。

三、乡村旅游功能分区操作步骤

（一）基础调查和分析

功能分区要在现有的地域结构基础之上进行筹划和实施，因此需要对工作区范围内的自然生态环境系统结构和社会经济系统结构的内部因素、相互之间和相互关系之外的因素进行调查和分析。这些工作包括：第一，资料收集与调查访问，包括自然、社会、经济状况多方面基础材料的收集，各种地图的收集（行政区划图、地形图、森林资源分布图、土地利用现状图等），相关区域规划、土地规划、环境规划、林业规划、旅游规划、社会经济发展计划文本、文件的收集等，而且要调查访问相关行政部门、旅游企业和当地居民等；第二，对旅游地进行野外踏勘，确定旅游地环境、社会、经济系统的主要特征，包括旅游地环境质量现状，当地的产业结构、就业结构、收入结构，当地社会、产业与森林资源、环境的关系，如依赖程度、利用形式、环境影响等；第三，确定旅游地自然保护工作的主要目标、地区和内容；第四，确定旅游开发的性质、强度及可能的生态环境、社会文化等方面的影响。

（二）确定功能类型区并在空间上落实旅游地功能分区的划分

这项工作是在对其他地区成功经验进行借鉴的基础上，设身处地考虑自己所在乡村旅游目的地的实际情况。在上述调查的基础上，依据其原有利用基础的适宜性、最佳利用方向及空间结构整体目标要求，把适于保护、旅游、休闲、娱乐、度假、生态农业、经济、聚落利用等的区块在空间上确定下来。

（三）对确定的分区系统的整体结构进行分析和模拟

规划初步确立的旅游地功能分区空间结构，还需进行功能评价、动态模拟分析和修正，从而把乡村旅游目的地变成一个具有完备功能的旅游大系统。

四、乡村典型的空间布局模式

（一）环自然风景点或娱乐中心布局

这种布局方法主要适用在自然风景特别优美的乡村旅游区。这种布局方法能增加自然景点的吸引力，但在布局的过程中要特别突出和强调娱乐和住宿设施的配置。

（二）环旅馆布局

这种布局方式就是在缺乏核心自然景点的乡村旅游目的地，通过建设豪华或特色旅馆，使乡村的人文景观和自然景观有机地融合在一起。这种布局方式要考虑到乡村旅馆的建筑风格与特色，要与周围的环境协调。

（三）野营地式布局

这种布局方式适合于一些乡村景点不太集中，但又不适宜环旅馆布局的乡村旅游目的地。它强调旅游区亚区的划分，但要注重这些区域之间功能的互补性。

（四）社区——旅游吸引物综合体（CAC）布局

这种布局方式是1965年由甘恩（Gunn）首先提出的。这种布局方式的大体思路是在乡村旅游目的地的中心地带建立一个社区服务中心，周围由众多旅游吸引物组成。它们之间有便捷的交通进行连接。

（五）三区结构布局

弗斯特（Forster）最早提出“三区结构”布局。根据他的设想，旅游区一般分为禁止或限制的核心自然区，中间配置了野营划船、观景点等服务设施的娱乐区，还有提供餐饮住宿服务的最外层服务区。

（六）双核布局（twinning principle）

特拉维斯（Travis）在1974年提出双核布局模式。这种布局方法主要考虑自然保护区与游人的需求之间的联系，设立一个位于保护区边缘集中所有服务功能的辅助区域。

五、乡村旅游功能分区的策略

（一）规划好乡村旅游目的地的生态景观区

生态景观区是乡村旅游目的地重要的特色之一，它对发展乡村旅游有着重要的作用。这种区域一般包括生态保育区、旅游休憩区、生态服务区等重要组成部分。生态保育区是乡村旅游目的地生态景观区的核心，应该包括对乡村目的地水源、土地、林地、生态敏感区的保护。它对于维持该地区的生态平衡，保持景观特色起着不可替代的作用。旅游休憩区规划还要充分考虑旅游区内交通和旅游线路。这样一般选址在乡村中的山地或耕地地区，为游客提供一个休息调整的空间，使乡村旅游目的地的景观更具观赏价值。生态服务区除了要考虑交通条件外，最重要的是要考虑这一功能分区内的各种基础设施的布置，让游客能参与到农业体验、民俗风情观赏、农产品服务等各种绿色生态活动中。

（二）加强社区参与

乡村旅游的功能分区不是大拆大建，不是对原生建筑和风景的破坏，它是在原有自然和人文资源的基础上适度开发，其基本原则以保护为主，只有这样才能保持乡村旅游目的地原有风貌和文化气息，吸引原有社区的居民积极参与到保护和开发中来，增强他们的责任感和主人翁意识。

六、乡村旅游功能常见分区

（一）生态服务区

生态服务区最好位于乡村入口处，主要包括停车场、住宿、餐饮等主要内容，通过对城市居民乡村旅游交通方式进行分析，城市居民在短途旅行中可以骑行，在中长距旅行中采用自驾或公共交通工具的形式出行。在旅游接待区中，首先对停车场进行布局，既要满足游客自驾需求，也要满足公共交通工具停泊需求；城市居民不少人选择以周五下午工作结束后开始微度假，他们通过公共交通工具或自驾到达乡村已经接近傍晚，有餐饮、住宿的需求，而乡村入口交通便利，也能够满足居民第二天的旅游需求。

（二）旅游观光区

主要分布在乡村旅游过程的前期，在这个阶段游客体力充足，且对乡村充满好奇。观光区主要包括自然和人文观光区，其中自然观光区包括麦田观光、花海观光等；人文观光包括民俗活动观光、历史遗迹观光和科普展馆等。游客通过观光的形式，了解乡村自然特色，感受民俗文化。

（三）旅游休憩区

主要分布在乡村旅游过程的中期，这个阶段游客体力有所下降，但注意力开始集中。体验区主要包括美食体验、农事体验、采摘体验、探险活动体验、休闲活动体验以及养生活动体验等。在体验活动中，游客可以根据自身体力情况重点选择两到三项进行体验，其中美食体验是通过游客的味觉，记住乡土特色，并补充体能；农事体验是指游客通过参与农事活动了解乡村农耕文化；采摘活动是指游客可以通过采摘果品，将有机健康的食品带回家；游客通过参与探险体验活动了解自我，寻找自身潜能；休闲活动体验主要包括骑行、垂钓等，适合体力较弱的中老年人；养生活动体验主要以足疗、水疗、SPA 的活动形式，使游客身心得到放松，在养生会所中，增加住宿，游客可以在身体放松后，在乡村中小住。

（四）旅游服务区

旅游服务区主要分布在乡村旅游过程的后期，这个阶段游客出现疲劳的状况、可以开展旅游产品加工服务。旅游产品加工主要包括农产品和手工艺品加工两类，其中农产品加工指游客通过采摘体验所获取的果蔬、花卉等，可以在技术人员的带领下制作果蔬干、蜜饯、花茶等；手工艺品加工主要包括剪纸、泥人、皮影加工等，也可以将通过采摘体验收获的花卉制作成为永生花等。游客通过亲自制作的形式，将特色的农产品、手工艺品带回家。

【本章小结】

（1）旅游目的地形象是游客对旅游目的地形成的直接认识、主观情感和立体印象。一般意义上的乡村目的地旅游形象定位就是使游客记住乡村旅游地的形象，并形成形象、生动、鲜明、个性的认知。恰当的乡村目的地形象定位，不仅有利于占领市场，也对乡村旅游地的发展规划与开发营销具有核心导向作用，能最大限度地增强乡村旅游目的地的核心竞争力。

（2）乡村旅游目的地形象塑造是一项非常复杂、涉及领域很广的系统工程。旅游目的地形象的塑造就是通过树立良好的旅游目的地形象，来吸引更多的游客。这也是乡村旅游目的地构建形象塑造系统的目标和价值所在。

（3）乡村目的地旅游形象定位就是要使乡村旅游地的形象进入到游客心中，在游客心中形成形象、生动、鲜明、个性的认知。注意乡村旅游主题定位的原则、方法、构建程序、乡村旅游目的地主题形象塑造系统的构建以及乡村旅游形象主题口号的设计等。

（4）乡村旅游主题形象定位的最终表述，是通过主题口号的凝练和设计来概括和展现的，主题口号是旅游形象定位的显示性符号。主题口号的设定必须要准确、完整和形象。

（5）乡村旅游功能分区要根据旅游乡村旅游功能分区的原则，对各种功能进行合理的布局安排。乡村旅游功能分区需要充分考虑乡村旅游目的地的自然地理条件、土地状况和景观分布特色等，合理安排各种旅游活动的空间布局。对乡村旅游规划与开发功能分区的研究是乡村旅游规划与开发的重要内容。

【案例分析】

案例一、田园综合体：五个基本功能分区、五点重要建议

2017 年中央“一号文件”提出，支持有条件的乡村建设以农民合作社为主要载体、让农民充分参与和受益，集循环农业、创意农业、农事体验于一体的田园综合体。强调了农民合作社在田园综合体建设过程中的重要地位，明确了田园综合体建设的主要内容，确定了田园综合体建设的主要方向。

一、什么是田园综合体

田园综合体是以田园景观和农业生产为基础，以农民充分参与和受益为核心，以综合开发为手段，以村容绿、村业兴、村民富为目标，以观光休闲功能为主题的乡村发展平台。田园综合体融合了生产与生活生态、第一与第二、第三产业，包含农业生产交易、田园休闲体验、乡村生态居住等功能。在保障乡村与自然和谐发展的基础上，实现农业、加工业、服务业的有机结合，在有限的空间里充分融合乡村的产业功能、休闲功能、文化功能、社区功能，具有典型的特征。

二、田园综合体建设的内容

田园综合体建设并不是传统意义的乡村建设，也不是单纯的休闲农业园区建设，其核心是农民，开展田园综合体建设，一定要抓住农民这个主体，才能有效地把政府、资本、市场三方的力量糅合到一起，形成田园综合体的理想模式。田园休闲综合体建设一般包含农业景观区、休闲聚集区、农业生产区、生活居住区、村社服务区 5 个基本功能区。

1. 农业景观区

农业景观区是以农村田园景观、农业生产活动和特色农产品为休闲吸引物，开发不同特色的主题观光活动的区域，是吸引人气、提升田园综合体效益的关键

所在。我国农业文明历史悠久，气候及地貌类型复杂多样，各地农业生产差异明显，孕育了丰富的农业景观资源。该区域主要是利用当地资源环境，现代农业设施、农业生产过程、优质农产品等，开发特色园圃等农事景观，让游客观看绿色景观，亲近美好自然。

2. 休闲聚集区

休闲聚集区是为满足由农业景观区带来人流的各种休闲需求而设置综合休闲产品体系，实际上是各种体验活动的聚集，包括利用农村奇异的山水、绿色的森林、静荡的湖水、生态的湿地，发展观山、赏景、登山、玩水等休闲体验活动等，以及其他的休闲体验项目。休闲聚集区使城乡居民能够深入农村特色的生活空间，体验乡村风情活动，享受休闲体验带来的乐趣。

3. 农业生产区

农业生产区主要从事种植养殖的生产活动，具有调节田园综合体微型气候、增加休闲空间的作用。通常选在田间水利设施完善，田地平整肥沃、水利设施配套、田间道路畅通的区域，结合我国特色农产品区域布局规划，遴选合适的种养品种，形成自己的特色农业生产内容。

4. 生活居住区

生活居住区是田园综合体迈向新型城镇化结构的重要支撑。农民在田园综合体平台上参与农业生产劳动、休闲项目经营，承担相应的分工，又生活于其中，不搬迁异地居住。由于田园综合体各要素的延伸，带动休闲产业发展，形成以农业为基础，休闲为支撑的综合产业平台，通过产业融合与产业聚集，引导人员聚集，形成当地农民社区化居住生活、产业工人聚集居住生活、外来休闲旅游居住生活 3 类人口相对集中的居住生活区域，从而形成了依托田园综合体的新人口聚集区，构建了乡村的人口基础。

5. 村社服务区

村社服务区是田园综合体必须具备的配套支撑功能区。它服务于农业、加工业、休闲产业的金融、技术、物流等需求，也服务于生活居住区居民的医疗、教育、商业等需要，这些功能叠加不是机械地相加，是功能融合，可形成城乡一体化发展要求背景下的新型城镇化公共村社服务区。

三、田园综合体建设的建议

田园综合体的建设，综合了生态、文化、社会、经济等多方面的因素，目前还处于探索发展、总结经验阶段。对下一步各地建设好田园综合体，提出五点意见和建议。

1. 强化产业基础

正确处理好农业产业和田园综合体的关系，通过农业生产将产业、生态、文化进行深度融合，做到产业优势明显，满足资源节约型、环境友好型和生态保护型农业发展要求。强调产业效益突出，辐射能力强，带动当地农民就业增收。另外，农业产业有利于田园综合体整合国家涉农财政资金和政策，农民专业合作社在这方面大有可为。

2. 抓好规划设计

田园综合体规划不是单一的农业园区规划，而是各种元素高度关联的综合性规划，必须坚持规划先行、多规融合，突出规划的前瞻性和协调性，在开发中保护，在保护中开发。要站位高，有前瞻性和可行性，找准发展定位，将当地的人文美与自然美有机统一，将村民生产生活真正融入田园综合体建设中，增强田园综合体的可持续发展能力。

3. 树立示范典型

田园综合体作为新鲜事物，全国还没有成熟的典型案例，各级政府重点要抓好点上的典型培育，营造氛围，打造品牌，推动发展。国家层面创建一批国家级田园综合体，引导涉农资金汇集；省（市区）层面，打造省（市区）级田园综合体，整合涉农资金导入，充分发挥典型的示范引领作用。

4. 加大政策集成

田园综合体建设具有投资大、回收期长、收益不确定、社会效益高等特点，其发展离不开财政资金扶持，要加大财政扶持力度；当前各级政府要整合有关农业、科技、财政、金融相关政策，导入田园综合体建设。

5. 搞好宣传推广

在信息爆炸的年代，好东西如果不宣传、不推广，就很难形成足够的市场认知度。要广泛宣传、强势推广。在新媒体时代，充分发挥传统媒体的再用，积极利用微博、微信、客户端等新兴媒体的优势，加大对田园综合体建设的宣传力度，唱响品牌、提高知名度，增强吸引力，扩大影响力。

（资料来源：http://www.sohu.com/a/145904757_368060）

结合案例思考：田园综合体建设的内容有哪些？是怎样进行功能分区的？有何意义？

案例二、乡村旅游策划：提质乡村旅游的几大商业模式探索

中国要强，农业必须强；中国要富，农民必须富；中国要美，农村必须美，明确提出“扶持建设一批具有历史、地域、民族特点的特色景观旅游村镇，打造形式多样、特色鲜明的乡村旅游休闲产品。加大对乡村旅游休闲基础设施建设的投入，增强线上线下营销能力，提高管理水平和服务质量。研究制定促进乡村旅游休闲发展的用地、财政、金融等扶持政策，落实税收优惠政策。

从村落视角切入，凝练总结乡村旅游升级五大模式，在尊重乡村个性与特色的基础上，探索旅游驱动型新乡村营建与新农业振兴的有效路径，为乡村地区的生态保护、文化复兴、产业发展、人居改善提供全方位解决方案，助力中国乡村全面实现“强富美”发展目标。

一、乡村旅游升级模式：品质化的乡村酒店模式

（1）核心理念：一个乡村就是一座“乡村酒店”。以现代酒店经营管理理

念，推动乡村旅游服务的规范化与标准化。

(2) 适用村落特征。

①临近成熟旅游景区或位于旅游热点线路之上，主要面向景区到访游客，承担食宿两大旅游基础服务功能。

②村落农户物质条件高度均质，易于实现标准统一，尤其适用于统一规划建设，基础设施条件较好的安居新村。

(3) 模式要点：推行标准化的旅游接待服务+打造居游共享的村落公共空间。

①按照酒店的模式，对村落进行统一规划设计或改造，明确大堂接待区（即村落接待服务中心）、公共活动区（即乡村公园、广场等公共活动空间）、食宿接待区（即设施标准统一的旅游接待户）。

②通过成立乡村旅游合作社，实行乡村旅游接待户的统一管理，统一服务标准，统一分配客源、统一价格、统一结算。

③强化与周边景区或主要道路的服务联系，注重口碑营造。

二、乡村旅游升级模式：个性化的文化民宿模式

(1) 核心理念：有历史的乡村，有文化的民宿。一个乡村就是一个乡土文化博物馆，一个民宿讲述一个乡村历史故事。

(2) 适用村落特征。

①村落历史厚重，文化特色突出。

②村域内拥有较为丰富的历史文化遗存，如名宅大院、寺庙宗祠等。

③村落传统肌理尚存，并保存一定数量的具有历史感的传统民居院落。

(3) 模式要点：村落历史景观与文化游赏体系营建+传统文化艺术化、创意化、体验化利用。

①对村落内文化遗存进行系统普查，确定保护红线与可利用等级。

②筛选村落的主题文化元素，并与村落的公共景观、体验活动、建筑风貌结合，营造村落浓厚的文化氛围。

③设计个性化的文化民宿，并创意文化休闲业态，如文化集市、博物馆、民俗餐厅等。

④部分历史价值较高的院落，可由外来艺术家、文艺青年等时尚群体精英经营，打造具有带动和示范效应的民宿标杆。

三、乡村旅游升级模式：高端化的度假乡居模式

(1) 核心理念：一个乡村就是一个野奢度假综合体，闲置农宅的整体改造与度假化利用。

(2) 适用村落特征。

①村落生态优良，环境幽静，拥有天然的度假条件。

②一般为“空心村”或新村搬迁之后的废弃旧村，房屋空置率较高。

③村落民居建筑多为传统老院落，风貌特色突出，改造价值较高。

(3) 模式要点：闲置农宅集中经营+度假社区整体打造+高端度假品牌

塑造。

①由村集体对村内空置民宅统一租赁回收，通过引入外来企业资本或自筹资金，进行整体度假化改造，并塑造独立度假品牌。

②民居改造讲求文化性、乡土性与品质感兼顾，追求外旧内新、外朴质内奢华的效果。

③可通过探索村民房产、土地入股等多种方式，实现社区居民持续参与。

④当地村民可被返聘为度假村（区）员工，推动村民就地就业。

四、乡村旅游升级模式：趣味化的休闲聚落模式

（1）核心理念：一个乡村就是一个有趣的乡土游乐场，以好玩、丰富、创意的乡村活动为吸引力的特色休闲村落。

（2）适用村落特征。

①一般位于热点游览线路上，交通可达性较好。

②村落可利用的休闲资源丰富，如河流、湿地、果林、山地等。

③具备一定的可建设用地条件，便于引入游乐设施或项目。

④村集体发展旅游积极性较高，且具有较超前的发展思路。

（3）模式要点：乡村休闲空间扩展 + 创意休闲体验活动策划。

①由村集体牵头，对乡村休闲资源进行系统化整理，包装打造农耕文化园、乡村花海、儿童乐园等休闲项目，构建乡村休闲产品体系。

②策划春耕节、乡村亲子课堂、丰收狂欢节等丰富多彩的乡村活动，创造乡村持续旅游吸引力。

③通过成立乡村旅游合作社，组织村民开展旅游接待，为到访游客提供食宿服务。

④建议可采用“村集体 + 企业”的模式，吸引部分外部资金，用于投资较大但盈利性较好的休闲项目开发。

五、乡村旅游升级模式：产业化的主题庄园模式

（1）核心理念：一个乡村就是一座主题庄园，一座主题庄园提供一种高品质田园生活方式，基于乡村优势农业产业之上的田园休闲度假综合体。

（2）适用村落特征。

①现代农业基础较好，已经形成了具有一定规模的特色农业品牌。

②有建设大型农业庄园的场地条件。

③交通可达性强，能够吸引大型农业企业或其他休闲农业投资主体进驻。

（3）模式要点：企业资本撬动 + 现代农业品牌支撑 + 庄园生活方式构建。

①以现代农业产业为基础，通过大型企业资本导入，发展庄园经济，形成“产业 + 庄园”双驱动。

②不以民俗接待户发展为重点，而以庄园品牌塑造、庄园综合功能扩展和庄园产业模式设计为主。

③庄园作为游客集中到访区，提供观光、休闲、度假等多种产品，并提供独

特的庄园生活体验。

④农民相对集中安置，农民受雇于庄园或园区，或借助庄园品牌发展外围互补型产业或提供配套服务。

（资料来源：http：//www. sohu. com/a/119240284_461506）

结合案例思考：分组讨论以上五种模式的优缺点。

【思考题】

（1）简述旅游主题的概念及特点。

（2）简述旅游主题形象定位的方法。

（3）简述旅游形象口号定位的程序及方法。

（4）论述旅游地典型的空间布局模式。

（5）简述旅游功能分区的理论及方法。

【探究性学习】

（1）参考中国乡村旅游网 http：//www. crttrip. com/，了解中国美丽乡村的形象口号。

（2）调查你家乡的某一乡村旅游地，介绍其旅游形象定位及功能分区情况。

【参考文献】

［1］Forster R R. Planning for Man and Nature in National Parks ［R］. Morges, Switzerland：International Union of Conservation of Nature and Natural Resources，1973.

［2］Gunn C A. *Tourism Planning* ［M］. New York：Taylor & Franncis，1994.

［3］Nieuwkamp L B W. Zone Modelling in Ecotourism ［A］：《生态旅游规划与发展国际研讨会论文集》，1996 年。

［4］马勇、李玺：《旅游规划与开发（第三版）》，高等出版社 2012 年版。

［5］王云才、郭焕成、徐辉林：《乡村旅游规划与原理》，科学出版社 2006 年版。

［6］郭伟、殷红梅：《旅游规划原理与实务》，北京大学出版社 2012 年版。

［7］林南枝：《旅游市场学》，南开大学出版社 2000 年版。

［8］刘玉芝：《欠发达地区城郊生态农业旅游开发策略研究——以菏泽市为例》，载《科技信息》2012 年第 10 期，第 15 页。

［9］陆林：《旅游形象设计》，安徽教育出版社 2002 年第 1 版。

［10］刘玉芝：《城市滨水区旅游开发与保护新模式探析》，载《对外经贸》2012 年第 8 期，第 66～67，117 页。

［11］刘玉芝：《乡村旅游职业教育发展模式探究》，载《经济研究刊》2011 年第 10 期，第 257～258 页。

［12］刘玉芝：《美国的国家公园治理模式特征及其启示》，载《环境保护》

2011 年第 5 期，第 68 ~ 70 页。

[13] 刘玉芝：《菏泽市红色旅游发展策略探究》，载《科技致富导刊》2012 年第 24 期。

[14] 刘杰、刘玉芝、郑艳霞、张世富：《景观生态理念下的乡村旅游规划设计》，经济科学出版社 2018 年版。

第五章　乡村旅游产品与项目设计

【知识学习】

了解乡村旅游产品的概念和类型体系；
理解乡村旅游产品的特性及乡村旅游项目营销策略；
掌握乡村旅游项目设计的原则、主要内容及程序。

【能力提升】

通过本章学习，让学生了解我国乡村旅游产品的体系，熟悉乡村旅游产品的特性，能制定出行之有效的乡村旅游项目营销策略，并具备对乡村旅游项目进行设计的基本技能。

【素质养成】

通过学习与感悟，培养学生爱岗敬业、团队协作、思维敏锐、勇于创新的精神，增强其自我成就感及民族自豪感。

◆导入案例

缺山少水的袁家村乡村旅游越做越大，看似寻常，却大有门道，不是谁都能复制得了。

那么袁家村为什么这么火呢？

1. 全民皆兵，用产业来调整农民，共同富裕

袁家村地处关中平原，全村共有 62 户 286 人，土地面积 660 亩。这里缺山少水，自然和人文条件均不突出，也不是政府重点扶持的“典型村”。但这个村的村干部们带领村民们想办法、出点子，齐心协力硬是以独具特色的关中“农家乐”特色旅游打开了一片发展的新天地。

2. 专注于我们能做的

袁家村郭书记总结，袁家村的主题是关中民俗，我们为什么不做红色延安，为什么不做唐昭陵，唐昭陵就在我们背后我们都不做，不做的原因是那些跟我们的生活都没什么关系，我们就要做关中地地道道的农村生活。我们

说的话，我们的衣着，我们的很多东西都是关中民俗的一部分。我就觉得这个东西我能做，别的我们做不了，也不会做。

资料来源：http：//chinadevelopmentbrief. org. cn/news_21367. html。

思考：缺山少水的袁家村乡村旅游越做越大给你的启示是什么？

第一节　乡村旅游产品概述

一、乡村旅游产品的概念

旅游产品是一个复合概念，它在理论上是指旅游者出游一次所获得的整个经历。旅游产品是在旅游规划与开发中经常接触到的一个基本概念，学术界往往从不同角度探讨其内涵，具有广义、中义和狭义之分。所谓广义的旅游产品就是旅游者在一次旅游过程中所享受的综合服务，由景观、设施和服务三个要素所组成，其中景观是由自然实体和历史文化实体所组成的旅游吸引物，是旅游产品的核心部分，正是由于旅游景观吸引物的存在才能激发潜在旅游者的旅游动机；设施是指旅游者得以进入和满足基本生理需求、高层生理需求的交通等基础设施以及食宿等旅游设施，他们通常是一些现代建筑物；服务则是指旅游者在体验景观和身处设施场所中接收到的物质或精神上的奢侈享受，他们通常是非物质形态的，人为创造出来的。中义的旅游产品是指景观和设施构成的集合体，主要包括旅游景点、购物设施、旅游住宿餐饮、交通通信、给排水、能源等，具有强烈的物质性特点，往往是规划师尤其是旅游规划师最为关注的内容。而狭义的旅游产品指的则是单纯意义上为旅游者提供物质和精神享受的那些旅游景点或节庆活动等。

乡村旅游产品是指旅游者在乡村旅游过程中，所能够购买或体验的一切有形的商品和无形的精神感受，乡村旅游产品同样具有广义、狭义之分。从广义上讲，乡村旅游产品是空间和区域的概念，是针对城市旅游产品而言的，指的是在乡村开发建设的各类旅游产品，包括景区、酒店等，它是以远离城镇的乡村空间环境为依托，以自然景观和乡村风土人情为主要吸引物，满足旅游者回归自然、休闲求知的需求。狭义的乡村旅游产品，专指依托农业生产方式和成果、农村生活方式和设施开发的具有休闲度假性质的旅游方式，属于一种复合式旅游产品。

二、乡村旅游产品的特性

（一）乡土性

乡村旅游产品是人们在乡村地域内能够感知和体验到的，和城市有明显区别的所有自然和人文的元素。乡村旅游产品有多种多样的表现形式，但是都有着与其他的旅游产品不同的特性——独一无二的、原汁原味的乡土性。真实的、原汁原味的乡土特色也就作为乡村旅游产品的基本特性而存在，成为其他特性得以表达的基础。乡村旅游之所以能够迅速发展，正是因为乡村旅游产品和城市旅游产品相比具有诸多的差异性和独特性，从而产生的旅游吸引力。城乡之间这些差异包括地理差异、历史差异、文化差异，城乡两个地域就好像磁铁的两极，存在相互吸引的能量，这种能量的放射点正是乡村最原汁原味的特性，这种强烈的永久的能量，吸引城市人进入乡村，乡村人进入城市，两个区内人口彼此双向互动。乡村旅游产品的这一特点，决定了并非所有的乡村都能够发展乡村旅游，乡村特色不明显的乡村，不能依靠人造景观开发乡村旅游，只有那些具有原汁原味的、特色鲜明的自然或者人文元素的乡村，才具有开发乡村旅游产品的基础条件。

（二）体验性

旅游的体验性指的是加强旅游主客体之间的互动，即增强旅游者、旅游企业、原住民之间的互动。乡村旅游形式多样，具有以各种农业资源为依托的多种休闲、体验项目，有较强的实践性和参与性。因此，乡村旅游产品的设计，应该更加注重游客参与性与体验性，更加注重满足旅游者对回归自然田园、感受乡村生活的追求，多提供旅游者参与性强、兴奋感强的项目。体验旅游能够使旅游者真正的融入乡村生活中去，让游客在躬耕田园的悠然自得中融入乡村生活，品位民风民俗、感受传统文化，获得与城市居民常规生活截然不同的体验。这种回归大自然的体验正是乡村旅游产品的一大亮点。目前来看，乡村旅游的体验旅游大多以采摘游为主要活动形式，主要收入也只是停留在门票收入和收获物的销售。国外的乡村体验旅游发展相对比较成熟，形式也多种多样，并且与修学旅游、农事劳作等活动紧密结合，其客源市场的构成也比较丰富，吸引了大量的成年人和学生共同参与。在国外一些乡村旅游地，人们定期参加劳作体验，既放松了身心，愉悦了心情，又提高了动手能力和协作能力。

（三）文化性

乡村旅游产品开发所依托的民俗文化是原始生态观的反映，这种反映与实际的田园风光相对照，构成了乡村旅游产品的原始田园生态文化特性。这种独特的乡土文化作为乡村旅游一个吸引元素，成为乡村旅游产品与其他旅游产品相区别的一个重要特色。我国是一个农业大国，有着浓郁地方特色的民俗文化，丰富多彩的乡村民俗风情，风格迥异的乡村居民建筑，正是这深厚的文化底蕴造就了乡村地区的独特魅力。然而在当今的城市化快速发展的大背景下，乡村文化环境越来越脆弱，尤其是处于城乡接合部的城市郊区逐渐变成了城市的后花园，从而失去了乡村原有的特色，削弱了乡村旅游的吸引力。因此，文化性应该作为乡村旅游产品开发的必要特性，增强文化性有助于保持乡村环境的可持续发展，长久保持乡村旅游产品的吸引力和竞争力。

（四）多样性

我国乡村范围幅员辽阔，自然景观千差万别、文化景观千姿百态，可以满足旅游者观光、购物、求知、猎奇、休闲、度假、体验等多种旅游需求，充分体现了乡村旅游产品的丰富多样性。多样性的乡村旅游产品不仅丰富了乡村旅游活动，也增强了乡村旅游的生命力和吸引力。产品形式上的多样性是对乡村旅游深层次开发的体现，也是深层次经营的结果。

（五）生态性

乡村旅游产品开发的核心是要秉承可持续发展的理念，绿色生态性是乡村旅游在生态性发展道路上的升级。乡村旅游产品的生态性，既表现在对脆弱的乡村自然环境保护，还表现为增强乡村居民的参与性，以及加强居民的获利能力。同时，乡村旅游发展的生态性不仅仅体现在对乡村自然环境的保护，而且还体现在对乡村社会、文化环境的传承与保护，保持乡村社会文化环境的可持续发展。

三、乡村旅游产品的类型

乡村旅游产品的构成要素种类繁多，范围广泛。进而，各种资源优化组合形成了多种多样的旅游产品。因此乡村旅游产品的分类方式也是多种多样的，本书主要从旅游者的旅游目的来探讨乡村旅游产品的分类。

（一）观光游览型

观光旅游是旅游业的基本形式，乡村旅游也是从观光旅游开始发展的。乡村观光旅游主要是以乡村自然景观和人文景观为游览对象，包括传统农业生产为主的乡村环境、乡村旅游景点以及当地的传统民族习俗和古建筑，游客主要以观光消遣为主。观光类乡村旅游产品是一种简单的开发形式，乡村参与旅游业的最初阶段往往开发观光型农业旅游，短期内就能够为乡村带来良好的经济效益。我国乡村旅游观光产品形式主要有乡村风景观光、观光农业、科技观光、古村落观光等。

1. 乡村风景观光

这是比较初级的乡村旅游产品层次，一般是针对初到目的地或者是初次进行乡村旅游的一日游游客。此类产品主要包括：自然的乡村景观，受不同自然环境的影响，乡村外形及内部街巷千差万别，如北方平原的块状村庄、江西婺源的圆形村庄、“山重水复疑无路，柳暗花明又一村”的山村、“小桥流水人家”的江南水乡的小村等；单体乡村景点，如山涧、瀑布、荷塘、鱼池、奇峰怪石、奇花异草等；民俗文化，包括民居建筑、服饰、工艺品等，如黄土高原的窑洞、福建的土楼、内蒙古的蒙古包、皖南民居等。由此形成的相应旅游形式包括乡村田园风光、乡村民俗旅游、传统民居观光、古村落观光游等。旅游者通过感觉和知觉捕捉美好景物的声、色、形等获得愉悦感，继而通过理性思维和丰富想象体会乡村景物的精粹，由外及内体验美好的感觉。绿树、繁花、瀑布、溪流、蓝天、白云、虫飞、鸟鸣等，以及淳朴真诚、友好和善的当地居民，使游客从各个角度获得巨大的美感享受体验。

2. 农业园区观光

一类是农业观光园区，如花卉园、蔬菜园、果园、茶园、竹园、瓜园、中草药园、牧场、森林公园等。也可以是大型的综合生态农园观光，突出综合性和广泛性，涉及各种无公害蔬菜、绿色蔬菜、有机蔬菜、果品和观赏花卉等品种，成为融农业产品、农业景观、旅游和科普功能为一体的现代农艺园。另一类是高科技农业示范园，即利用现代高科技手段，培育动、植物奇特新品种和示范精细农业的一项旅游产品，它利用游客对新型农产品的猎奇心理形成核心吸引力，科技含量高、投入产出大，可以为当地农业培育新品种、研制农业新技术和推广农业新模式，主要类型有：

超大型品种：通过应用植物生产激素、导入外来基因、杂交育种等方法，培育一些个头超大的农作物品种，从而在相同的生长期内，获得更多的产量，生产出超大个的品种，如巨型南瓜、巨型丝瓜、巨型西瓜等。

微缩型品种：同样采用遗传育种的方法生产出微缩型品种，例如小南瓜、小葫芦、小茄子、袖珍型大白菜等。

工艺型品种：采用外力的限制生产出有别于正常形态的农作物品种，如正方体的橙子、圆球状的胡萝卜、长方体的西瓜、方形树、蛇形的苦瓜、皮球番茄、芭蕉叶菜等，以满足游客猎奇的心理。

无土栽培：是一种清洁、高效、省力的生产方式，包括基质栽培、雾（气）培两种方法。培养基法是用石英砂、蛭石、泥炭、锯屑、塑料等做栽培基质，以含有植物生长发育所需要的全部营养元素的溶液供给植物生长。这种生产方法具有肥水利用效率高、作物生长快、品质优良、丰产保收的特点。气培法是将植物悬挂在空中，他所需的营养液用一个精细的喷头喷向植物的根部，这种生产方法，可在有限的空间生产更多的蔬菜和农产品。

烟台农博园

烟台农博园集农业科技推广、科普教育、生态旅游和休闲娱乐于一体，寓科于游，寓教于游，寓乐于游。整个园区以“农业科技旅游”为主线，以瓜果花菜为载体，充分展示现代农业科技的风采与魅力。主要景点有：珍奇瓜果园、立体无土栽培园、百花园、高档花卉园、世界国花园、热带水果园、观光果园、科技娱乐园等16个绿色景点，景点之间以幽径、花廊、绿篱等生态趣景相连接。同时还建有科技娱乐园、人工气候室、克隆苗木馆、果品储藏馆等充实于绿色景点之间。游览农博园，您不仅可以呼吸新鲜空气，欣赏奇花异果，参观现代化科研设施，还可以采摘品尝无公害食品，购买先进种苗，真正达到回归自然、陶冶情操、增长知识、健康体魄的目的。

（资料来源：http：//www. ytnby. com/）

（二）采摘品尝型

采摘品尝类乡村旅游产品是以农副产品作为依托旅游资源的，主要产品形式包括采摘节、垂钓节、美食节等。这种类型的旅游产品使得旅游者认识到乡村旅游资源的可贵性，进行乡村旅游应该学会欣赏这些资源，不会怀着一种优越感来歧视当地生活方式和习俗，并且能够主动地帮助当地保持这种自然的可持续性。但是如今以农副产品收获品尝为主要方式的旅游开发的层次还比较低，内容也比较单一。比如在我国现在开发的很多采摘节性质的乡村旅游中，往往以很低的价格来吸引旅游者，而采摘的果实以较低的价格或夹在门票中或者一定的数量限制进行赠送，所以在果园中我们经常可以看到被游客随意丢弃的水果。由此可以看出，在现在国内的乡村旅游市场中旅游者对乡村旅游的认识还不成熟，大多甚至停留在对于农产品物资的追求。因此这类的乡村旅游产品，还需要进一步规划以组织深层次的开发。

（三）参与体验型

此类产品强调游客的主动性和参与性，是乡村旅游产品较深层次的开发。质朴的田园生活对久居都市的居民有着浓厚的吸引力，他们喜欢在乡村旅游地参加一些力所能及的简单农活，也喜欢参与一些与日常生活相关的体力劳动，通过亲身体验能够使旅游者体验乡村生活方式，珍视乡村旅游资源，保持乡村旅游产品的可持续发展。体验式旅游注重游客立场的转变，从被动到主动，从被组织被安排到自己组织安排，从标准化旅游产品转向个性化旅游产品，从走马观花到参与，从只注重结果到结果与过程并重。因此体验型旅游产品让旅游者深度参与到旅游项目中，从参与的过程当中获得全面的感知、认知和教育，并留下最难忘的美好回忆。此类产品主要包括垂钓、捕鱼、骑马、射箭、散步、远足、租赁农业等，使游客通过乡村旅游锻炼身体、宁气安神、消除疲劳，身体素质和精神状态得到不同程度的提高和改善。但就目前来看，我国乡村旅游中的体验旅游并没有充分发展起来，主要停留在吃、住、玩等比较低层次的休闲娱乐阶段，提供给游客的体验还停留在悦目悦身表层，参与性不足，很多是打着体验的幌子进行象征性的劳动。如旅游线路的设定是急行军似的，一两个小时走马观花一个乡村，然后吃一顿农家饭，旅游者很难体验到当地的文化精髓，并从中获得难忘的回忆。

（四）休闲度假型

此类旅游产品主要以乡村自然环境为背景，以家庭旅馆，乡村旅社和当地农特产品为依托，游客所进行的是一种以享受乡村小气候、体验乡村清新环境、休闲度假为主的体验型产品，是旅游业发展的新趋势。该产品以休闲放松为主，强调旅游者的体验性与参与性，同时深化旅游产品的层次，增强旅游者的停留时间和消费水平，进一步提高乡村旅游产品的获利能力。在我国乡村休闲的旅游产品中，最常见的是农家乐、渔家乐等形式，提出了“吃农家饭，住农家屋、享农家乐”的产品设计理念。休闲的乡村旅游产品能够把农林产业和旅游产业紧密结合，提高村民的生活水平。乡村旅游资源丰富，类型多种多样，可以开发各种休闲度假系列产品，满足各种类型度假休闲的需要。本系列产品包括周末家庭度假游、集体度假游、节日度假游、疗养度假游、学生夏令营等形式。

（五）科考修学型

“读万卷书，行万里路”，旅游也是学习的一种重要方式。乡村拥有丰富多彩的自然资源和人文资源，为青少年学习自然科学和社会科学提供了广阔的科普教育基地。学校可以结合具体的教学内容利用节假日组织学生到乡村旅游，寓教于乐，可以开拓视野、增长见识、陶冶情操，这是城市教育理念的转变，也是城市开展素质教育的重要体现。通过乡村考察实习，可以让学生们热爱自然，热爱家园；体验劳动，珍惜资源；认真做事，学会做人。随着科学技术的迅猛发展，越来越多的现代科学技术运用到农业的生产中，创造出丰富多彩的乡村农业产品，营造出千奇百怪的农业自然景观。利用现代科技手段对农业生产过程、农业发展历史、农业自然灾害等进行演示与讲解，可以大大增加乡村旅游的科技含量，提高产品的文化品位，对生长在城市中的居民和青少年有着强大的吸引力。本系列产品包括青少年自然科考实习游、青少年环境保护游、社会科考游、农业生产科考游、大自然生态写生游等。

（六）运动养生型

运动养生型产品侧重于对活动参与者身体心理的保健与疗养。此类产品主要是依赖于特殊的旅游资源，如高山、雪原、湖泊等自然资源，而此类乡村旅游产品主要方式是滑雪、温泉、高尔夫球、攀岩等，所以这样的旅游产品就不再是单纯的乡村旅游，而是基于资源开发的特殊旅游产品。乡村拥有良好的自然资源，从而开发运动旅游，给村民带来良好的效益，同时改善乡村公共生活环境。通过这些活动，游客既能从中发现快乐，又能收获健康，即所谓寓健康于快乐。

（七）复合产品

所谓复合型的乡村旅游产品，是基于乡村区域的多种旅游资源进行综合性整体开发旅游产品，充分利用不同类型的乡村旅游资源进行组合设计，给当地村民带来良好的收益，提高其经济收入及生活水平。

四、乡村旅游产品体系

乡村旅游产品是在乡村观光旅游和乡村体验旅游的基础上逐步发展起来的，乡村旅游产品的开发实质上是一个传统旅游业和农业产业融合的过程。随着旅游消费者多样化的需求和对旅游设施及服务要求水平的不断提高，乡村旅游产品的层次和内容也越来越丰富，能够满足不同旅游者的多样化的需求。同时种类繁多的乡村旅游产品的开发也支撑着乡村旅游市场的进一步成熟与完善。

（一）乡村旅游核心产品

乡村旅游的核心产品，是乡村旅游者直接获取乡村旅游体验、体会乡村独特魅力的主要对象和内容。这一层次的乡村旅游产品不同于城市和风景旅游区，是经过乡村核心旅游资源的有机组合，以乡村农业景观带、农事活动、民俗活动为依托，以垦殖地带的风景、农事活动或乡村民俗文化为主要审美或体验对象，是构成乡村旅游产品体系的核心，也是整个乡村旅游吸引物的基础。通过核心产品的消费，使乡村旅游者能够获得身处田园、回归自然的体验，尽享乡村旅游的魅力。其具体的要素包括：乡村旅游地的接待和乡村度假服务、乡村景观观光和乡村习俗文化认知与体验、农事活动体验等。

（二）乡村旅游辅助产品

乡村旅游的辅助产品，是乡村旅游地各种直接或间接从事旅游业的人员提供的产品的服务，这些产品超越了核心层次的乡村旅游范畴，主要包括乡村特色餐饮、传统工艺品、集会活动等，充分体现了旅游产业与周边产业的融合，其服务对象不仅包括乡村旅游者，而且还包括本地居民。辅助产品是乡村旅游产品的重要组成部分，它不仅补充了核心旅游产品的服务领域，丰富了核心产品的层次，而且是增强核心产品吸引力和竞争力的主要途径。

（三）乡村旅游延伸产品

乡村旅游的延伸产品，是乡村旅游发展到一定阶段、形成一定规模后的产物。它主要为核心层产品和辅助层产品提供服务支持和网络信息支持。游客可通过乡村旅游网络获得旅游信息、乡村旅游预定、售后延伸服务以及其他增值性服务。延伸性乡村旅游产品一般是公益性的，不产生直接经济效益，因而此类产品大多是由政府或者行业企业等组织的面向乡村旅游的营销服务网络。

总之，在整个乡村旅游产品体系中，核心产品体现了乡村旅游者的基本旅游需求，也常常是乡村旅游开发的前提和基础；辅助产品和延伸产品是围绕核心产品而存在，以提高乡村旅游吸引力和提供乡村旅游便利条件为特征，成为乡村旅游产品整体竞争优势不可或缺的重要组成部分。

第二节　乡村旅游项目设计与营销

乡村旅游项目的设计是乡村旅游规划的重要组成部分，也是乡村旅游活动顺利开展的基石。乡村旅游项目设计是利用特色旅游主题串联起各种旅游景区与活动，构成综合性的旅游产品。乡村旅游项目设计可融合乡村观光、游乐、休闲、运动、体验、度假、会议、养老、居住等多种旅游开发功能，策划打造特有的“乡村综合旅游休闲”，如开设休闲垂钓、农场动物园、采摘、农事体验等乡村旅游项目。在具体开发设计中，可根据各地地脉、文脉等具体情况，侧重打造其中某一项或几项功能，形成各具特色的乡村旅游休闲项目，从而带动整个区域经济的发展。同时，乡村旅游项目设计要有一定的创意，创意在乡村旅游资源的开发过程中起到了催化作用，通过创意的激发，将乡村风光、土特产品、农艺技术以及民俗表演等不同类型的乡村旅游资源，通过不同的创意生产方式，最终转化为创意旅游项目，实现乡村创意旅游产品的成功开发。

一、乡村旅游项目创意设计的原则

（一）总体原则

乡村旅游产品的开发，要想设计出有创意的旅游项目，必须遵循一个总体原则是：“人无我有，人有我新，人新我转”。

1. 人无我有

乡村旅游项目创意设计的一个重要的特征就是要有创新性。“人无我有”是乡村旅游项目创意设计中创新的最基本的含义之一。所谓“人无我有”，即创造一个别的旅游地或旅游景区从来没有过的旅游项目，属于完全彻底意义上的创新，也是创新的第一个层次。

2. 人有我新

“人有我新”是乡村旅游项目创意设计的另一个重要的理念，“人有我新”是从创新性上对乡村旅游项目的创意设计进行的具体阐释。该设计原则要求我们旅游规划工作者在进行乡村旅游项目设计时，注意乡村旅游项目的差异性、新颖性和独特性。

3. 人新我转

在乡村旅游项目创意设计的总体原则中，“人新我转”是对创新性的再次强调。“人新我转”的含义是指当一个乡村旅游项目在别的旅游地已经存在，并且在目前的条件之下，本地区无法通过创新措施使得本地的乡村旅游项目超过其他旅游地时，旅游开发地应该主动地放弃这种乡村旅游项目，而寻找新的市场空间，开发出新的乡村旅游项目。

（二）基本原则

乡村旅游项目设计过程中除了要遵循以上的总体原则之外，还要以下列的原则为指导：

1. 市场需求原则

乡村旅游项目与其他旅游项目一样，作为一种旅游项目，一定要考虑市场需求，根据市场需要而设计。乡村旅游项目是否符合旅游者的需求是决定其开发设计能否成功推出的重要因素之一。项目的设计最终将接受市场的检验，一个拥有广阔旅游市场空间的乡村旅游项目才能拥有较大的生命力，才能获得良好的经济效益。随着乡村旅游的发展，越来越多的旅游者参与到乡村旅游当中，虽然乡村旅游项目丰富多彩，但不同旅游者有着不同的旅游偏好和需求。因此，乡村旅游项目的开发设计要以市场为导向，以旅游者的需求为出发点，进行充分的市场调研和论证分析，将市场需求和客观条件相结合，开发设计出各具特色、不同档次、适销对路的乡村旅游项目。

2. 可持续发展原则

根据不同旅游项目具有不同的生命周期的特点，在旅游项目的设计上坚持可持续发展原则，把眼光放远，不能只是为了追求眼前的利益，应当为了产业的长久发展做打算。根据都市旅游者对乡村旅游的特定需要，有针对性地开发设计乡村旅游项目并实施有效的控制，是妥善解决乡村旅游供需矛盾的有效途径。要实现可持续发展，对于任何一个旅游目的地来说都不是一件轻松的事情，其前提条件在于旅游经济发展规模和旅游者来访数量都必须控制在合理范围之内，既能保证旅游活动稳定的长期开展，又要避免给旅游目的地环境不可逆的负面影响。因此，这个合理范畴的确定就显得非常重要，依据环境承载力强化对旅游发展的管理是实现旅游业可持续发展的关键。

3. 三大效益原则

用整体的观点去把握经济效益、环境效益、社会效益，把三者有机结合起来。在乡村旅游发展的过程中，旅游设施建设规模的扩大必然会带来周围环境的变化甚至恶化。一般地，旅游者进入乡村会引起当地居民传统的生活方式、民风民俗等的变化，当地居民增加了向旅游业中的劳动力的转移也会带来当地社会就业结构的变化。因此，在整体均衡发展观点中，要善于平衡经济效益、环境效益、社会效益，三者之间的关系，应该从木桶原理出发，使三者都不受到任何程度的破坏，以承载力最薄弱的环节作为发展上限。

4. 因地制宜原则

乡村旅游最大的特色寄托在乡村独有的乡土文化上面，也就是旅游项目的原生“乡村性”。当前，我国的现状是城乡差距比较明显，乡村旅游所在的区域大部分是经济比较落后的地区或者发达城市的边缘地带，乡村旅游业多半采取或者彻底变成一种扶贫旅游的形式，在带来经济效益的同时，也会带来一些弊端，例如对传统的摒弃和对世俗风尚的盲目推崇。“乡村性”是乡村旅游的本质特征，乡村传统文化又是乡村性的最重要的载体，因此乡村传统文化与现代文化的冲突与融合是乡村旅游可持续发展的难点问题。被都市旅游者青睐的乡村旅游区域，多是相对来说比较封闭、落后的农村。旅游者与接待地居民在物质生活、精神生活等方面差距巨大，都市文明对处于农耕文化保留区的农民具有难以抗拒的诱惑力和影响力。一旦农民放弃特色浓郁的农耕文化据点而向都市文明投降，则乡村旅游赖以依托的公共文化资源必将泯灭乃至消失，乡村对都市旅游者的吸引力也就丧失了；反之，村民对于城市居民的较好的生活方式的羡慕追求的同时也会引起对外来旅游者的不满情绪，从而使得少部分人想方设法从旅游者身上榨取利益，造成两者之间的矛盾颇深，会制约乡村旅游市场的发育。总之，因地制宜，保持乡村原生态特色是实现乡村旅游可持续发展的根本，协调相对落后的村庄与现在生活方式之间的关系是推进可持续发展的关键环节。

5. 社区参与的原则

乡村旅游资源是一种特殊的旅游产品构成要素，其主要的旅游吸引物表现为乡村的美景以及乡村的生活劳作习惯等，这些资源都具有公共资源的特征，是以当地居民的日常生活作为主要的旅游吸引物的。但是，在现今的旅游项目开发设计的过程中虽然把乡村的居民和居民形成的特色生活模式、劳作模式作为乡村旅游产品的核心要素，但是在利益分配中往往会弱化当地居民的作用，甚至使用租赁的形式采用外籍人员代替永久居民，在利益分配中只分给居民一次性的、少量的利益。因此，旅游资源产权归属不明确是影响乡村旅游可持续发展的基础性问题。利益是否能够在产权的基础上公平分配，直接关系到利益主体之间的协调，而作为各利益主体中处于弱势地位的村民的权利保障就成为公平分配的关键。所以，加强当地居民参与性是保证乡村旅游文化特色的基础，也是增强村民利益分配权利协商的捷径。

二、乡村旅游项目设计的内容

（一）乡村旅游项目的主题名称

设计乡村旅游项目首先应拟订一个响亮且具有特色的主题名称，这是旅游者接收到关于乡村旅游项目的第一个信息，关系到项目在第一时间内对旅游者的印象和吸引力。因此，乡村旅游项目名称拟订时一定要仔细揣摩旅游者的心态，设计出奇特且有创意的项目名称，以此来激发旅游者的浓厚兴趣，如“乡下有我一分田，全家参与乐翻天”“银滩沙海”等，都能够引起旅游者的无限遐想与向往。

（二）乡村旅游项目的大致风格

项目策划者需要将项目的大致风格用文字，或简要的图示描述出来，为下一步的创意设计工作提供依据和指导。具体而言，乡村旅游项目策划在风格限制方面应有明确规定：一是乡村旅游项目中建筑小品的规模、形状、体量、色彩和材质等；二是乡村旅游项目中各种建筑物的内部风格与基调，如建筑内部的分隔组合、装修和装饰的材料；三是乡村旅游项目相关的旅游辅助设施和旅游服务的外观、形状和风格，如乡村旅游项目的路标、灯箱、垃圾箱、停车场、购物商店、洗手间以及旅游餐厅所提供服务的标准和方式等。

（三）乡村旅游项目的区位选址

在地域空间上，要确定每个乡村旅游项目的具体地理位置和占地面积，主要体现在以下三个方面：一是确定乡村旅游项目的主体方位、区域范围、开发面积以及周围边界等；二是确定乡村旅游项目中建筑的整体布局，各个建筑物的位置以及建筑物之间的间隔距离；三是确定乡村旅游项目中所能够提供的开放空间的大小和布局。

（四）乡村旅游项目的内涵体系

乡村旅游项目的创意设计，要明确该旅游项目的内涵和体系，如核心产品、辅助产品以及相关延伸产品等。具体的包括以下三个方面：一是规定所能提供的产品类型；二是确定主导产品或活动类型；三是主要客源市场。另外，一个好的乡村旅游项目设计方案还应该确定项目中重点建设的子项目策划以及各个项目的开发时序等。

（五）乡村旅游项目的经营管理

除了对项目的开发和建设提供指导外，优秀的项目策划还会对该项目的经营和管理提供相关的建议。因此，乡村旅游项目的创意设计应该针对该旅游项目的工程建设管理、日常经营管理、服务质量管理以及经营成本控制等问题提供一整套的解决方案。

北京蟹岛绿色生态度假村

北京蟹岛绿色生态度假村是设计非常成功的乡村旅游项目，从吃、住、玩、游、购各方面塑造绿色的乡村生活体验，成功吸引了大批消费者。

吃：蟹岛实现了肉现宰现吃、螃蟹现捞现煮、蔬菜现摘现做等新鲜食材；

住：蟹岛农庄是复原老北京风情，四合院群落、书斋雅室、酒肆作坊、大戏台、古钟亭等乡村民居；

游：体验羊拉车、马拉车、牛拉车、狗拉车等交通工具；

玩：采摘、垂钓、捕蟹、温泉浴、冲浪等各类娱乐项目；

购：可以在蟹岛购买绿色食品。

（资料来源：http：//baike. so. com/doc/6971074 －7193760. html）

三、乡村旅游项目创意设计的程序

（一）分析乡村旅游开发地的环境

这是进行项目创意设计的首要步骤，主要是通过对乡村旅游地的经济状况、农业生产、地形地貌、交通格局、市场支撑以及行政隶属的综合元素进行分析与评价，以全面掌握旅游地内外环境的过程。

（二）分析乡村旅游开发地的旅游资源特色

乡村旅游项目的特色是由当地的旅游资源特色所决定的，这是因为乡村旅游项目布置于旅游开发地，需要与区域旅游环境和氛围保持一致。这就需要乡村旅游项目创意设计者在规划前期工作即乡村旅游资源调查过程中，对乡村旅游开发地的旅游资源进行仔细分析，掌握其资源特色、民俗风韵、文化特色，以此作为设计各旅游功能分区旅游项目的基调。

（三）乡村旅游项目的初步构思

即在进行乡村旅游项目的创意设计时，设计者要提出关于乡村旅游项目设计的大致思路。这种初步构思可以自创，也可以借用其他旅游地的乡村旅游项目做原型。但是此时的构思只是产品策划的方向和概念，并没有定型，也不一定具有可行性，只是一个初步的想法。

（四）乡村旅游项目构思的评价

在经过了一番分析和思考之后，设计人员就会拥有数个可供选择的产品构思。由于乡村旅游项目创意设计的市场导向要求，这个时候就需要调查目标市场的需求，同时还要对开发成本和收益进行估算，以此来对数个项目构思进行甄别，将那些成功的概率比较小的旅游项目构思淘汰，而保留那些成功的机会比较大的策划概念。以便于在建设时能将资金集中到几个项目上，提高旅游项目的服务水平和品牌知名度。

（五）乡村旅游项目的设计

在对已有的乡村旅游项目构思进行了甄别之后，就是乡村旅游产品设计的关键一步，即将乡村旅游项目的构思落实成为实实在在的乡村旅游项目创意，并最后通过招标的形式吸引投资者来投资建设。

（六）项目策划书的撰写

在上述工作结束后，项目设计者应着手开始编写项目策划书，项目策划书主要结构包括封面、序文、目录、内容、预算、策划进度表、策划书的相关参考资料等。策划书的编写要注意以下几点：一是文字要简明扼要；二是逻辑性强，时序要合理；三是主题要鲜明；四是尽量运用照片、图表和模型等直观内容展示项目设计的理念和内容；五是可操作性强。

四、乡村旅游项目的营销策略

（一）增强相关产业融合，丰富产品类型

产业融合是指把旅游产业和其他产业紧密结合，创造出新的旅游产品类型，如旅游产业和农业融合产生观光农业和体验旅游；旅游业和制造业融合创造出颇具特色的工业旅游项目等。目前，我国大部分的乡村旅游项目产品处于简单的乡野风貌观光和乡村食宿接待上，产品层次较低，同质性较强。因此，需要通过产业融合，改变乡村旅游项目简单的产品模式，丰富乡村旅游项目的类型，保持乡村旅游项目产品长久的吸引力，发挥真正的乡土性魅力。

（二）促进利益主体合作，拓展推广途径

乡村旅游项目市场的开发关系到政府、投资商、企业、原住民、学术界和媒体等各个利益主体，这些利益主体都应该作为旅游推介的主体。在旅游推介会中，农户是最直接的产品项目传递者，是最直接的推介主体。但是独立的农户力显单薄，从事市场推广能力有限。因此，需要各利益主体之间紧密合作，各司其

职，共同推介：政府应起到一个整合各方面力量的作用，疏通旅游产品推广的瓶颈，只有这样才能把各方的利益统一起来，同时做到权利和义务的对等；投资方和企业要以全局的眼光看待产品推介，积极参与到各个环节；学术界和媒体应积极发挥扶助作用，成为产品形象的喉舌。

（三）加强项目品牌管理，强化形象营销

乡村旅游产品项目尤其是大城市周边的乡村旅游产品往往有很大的相似性，再加上现在粗放式的发展管理模式，造成投资水平较低，这无疑增大了项目的可模仿性。所以当一个成功的项目品牌出现的时候，就会引起很多拙劣的模仿者，逐步削弱这个品牌的价值，最后把整个乡村旅游市场带入恶性价格竞争。因此，加强项目品牌管理，强化形象营销是保证乡村旅游项目市场规范的重要手段，也是保证优秀的乡村旅游项目可持续发展的关键方式。

【本章小结】

（1）乡村旅游产品是指旅游者在乡村旅游过程中，所能够购买或体验的一切有形的商品和无形的精神感受，具有乡土性、体验性、文化性、多样性和生态性的特性。从旅游者的旅游目的角度可以分为，观光游览型、采摘品尝型、休闲度假型、科考修学型、运动养生型等类型。就产品体系而言可以分为核心产品、辅助产品和延伸产品。

（2）乡村旅游产品的开发，要想设计出有创意的旅游项目，必须遵循一个总体原则是：“人无我有，人有我新，人新我转”。其中所包含的意义为创新性。

（3）乡村旅游项目营销要讲究一定策略，即增强相关产业融合、促进利益主体紧密合作、加强项目品牌管理，是保证优秀的乡村旅游项目可持续发展的关键。

【案例分析】

莫干山庾村1932文创园

中国首个乡村文创园，一座以乡村再造为梦想的文化市集

（一）案例简介

庾村文化市集由清境（上海）旅游投资管理有限公司，投资4000多万元兴建的一座文化创意园，坐落在德清莫干山脚下，这座文化创意园包含文化展示、艺术公园、乡村教育培训、餐饮配套、艺术酒店等在内的特色文化市集，吸引了来自四面八方的旅游者、商家、文化学者、农品经销商，不同的人群都能在这里找到自己需要的情感、物产和交流方式。

（二）特色产品

项目1：莫干山庾村文化市集蚕种场

通过对废弃的场地的再利用，活化空间，建造的“竹棚”，将零散的室外空

间提升融合，采用了当地盛产的竹子，民间简单实效的建造方式。

项目2：SHARE·飨餐厅

台湾本土设计师王胜弘操刀，民国建筑+工业气息+乡村元素，原生态材料+超前设计手法，用自行车各部件作为装饰元素，独树一帜，别无二家。

项目3：古井花园桑茧花园

当地材料+乡土植物，利用原有地形打造的生态自然景观。

项目4：萱草书屋

书籍全部来自热心人士捐助，这间乡村书屋，有爱与热情。人们在这里分享知识与收获，分享城市与乡村的一切。

项目5：茧咖啡

在醇正的咖啡里品尝时间的流浪，这里有我们不曾遇见的生活。

项目6：茧舍

八位设计师共同设计的青年旅舍，十三间房间风格各异。从民国时期的蚕种场，到文艺波普风格的设计师客栈。

项目7：窑烧面包坊

面包小屋，户外柴窑，本地新鲜作物搭配天然酵母，面包焦香微脆，木头清香。随季节变化创新精品，纯正乡村美味。

项目8：蚕宝宝乐园

莫干山首个自然生态全手作乐园，选用老旧工厂的材料，由当地木匠纯手工打造而成。孩子们在这里亲身体验奇幻之旅。

（资料来源：https：//www.360kuai.com/pc/939c4623a8d76f3c8？cota=4&tj_url=so_rec&sign=360_57c3bbd1&refer_scene=so_1）

结合案例思考：莫干山庾村文创园给你的启示是什么？乡村旅游项目开发最核心的内容是什么？

【思考题】

（1）简述乡村旅游产品的概念和特性。

（2）举例说明乡村旅游产品的类型有哪些。

（3）简述乡村旅游项目设计时应遵循的总原则。

（4）简要说明乡村旅游项目创意设计的内容及程序。

（5）简述乡村旅游项目的营销策略。

【探究性学习】

（1）参考中国乡村旅游网 http：//www.crttrip.com/，了解乡村旅游开发项目优秀案例。

（2）调查你家乡的某一乡村旅游地，介绍其乡村旅游产品开发及乡村旅游项目设计的情况。

【参考文献】

[1] 吴必虎:《区域旅游规划原理》，中国建筑工业出版社 2001 年版。

[2] 王德刚:《乡村生态旅游开发与管理》，山东大学出版社 2010 年版。

[3] 黄顺红:《乡村旅游开发与经营管理》，重庆大学出版社 2015 年版。

[4] 王云才、郭焕成、徐辉林:《乡村旅游规划原理与方法》，科学出版社 2006 年版。

[5] 蔡碧凡、俞益武:《乡村旅游产品的设计思路及应用》，载《资源开发与市场》2009 年第 3 期，第 269 ~271 页。

[6] 段晓雪:《乡村创意旅游产品开发研究》，载《北京农业》2014 年第 2 期，第 42 ~47 页。

[7] 马勇、李玺:《旅游规划与开发》，高等教育出版社 2002 年版。

[8] 刘玉芝:《欠发达地区城郊生态农业旅游开发策略研究——以菏泽市为例》，载《科技信息》2012 年第 10 期，第 15 页。

[9] 刘杰、刘玉芝、郑艳霞、张世富:《景观生态理念下的乡村旅游规划设计》，经济科学出版社 2018 年版。

第六章　乡村旅游规划与开发的可行性分析

【知识学习】

了解可行性分析的功能和原则及旅游开发保障体系的构成；
理解可行性分析的程序及政策、生态环境保障体系规划的内容；
掌握市场、财务、效益可行性分析的内容和方法；
掌握人力资源、市场、基础设施与旅游服务保障体系规划的主要内容。

【能力提升】

通过本章的学习，使学生了解我国乡村旅游可行性分析的重要性和保障体系的构成，进一步培养学生的安全保障意识；

熟悉乡村旅游可行性分析的程序，并能对政策、投资、生态环境保障体系进行规划；

掌握对影响乡村旅游发展的市场、财务、效益、风险等因素进行可行性分析的能力，以及人力资源、市场、基础设施与旅游服务保障体系构建的能力。

【素质养成】

掌握可行性分析和保障体系构建技能，培养其细心踏实及风险防范意识，为以后从事相关工作打下坚实基础。

◆导入案例

走进位于陕鄂渝交界处的安康市平利县龙头村，一眼望去，“白壁、青瓦、马头墙、格子窗”的徽派民居建筑群与青山秀水的美景相映成趣。龙头村共有846户3176人，全村面积35平方公里，耕地3900亩。龙头村距县城5公里，距离省会西安五六个小时的车程。事实上，从三四年前开始，龙头村的发展就有政府主导因素。也正因此，龙头村很快就建起仿古一条街、秦楚农耕文化园、观光茶园等特色景观，基础设施和生活条件改善明显。然而好景不长，在2012年风光过一阵子之后，从2013年开始龙头村便逐渐冷清：

除重要节假日外，这里游客稀少，早先修建的酿酒、豆腐等10个具有当地特色的作坊，已有三四家关门停业，仿古一条街两侧的商铺也基本成为“摆设”。一位村民说，虽然建起了特色民居，但没有太多挣钱的路子，“带动不了经济发展”。

资料来源：http：//www. chinadevelopmentbrief. org. cn/news－21367. html。

思考：龙头村青山秀水却生意冷清，给你带来的启发是什么？

第一节　乡村旅游规划与开发的可行性分析概述

一、乡村旅游规划与开发可行性分析的概念

可行性分析是在项目开发建设前对与项目相关的资源、市场、技术、经济和社会等方面的问题，进行全面分析、论证和评价，以确定该项目是否具有可行性的技术方法。可行性分析可以确保项目在建设上具有可能性，在技术上具有合理性和先进性，并能够获得预期的效益，是提高投资决策科学性和准确性的重要途径和环节。乡村旅游规划与开发是对区域乡村旅游开发和发展的总体安排，由于其影响的产业部门较多、涉及的投资金额较大，因此，属于重要的投资项目。对乡村旅游规划与开发进行可行性分析，能有效避免走弯路，可以更好地实现乡村旅游开发的综合效益。

二、乡村旅游规划与开发可行性分析的功能

（一）可行性分析是项目决策的前提和基础

乡村旅游规划与开发的可行性分析能够为项目规划者和投资者的决策行为提供各种科学可靠的信息和数据。由于可行性分析是针对规划项目的全面分析论证与评估，因此，其结果的好坏直接关系到投资者的切身利益，进而影响到投资者的决策行为。从这个角度来说，可行性分析可被视为乡村旅游规划工作的前提和基础。

（二）可行性分析是吸引项目融资的重要依据

由于乡村旅游规划与开发项目投资额较大，往往需要通过外界融资，而融资主体需要提供项目的可行性分析论证结论作为融资的凭证和依据。因此，绝大多数项目投资者在选择投资项目的时候，都要求申请融资者提供相关的项目论证材料和评估文件。由此，由权威机构撰写、综合多方面信息、以科学研究方法为手

段的可行性分析，就成为项目融资成功的重要保障之一。

（三）可行性分析是乡村旅游规划质量的重要保障

由于可行性分析是对乡村旅游规划与开发项目的整体、全面的分析与论证，因此，可行性分析能够跳出乡村旅游产业发展的框架，站在区域甚至国家和国际的高度来评价乡村旅游项目的质量优劣与可行性。其结果能为乡村旅游规划的优化和完善提供一定的参考，对于保证乡村旅游项目设计的质量具有重要的作用。

三、乡村旅游规划与开发可行性分析的原则

（一）客观公正原则

客观公正原则是乡村旅游规划项目可行性分析的重要原则之一，只有坚持客观公正，才能保证分析结果的可信度。所谓客观原则就是指在进行可行性分析时要尊重客观实际，站在客观公正的立场进行调查研究，做好基础资料的收集工作。对于收集的基础资料，要按照客观实际情况进行论证评价，从客观数据出发，通过科学分析，得出项目是否可行的结论，不能过于随意，拍脑袋决断。更不能因受到权威的介入或利益的诱惑而放弃独立公正的立场，从而进行违心的可行性分析。

（二）规范化原则

乡村旅游规划项目规范化原则是要求整个分析过程都必须在国家相关规划、政策、法规等规范的指导下完成。其中的相关规范主要有以下含义：其一，分析的过程和方法以及形式要符合国家的相关准则以及法律法规；其二，分析过程中所使用的评价指标要符合相关产业和行业的惯例和标准要求；其三，分析的内容和方法要符合相关产业和行业的特点。各类投资项目可行性研究的内容及侧重点因行业特点而差异很大，如生产性企业的可行性分析，主要考虑成本和技术等要素，而乡村旅游项目的可行性分析则主要侧重项目区位、主题和产品设计等内容。

（三）成本效益原则

成本效益原则是指可行性分析方法主要是从规划与开发的成本和效益两方面进行评价和比较，只有获得的效益比投资成本高的规划项目才具备实际意义上的可行性。应该指出的是，这里所指的效益不仅是经济效益，而是应该包括社会效益、生态环境效益在内的综合效益。

（四）系统分析原则

系统分析原则是指乡村旅游规划与开发的可行性分析要在以上成本效益分析

的基础上，全面系统的分析论证乡村旅游规划与开发所涉及的各方面内容，最终给予开发项目一个综合合理的评价。特别是由于乡村旅游业涉及的产业较广、空间范围较大，因此，对于相关产业、相关利益群体以及相关市场空间的分析都成为可行性研究中不可或缺的重要内容。对于这些相互关联、相互影响的要素，可行性分析者应具有系统化的分析理念。

第二节 乡村旅游规划与开发可行性分析的内容与程序

乡村旅游规划可行性分析是通过对项目所涉及的主要内容和配套条件，如市场需求、资源供应、环境影响、资金筹措、盈利能力等，从技术、经济、工程等方面进行调查研究和分析论证，并对项目建成以后可能取得的财务、经济效益及社会环境影响进行预测评判，从而提出该项目是否值得投资和如何进行建设的咨询意见。因而乡村旅游规划项目的可行性分析内容十分宽泛，但限于篇幅的限制，本章主要介绍市场分析、财务分析、效益评估以及风险分析四方面的内容。

一、乡村旅游规划与开发的市场分析

乡村旅游市场作为乡村旅游产品的直接消费源泉，也可以称为客源地市场，是旅游开发与规划的前提和基础，是旅游开发可行性研究的重要组成部分。乡村旅游市场分析就是以科学的方法、客观的态度、认真收集和分析与规划地有关的市场情况，以便能掌握现实和潜在的乡村旅游市场、为旅游规划的开发者提供第一手可靠的游客活动的资料，从而能从总体上把握乡村旅游产品的需求状况，能为乡村旅游资源寻找到最佳的市场和途径。因此，精确的市场分析是规划与开发乡村旅游市场的关键，也是乡村旅游走向成功的钥匙。

（一）乡村旅游未来市场规模分析

乡村旅游市场规模通常是指乡村旅游目的地在一个经营年度所接待的游客人数或经济消费总和。乡村旅游市场的规模取决于消费者的数量、支付能力和购买欲望；此外，还受闲暇时间的多少和交通便利程度的影响。乡村旅游市场的规模可以用多种指标来衡量，如旅游收入、人数、花费等。如果乡村旅游目的地成名已久，肯定会积累一定的材料，我们可以从中收集一定的历史数据，从而对未来乡村旅游市场的规模做出一定的分析和预测。在这种情况下，对市场规模分析的方法通常是将一定时间单位和流量单位排列，绘制流量曲线，据此对过去的乡村旅游市场变化进行分析，以推测今后的发展趋势。

此外还可以绘制乡村旅游业发展的收入、国内旅游者人数等变化曲线，以判

断乡村旅游国内与国际市场发展状况，结合旅游市场结构分析，对未来旅游市场发展做出预测，为未来的旅游市场提供依据。这种流量曲线还可分为其他不同的时域，除多年域外，还包括日域、周域、月域、季域、年域五种情况。

（二）旅游市场影响因素分析

乡村旅游市场影响因素分析主要是对旅游市场的影响因素进行分析。在乡村旅游规划中，依据抽样调查资料或历史统计资料对各市场进行分析的基础上，以探求这些特征和旅游者行为之间的规律。这是市场细分和定位的基础。主要包括以下方面地域构成：本地、周边、本省、外省。人口学特征构成：性别、年龄、文化程度、职业、收入。消费行为构成：出游目的、出游方式、出游交通工具、停留时间、住宿方式。在这些影响因素中，游客的可支配收入、闲暇与年龄等与出游之间的关系特别密切。研究表明，客源地居民、乡村旅游通道、乡村旅游目的地、旅游环境等因素对乡村旅游市场具有一定影响。

（三）乡村旅游市场需求趋势分析

目前来看，乡村旅游市场需求呈现如下趋势特点。

1. 旅游客源的大众化

这个特点是由中国现在速度快，规模大，趋势强，影响大等乡村旅游特点所决定的。这既体现了客源市场的广泛性，也表明广大的城镇居民越来越多地成为乡村旅游的参与者。在乡村旅游的消费上吃在、住在、休闲娱乐在农家的大众消费方式已经成为主流的旅游产品。

2. 产品消费的差异化

随着我国经济的不断发展，人民生活水平的日益提高，一些人不再满足于停留在吃农家饭，住农家舍的低级消费体验上，开始追求原生态的、康体保健的高端产品。所以乡村旅游发展的趋势会在观光旅游的基础上，体现为更多的乡村文化的传承和体验。

3. 对乡村旅游的生态环境高要求

以后乡村旅游发展的趋势就是生态旅游，因此在这个过程中，必须要保持乡村良好的生态环境。

二、乡村旅游规划与开发的财务可行性分析

（一）乡村旅游规划与开发的财务可行性分析的概念

在乡村旅游规划与开发中，财务可行性分析是从微观的角度，按照国家的财税制度对乡村旅游项目的财务进行定量分析评价。乡村旅游规划与开发的财务分

析充分体现了可行性分析的成本效益原则。通常情况下，对于项目要先进行财务可行性研究，再进行宏观角度的区域经济效应分析。在进行财务分析时，主要通过计算乡村旅游规划与开发项目直接发生的财务效益和费用，考察该项目的盈利能力、清偿能力以及外汇平衡能力的财务状况，并得到最终的财务可行性结论。

在进行财务可行性评估时，首先，需要对财务数据进行收集，包括政府在财政税收方面的政策和法规等。然后，对乡村旅游规划与开发中的财务数据进行预测和计算，并将计算结果填入财务评估的报表中。最后，利用财务报表对账务可行性进行综合评估。由于财务评估内容较为复杂，这里主要简单介绍一下财务可行性分析的主要基础及其评价指标。

（二）乡村旅游规划与开发的财务可行性分析的主要理论基础

1. 资金的时间价值理论

资金的时间价值指的是资金在流转过程中随着时间的推移而价值不断增长的现象，它表现为一定数量的货币资金在不同的时间点上具有不同的价值。这里所指的资金是那些参与了社会生产进入社会资金循环的货币资金部分。资金时间价值的计算方法主要有两种：资金的等值计算法和项目生命周期内的现金流量分析法。

2. 现金流量理论

现金流量通常是指将整个乡村旅游项目看作一个独立的系统，在乡村旅游项目的筹划、设计、施工、投入经营的全过程中，所有发生的现金流入量与现金流出量之和。因此在现金流量的概念中包括现金流入量，现金流出量和现金净流量。现金流入量是指乡村旅游开发过程所引起的项目现金收入的增加额；现金流出量则是指乡村旅游开发过程中所引起的项目现金支出的增加额；净现金流量是指现金流入量与现金流出量之间的差额。乡村旅游规划与开发的现金流量内容主要包括：项目投资经营成本、销售收入、税金、利润等变量。

总体上来看，乡村旅游规划与开发中现金流量的流入与流出，分别表示了乡村旅游项目的收支情况。一般情况下，如果流入大于流出，则表明该乡村旅游项目整体上呈现出增长的态势，处于盈利状态。但是也不能一概而论，在乡村旅游规划与开发的不同阶段现金流量的方向和大小表现出一定的差异性。通常在乡村旅游项目开发建设的初期，由于乡村旅游项目以投资为主，收入较少，因此此时的现金流量方向便是以流出为主，表明乡村旅游项目开发建设单位对该项目的大量投资。所以，在开发建设初期现金流量大量流出属于正常现象。等到乡村旅游项目开发建设基本完成并投入使用的时候，随着乡村旅游者的大量进入，乡村旅游项目创造的旅游收入也会不断增加，这些乡村旅游收入在现金流量图上就反映为现金的流入，此时乡村旅游项目的现金流入量会逐渐增大，以至于超过现金的流出量，而使现金净流量为正。当然，在乡村旅游项目建成期和成长期，现金净流入量越大越好。

（三）乡村旅游规划与开发的财务可行性分析的主要指标

财务可行性分析的主要工具主要是一系列的财务指标。按照这些财务指标对于时间价值的反映情况，可以将其分为两类：一类是静态财务评估指标，即不考虑资金的时间价值；另外一类是动态财务评价指标，该指标将资金的时间价值考虑在内。由于静态指标计算简单，通常以静态指标作为评价的依据，但是，当两者的计算结果出现相差较大时，要以动态财务评估指标为准。

三、乡村旅游规划与开发的效益分析

乡村旅游规划与开发效益评估主要从经济效益、社会效益和生态环境效益的角度对乡村旅游规划与开发产生的影响进行预测与评价。任何事物都有两面性，乡村旅游规划与开发的效益也包括两个层面，即乡村旅游规划与开发对于各种环境的影响以及环境的反作用。

（一）乡村旅游规划与开发的经济效益分析

1. 乡村旅游规划与开发的正面经济效益

乡村旅游规划与开发对区域经济的推动作用是多方面的，主要包括以下几点：

（1）提高区域经济水平。乡村旅游规划与开发的实施有利于促进人力、物力和财力向乡村地区流动，从而促进区域间经济的合作和社会的协调发展。由于先天的原因，许多乡村旅游资源丰富的地区，往往是交通不便、产业基础薄弱的贫困地区，在做好规划的前提下投入资金开发这些地区的乡村旅游资源，对于促进当地经济的发展，使人民脱贫致富具有重要的作用。

（2）增加居民就业机会。作为一个综合性的服务行业，乡村旅游业具有很强的就业吸纳能力。其中旅游饭店业、旅行社业和旅游交通运输业不仅能为社会提供大量的工作岗位，还可为众多关联行业造就新的就业机会。据世界旅游组织资料显示，旅游部门每增加一个直接从业人员，社会就能增加五个就业机会，表现为乘数效应。因此，乡村旅游规划与开发经济效益的重要表现之一就是能够促进就业机会的增加。

2. 乡村旅游规划与开发的负面经济影响

（1）引起当地物价的上涨。一般情况下，外来旅游者的经济支付能力要高于当地乡村居民，加之在外旅游消费心理的影响，使其往往愿意出高价去购买各种产品和服务。因此，当某地经常有大量游客来访的情况下，就难免会引起当地的物价上涨，这势必会损害当地居民的经济利益，尤其是在引起衣、食、住、行等这些生活必需品价格上涨的情况下更是如此。

（2）影响区域经济稳定。很多乡村旅游往往具有很大的季节性，因此，在把乡村旅游业作为主要产业的情况下，淡季时就会出现劳动力和生产资料闲置，甚至出现严重的失业问题，从而影响旅游地的经济稳定性。再者，旅游需求在很大程度上取决于客源地居民的收入水平、闲暇时间和有关旅游的流行趋势等，这些都是乡村旅游目的地所不能控制的。另外，旅游需求还会受到旅游地的政治、经济、社会、自然等各种因素的影响。因此，乡村旅游规划与开发应注重旅游业与区域经济稳定性和安全性之间的关系，以保证区域经济的稳定性。

3. 乡村旅游规划与开发的经济效益评估方法

由于乡村旅游规划与开发的经济效益牵涉内容比较多，且部分内容难以用具体指标进行衡量，因此，在对其经济效益进行评价时，主要以定性评估为主，同时可以结合部分定量经济指标辅助评估。

（二）乡村旅游规划与开发的社会效益分析

1. 乡村旅游规划与开发对社会文化的正面效应

乡村旅游规划与开发的实施，对目的地社会文化的积极影响主要表现为以下几个方面。

（1）增进相互了解。乡村旅游活动的开展有助于广泛的社会文化交流，能够加强不同国家、民族、地区人民之间的了解。在乡村旅游越来越大众化的今天，外来文化对当地文化的冲击也越来越大，由此而来的文化交流、渗透以及融合就成为一种必然，在很大程度上增进了旅游者与乡村旅游地居民之间的了解，增强了区域间的友好关系。

（2）强化民族认同。随着经济全球化进程的加快，世界上许多边缘族群慢慢地为主流族群所同化，比如少数民族的汉化。但是在乡村旅游开发的推动下，乡村旅游民俗和旅游文化成了一种可供利用的市场资源和族群交往的外在符号，比如职业性的民俗文化表演活动，在很大程度上可以强化表演者对本民族群体身份及其传统文化的认同意识，帮助他们走向民族本原的复归。显然，乡村旅游的发展为那些边缘族群提供了一种对内相互凝聚，对外扩大影响的途径，同时也帮助他们重新确立自身的民族认同感。从长远的眼光来看，适度的乡村旅游开发是保持民族多样性的一种行之有效的手段。

（3）保存文化个性。人类学的文化涵化理论表明，民族文化在对外交流过程中会出现优胜劣汰的结局，这种现象在一定程度上加速了人类文明的进程，但同时也残酷的湮灭了许多古老的民族文化，而这些濒临失传的民族文化又往往对现代人具有强烈的吸引力。因此，发展乡村旅游正好可以弥补文化涵化过程中出现的这一缺陷，大量传统的民风习俗、民间艺术不仅随着乡村旅游的开展而获得新生，而且成为其他地区所没有的独特乡村文化旅游资源，他们不仅受到乡村旅游者的欢迎，而且也使当地人民对自己的独特文化增添了新的自豪感。

丽江千古情

大型歌舞《丽江千古情》是丽江文化的魂，用IMAX3D的大片视觉，重现《纳西创世纪》《泸沽女儿国》《马帮传奇》《古道今风》《玉龙第三国》等丽江长达千年的历史与传说。引领观众穿越雪山，在旷远原始的洪荒之域、在泸沽湖畔的摩梭花楼、在挟风裹雨的茶马古道、在曼舞欢歌的古道重镇、在浪漫凄情的玉龙第三国、在世外桃源般的香巴拉相约一场风花雪月的邂逅，勾勒出一部充满着灵与肉、血与泪、生与死、情与爱的文化传奇。

（资料来源：https：//baike. so. com/doc/7766072 –8040167. html）

2. 乡村旅游规划与开发对社会文化的负面效益

（1）造成社会失范。随着乡村旅游业的发展，旅游者的大规模涌入，打破了乡村旅游地原有的相对均衡、和谐的状态，也加剧了一系列的社会病态现象出现，如诈骗、卖淫、偷窃、抢劫等，犯罪率的飙升严重威胁到当地的社会治安。

（2）滋生思想变异。以乡村旅游的方式开展文化交流的同时，外来文化中的一些不良成分，也会跟随旅游者悄然而至。当乡村旅游地居民良莠不齐的大量接触这些外来文化后，便极易引起其价值观的变异，比如拜金主义思潮对原有淳朴民风的侵蚀。乡村旅游带来的示范效应，使乡村旅游地居民对旅游者那种高消费生活方式产生无限向往，金钱万能的意识迅速占据了他们的思想领域。于是正常的旅游交往、社会义务、互相帮助、甚至合影留念等都变成了有偿服务。再者，由于乡村旅游者来自不同的国度和地区，他们会自觉不自觉地通过交往形式将自己的信仰及政治主张灌输给乡村旅游地居民，一些涉世未深、思想单纯的年轻人在外来文化的诱惑下，很容易对自己所持有的信仰产生动摇，从而造成原有信仰的迷失。

（3）导致文化滥用。文化滥用主要表现是乡村旅游地文化不正当的商品化和庸俗化。比如，为了满足乡村旅游者对纪念品的需求，当地的手工艺品脱离了传统风格和制作技艺而被成批地车间生产，因而丧失了民间艺术品原有的价值和意义。传统的民间习俗和庆典仪式也在经济利益的驱动下被“失真”地反复展演。还有，为了索取可观的小费，身穿民族服装的女服务员，强拉客人与其举行“婚礼”，这类闹剧在某些民俗村甚至成为重点娱乐项目，体验乡土文化的民俗旅游活动也因此而掺杂进色情服务的成分。另外，在市场效益原则的驱使下，那些神圣的艺术文化和宗教文化也被人为地庸俗化，他们被不适当的包装并大量销售，从而令乡村旅游者无法领悟当地文化的精髓，也使当地文化的形象大打折扣。

3. 乡村旅游规划与开发社会效益评估的方法

对于乡村旅游规划与开发的社会效益评估，主要采取假设和推理的定性评估方法。

（三）乡村旅游规划与开发的生态环境效益评估

1. 乡村旅游规划与开发对生态环境的积极影响

如果乡村旅游活动能被很好地规划和实施管理，将有助于在以下许多方面维护和改善乡村旅游地的生态环境状况。

（1）增强旅游经营者和居民的环保意识。为了吸引更多的乡村旅游者并提高他们的满意程度，许多旅游经营者会高度重视环境保护。同时，当地居民为了增加旅游收入，也会加强自身的环保意识，减少环境污染，主动作为，保护当地的自然和生态环境，从而促进旅游地的可持续发展。

（2）改善基础设施和服务设施。乡村旅游的发展既能改善地方的基础设施，如交通运输、供排水、电力、电信等，又可以促进当地休闲娱乐、住宿餐饮等服务设施的建设，从而使区域经济水平得以提高，乡村人居环境得以改善。

（3）提高绿化比例和环境质量。发展乡村旅游业客观上还能推进乡村环境的两化，即土地的绿化和环境的净化。乡村旅游业可以通过植树造林、开发园艺项目或设计建设生态化建筑来扩大绿化面积，还可以通过控制污染和其他环境问题促使乡村环境的全面净化。

2. 乡村旅游规划与开发对生态环境的负面影响

如果乡村旅游规划与开发在环境保护方面考虑欠缺或者实施管理工作不到位，则会对乡村旅游目的地环境产生较为恶劣的影响，即负面效应。

（1）造成众多污染。不当的乡村旅游开发对环境造成的污染是多方面的，包括大气污染、水体污染、噪声污染、视觉污染、废弃物污染等。由于乡村旅游自驾游居多，大量的汽车尾气排放会对空气造成相当程度的污染。如果乡村旅游设施没有安装污水处理系统，这些污水就会污染地下水和附近的湖泊、河流甚至是沿海水域，水质污染不仅破坏水体景观的旅游价值，而且还严重损害人类的健康以及动植物的生存。同时，某些乡村旅游者环保意识淡薄，乱扔废弃物品现象普遍存在。

（2）导致过度拥挤。乡村旅游旺季，各乡村旅游地会出现旅游者“爆棚”的现象，人口的骤然增加给当地的人居环境带来很大的负面影响，一是人流、车流的相互阻碍以及停车场的供应脱节，造成交通堵塞，从而严重影响当地居民的日常生活秩序。二是基础设施的超负荷运转造成供给不良，也给当地居民带来许多不便。

（3）破坏生态系统。乡村旅游业发展对生态环境的破坏主要表现为对环境资源不加节制的开发利用，比如无计划的在山上乱砍滥伐或乱批土地以用来修路、建宾馆、修停车场等旅游设施，这将严重地破坏森林植被，造成水土流失，生态环境恶化。

3. 乡村旅游规划与开发生态环境效益的评估方法

对旅游规划与开发项目的生态环境效益评估有多种方法可供选择。从功能的角度来看，常用的有三大类：即辨识的方法、预测的方法和估价的方法。

辨识的方法主要用于对现存环境系统进行描述，确定项目内容构成，根据项目情况对环境进行界定。预测的方法则是用于对已经辨识出来的环境发生变化的程度和空间尺度进行预测，对某种环境影响发生的概率进行预测。在使用辨识和预测的方法时，需要在调查和预测的基础上对照国家或行业的相关环境质量标准进行评估，以符合国家和行业环境质量标准为可行。而估价的方法，主要用于对项目涉及的集团和人口的成本和收益进行预算，对各备选方案进行比较选优。

四、乡村旅游规划与开发的不确定性分析

不确定性分析也意味着风险，是乡村旅游规划与开发可行性分析的重要内容之一。在前面介绍的分析内容中分析的基础都是假定所面对的市场和环境是确定的，然而实际工作中并非如此。因此，乡村旅游规划与开发的可行性分析需要对可能变化的因素或不确定性进行分析，并且对不确定因素变化而引发的结果或风险进行评估。乡村旅游规划与开发的不确定性分析主要是针对其中的某些不确定性问题所采取的分析和处理方法，主要包括敏感性分析、盈亏平衡分析以及概率分析三种方法。

五、乡村旅游规划与开发可行性分析的程序

（一）尽可能地收集和占有相关资料

乡村旅游规划与开发可行性分析要遵循客观公正的原则，其客观性要求分析人员应尽可能多的收集和占有与该乡村旅游地及其目标市场相关的数据和资料。此外，如果有与该地类似的乡村旅游地，也应对其信息进行收集以便提供借鉴。

（二）对乡村旅游地的资源和特色进行分析

乡村旅游资源的赋存状况和特色将决定其开发的潜力和价值。一般来说，乡村旅游资源数量越多，空间上集中度越高，文化底蕴越深厚，特色越明显，则乡村旅游资源所具有的开发潜力就越大。因此，对乡村旅游资源及其特色的研究是分析项目可能性的重要一环。

（三）分析目标市场的需求和竞争态势

通过对目标市场的需求规模、特征及竞争态势的预测分析，来评价乡村旅游规划项目与市场需求之间的吻合程度。如果乡村旅游规划项目存在明显的市场机遇且具有较强的生命力，则该旅游项目具有较强的可行性。

（四）分析乡村旅游规划与开发的环境可行性

对乡村旅游开发地的宏观经济状况、政策和法规、基础设施、生产资料等环境要素应进行综合分析评价。这些条件越优越，则乡村旅游规划与开发的风险和成本就越低，其可行性就越高。

（五）研究乡村旅游规划与开发的技术可行性

技术可行性的分析对象是乡村旅游项目。主要就乡村旅游项目设计中较为关注的区位、主题选择和项目设计等技术含量较高的规划内容进行分析和判断，看其是否具有成功的可能和可操作性。

（六）研究乡村旅游规划与开发的融资可行性

融资是乡村旅游规划和开发实施过程中的最重要环节。融资途径和方法不适宜那就无法筹措到乡村旅游开发所需资金，乡村旅游规划和开发的宏伟蓝图也就无法实现。因此，这个步骤是对乡村旅游开发过程中所需的资金数额及其来源或筹建的方式进行可能性评估。

（七）研究乡村旅游规划与开发的外部影响

以前面确认的乡村旅游项目及其开发方式为基础，分析乡村旅游规划和开发的实施将给周边的社会、经济、环境等带来的正负影响，正面作用显著的规划方案可行性较强。

（八）研究乡村旅游规划与开发的财务可行性

就乡村旅游规划与开发全过程中的财务数据进行预测和计算，利用财务分析的结果来评价该乡村旅游规划与开发项目是否可行。

（九）编写可行性研究报告

可行性研究报告是乡村旅游规划与开发可行性分析的主要成果形式，地方政府的旅游主管部门以及旅游开发的投资方都以可行性研究报告作为决策的依据。在可行性研究报告中编制者应对旅游规划与开发项目的背景条件、发展目标、市场预测、风险因素分析以及财务衡量指标等内容进行系统说明。

第三节 乡村旅游规划与开发的保障体系

乡村旅游业作为一种综合性很强的产业，其发展离不开相关部门和产业的支持和帮助，需要协调各方面的关系。因此，乡村旅游的发展和乡村旅游规划与开发的实施，必须要有一个强有力的保障体系，只有建立起完善的支撑保障体系，实现各部门的协调、配合，才能促进规划地乡村旅游业的良性发展。

一、乡村旅游规划与开发政策保障体系

政策保障是乡村旅游发展必不可少的驱动因素和保障因素，只有各种相关政策配套，乡村旅游才能更好更快地发展。因此该系统对旅游开发所起的作用是扶持、协调和监督。在政策支持方面，政府应发挥其主导作用，从最制约乡村旅游发展的关键因素着手制定政策，内容主要包括以下几个方面。

（一）制定乡村旅游产业政策相关法律法规

乡村旅游业作为一项行业跨度和关联度极强的经济产业，尤其需要政府在发挥其宏观调控中加大扶持力度。在我国的乡村旅游产业发展中政府的主导作用主要表现为制定与旅游有关的产业政策与法规。

（二）制定乡村旅游用地保障政策

乡村旅游用地是乡村旅游发展的关键因素，政府在乡村旅游用地政策制定时应充分考虑相关乡村旅游项目、设施的空间布局和建设用地要求，积极探索各级土地利用总体规划编制中旅游用地类型及其配套建设用地比例，优先保障乡村旅游用地。乡村旅游涉及的非建设用地部分可通过农村承包经营权流转、农业设施用地等政策措施予以保障。乡村旅游项目涉及的建设用地使用农村原有建设用地的，可在现有农村建设用地流转政策框架下解决。同时，还应积极制定其他乡村旅游用地政策并做好乡村用地需求预测。

（三）制定合理的财政金融政策

在金融政策方面，政府应按照“政府扶持、业主为主、社会参与”的原则，建立和完善乡村旅游投入机制，进一步加大财政投入力度。实施税收优惠政策，减免部分乡村旅游企业税收。设立乡村重点扶贫基金，促进贫困地区农民致富。进一步培育和壮大投融资平台，积极吸引外部资金投入乡村旅游行业。

（四）加强乡村旅游基础设施建设的政策

乡村旅游基础设施建设是专门为旅游开发而兴建的工程项目，这些工程关系

国计民生，而且对于人力、物力及财力要求比较高，需要政府介入。同时，由于基础设施直接关系到乡村旅游业发展的潜力和持续性，因此，政府可在建设乡村旅游道路，专用码头，机场等基础设施，改扩建通信、环保等工程方面提供具有倾向性的政策，以吸引社会资金投资。

（五）制定培养乡村旅游人才的政策

现代乡村旅游业对从业人员要求越来越高，乡村旅游人才教育和培训的需求日益迫切。为此，政府应制定措施和政策推动旅游专业院校的发展。比如，可由政府统一规划出资或向社会集资建立旅游院校等专门的培训机构、科研机构和实习基地，为乡村旅游业培养知识全面技术性强的高素质旅游专业从业人员，帮助乡村旅游企业完成人才储备，从而促进乡村旅游业服务和管理水平提高。

二、乡村旅游规划与开发投资保障

（一）乡村旅游开发资金需求分析

乡村旅游开发资金需求按部门可分为公共部门资金需求与企业部门资金需求两大部分。对这两大部门进行分析，基本是用于旅游开发的情况。

1. 公共部门资金需求

公共部门资金需求主要包括以下几个部分：基础设施的建造与维修，如修建公路、铺设供电、供水、下水道、通信网络等；维修旅游警务；发展特种活动项目；交通集散站的建设，如码头、机场等；设立和经营旅游组织；推销宣传；员工的教育培训。公共部门投资相当于公共基础性投资，投资量大，回收周期长。

2. 企业部门资金需求

企业部门资金需求主要包括以下几个部分：宾馆、饭店、餐厅、酒吧等的建设；旅游经营费用，主要是办公费用、工人工资开支等；各种商店购物中心、免税商店等的建设；辅助设施的建设，如洗染店、加油站等。企业部门投资相当于旅游设施专项投资，是用于满足游客食、住、行、游、娱、购等需求的直接投资，一般资金回收较快。乡村旅游交通包括公共部门部分与企业部门部分，前者基本上是公共交通性质；后者主要是旅游区内交通，如景区内公共汽车、缆车、电瓶车、景区畜力交通等，其投资相应可分为公共部门投资和企业部门投资两部分。

（二）旅游投资政策

（1）采取国家、地方、集体、部门、个人五个一起上的方针，坚持投资主体多元化，谁投资、谁受益的原则，不断拓宽投资渠道，按照统一规划、滚动开发、外引内联、自我发展的原则多渠道筹集资金，稳步开发。

（2）将乡村旅游业纳入地方国民经济发展计划，政府在立项审批和基础设施配套，信贷和税收政策等方面给予重点扶持，地方政府要制定鼓励旅游企业发展的各项优惠政策，从财政、税收、融资、交通、土地、水电等方面给予优惠政策，扶持和鼓励旅游企业的发展，支持和鼓励组建旅游集团。对一些旅游企业如星级饭店实行与一般工业企业同等的用水、用电、用气价格，对旅行社创汇实行奖励；对高级酒店的投资改造，银行给予优先贷款，财政参照技改扶持政策给予相关优惠。对于三星级以上酒店实行综合治理，减少检测检查频率，避免多级管理重复检查，公安、工商、卫生、文化、环保、消防等执法部门要规范执法行为，持证文明执法；严禁向企业乱收费、乱摊派、为企业创造一个宽松的环境。

（3）鼓励旅游区内的农民开发家庭旅馆、农家饭店、餐馆车船商店，经营食、住、行、游、购、娱等旅游服务项目，既吸纳社会投资，又引导旅游区内农民投资，提高了农民收入，促进了农村产业结构的调整。

（4）引进外资和社会资金。通过政策引导，鼓励外资和社会资金参与投资开发经营旅游产业，形成多渠道投入机制。鼓励支持外资、社会资金以合资或融资的形式创办旅游企业，着力发展多种所有制的旅游集团，国有企业要加强改制的步伐，吸引有资质的外资或社会资金的注入，对积极招商旅游业单位和个人参照有关文件或更优惠的办法实行奖励。

三、乡村旅游规划与开发市场保障体系

旅游规划与开发的市场保障体系，是从市场的运行机制上提出整顿和管理的措施，为当地乡村旅游业的发展提供一个秩序井然的市场竞争环境，其内容包括以下三个方面。

（一）强化和完善行业管理制度

行业管理的手段有多种，但总的来说无非三大类十小种，三大类分别为：行政管理手段、经济手段以及法律手段，具体分为十种具体手段：法规手段、计划手段、审批手段、监理手段、考核手段、检查手段、奖励手段、命令手段、服务手段、舆论手段。

（二）市场规则的制定和执行

市场规则的制定和实施是借助外界的力量对企业市场行为予以控制和管理，也是目前国内外使用较为普遍的市场管理办法。目前我国已经拥有了众多的旅游标准，相信随着旅游标准和规范制定的工作的深入，必将形成完整的国家旅游标准体系。在乡村旅游规划与开发过程中，也可针对商务运行中存在的问题为乡村

旅游市场规则的制定提供方向。

(三) 加强服务质量监控与价格管理

旅游服务质量和价格是旅游行业管理的关注焦点，对其进行管理的目的在于，一方面维护市场良性的竞争环境，保证所有企业竞争的公平性和公正性；另一方面促使本地乡村旅游业的质量和价格水平的优化，保障乡村旅游者的切身利益。各地乡村旅游业发展情况不同，无法采取统一的模式进行管理，这就需要在编制乡村旅游规划时，充分调研，努力探索符合本地特色的质量和价格社会化监控网络和联合管理体系。

同时要强化旅游职能部门的职能，加强和改善地方旅游职能部门的工作，强化和明确其旅游业的行政管理职能。成立旅游行业协会，通过旅游行业协会加强行业自律，塑造行业形象，提高旅游行业的素质和水平。另外，成立旅游咨询与投诉中心，负责本区域内旅游业的信息咨询、形象推广、监督旅游市场秩序服务质量，受理国内外旅游者的投诉，维护旅游者的合法权益和区域整体的旅游形象。

四、乡村旅游规划与开发人力资源保障

人力资源保障体系主要为乡村旅游市场提供具有较高水平的旅游人才，为规划地乡村旅游的健康可持续发展提供人力资源保障，其规划内容主要包括以下三个方面。

(一) 乡村旅游产业所需人力资源分析

由于乡村旅游产业规模大小不同，不同区域所处的地理背景不同，其人力资源规划在人数多寡，专业要求等方面也存在着巨大差异。乡村旅游宏观管理人员，包括市场营销环境保护等科室的专业管理人员、集团公司高层管理人员、规划建设专家、旅游企业管理专家、市场营销专业人员、保安专家、财务与旅游统计专业人员等。饭店与餐饮管理服务人员，主要包括饭店的总经理及高级管理人员、前台、客房餐饮、财务、公关、销售、人事及保安等各部门的经理、主管、技术人员以及基层员工。体育娱乐设施管理服务人员，包括旅游潜水游艇、赛艇帆船、水上降落伞，水上牵引、滑水垂钓、烧烤登山、探险、狩猎球类棋牌等项目的管理人员、教练员、医务人员、服务员及水上运动救生员等。

(二) 乡村旅游从业人员需求预测

乡村旅游从业人员需求预测，通常使用的是客房数预测法与旅游营业收入预测法两种，前者由于受旅游地性质、层次和周边地区食宿条件影响较大，所以，通常以乡村旅游业营业收入预算法进行预测。

（三）乡村旅游人力资源开发规划

乡村旅游开发时，人力资源开发立足本地，可以收到人员队伍稳定、企业经济实惠、本地经济得到带动发展的多重效果。由于乡村旅游产业特有的产业特点，我国部分地区乡村旅游从业者队伍学历水平还较低。不同的规划区域可以在对当地乡村旅游从业人员队伍进行调研的基础上，根据本地各规划区的主要乡村旅游产品和发展水平，分别得出各规划区的乡村旅游从业人员队伍学历构成表与专业需求过程表，并规划出各类人员具体需求量，然后根据上述人力资源开发原则，有的放矢地进行乡村旅游人员人力资源的开发与储备。

五、乡村旅游规划与开发生态环境保障

（一）乡村旅游资源的保护规划

乡村旅游资源的保护规划包括：对水体资源及环境的保护；对大气资源及环境的保护；对动、植物资源的保护；对自然、人文景观的保护。

（二）环境承载力控制规划

环境承载力控制规划主要借助承载力的计算实现，较为常见的环境承载力计算方法有：单因子生态容量确认法、空间生态容量测量、人文环境质量控制等。

六、乡村旅游规划与开发基础设施与安全保障

（一）基础设施规划

基础设施规划是在区域现有的基础设施基础上，根据未来乡村旅游业发展的需要，对道路交通系统、能源电力系统、给排水系统等加以调整。

（二）旅游服务设施规划

旅游服务设施规划主要从旅游住宿设施、旅游餐饮服务、旅游购物服务和游客咨询中心四方面进行规划。旅游住宿设施按照其档次和规模可以大致分为星级酒店、小型旅馆、家庭民宿、特色小屋以及露营式等。规划者应根据旅游地的目标客源市场的游客特征进行相应的住宿设施的结构设计。对于规划期末的各类住宿设施所占比重加以明确化，以指导该领域内企业的发展。另外，对于住宿设施的发展规模也要加以计算，计算的依据是规划各阶段旅游者的接待规模。对于旅游餐饮的规划主要包括两个方面的内容，其一是旅游餐饮的类型结构规划；其二是旅游产业的发展规模规划。对于旅游餐饮的类型结构，需要从餐饮企业的类型

结构以及餐饮食品的构成两个方面加以设计和优化，其中具有本地特色的餐饮形式和特色餐饮产品是规划者关注的焦点。对于旅游餐饮的发展规模规划要注重均衡，既要根据各类餐饮企业的特点和市场范围确定其大致的发展规模。此外，由于餐饮具有大众化的特点，在确定发展规模时要综合考虑旅游者以及本地居民的需求。旅游购物服务规划的内容主要包括三项：旅游购物商品的开发原则、旅游购物点的设计、旅游购物环境的规范。目前我国旅游商品开发，缺乏变化和创新，而且各地旅游商品同质化倾向十分严重，具有地方特色的旅游商品越来越少。因此，深入挖掘旅游资源，在实用性、纪念性、公益性、科技性以及质量优先的原则指导下，不断推进旅游商品的开发。同时为旅游地发展设计一套推进旅游商品设计创新的机制。另外，要规范旅游商品市场秩序，优化旅游购物的环境，防止出现坑蒙拐骗、强买强卖的情况发生，以良好的市场秩序作为发展旅游购物的重要保证。对于游客中心的规划则主要涉及区域选择，外观设计服务质量服务网络等内容。

（三）旅游安全管理规划

旅游安全问题日益突出。旅游安全不仅给旅游者带来伤害，还给旅游地、旅游企业带来损失，破坏旅游地的形象，甚至给旅游业造成致命的打击。所以旅游安全保障工作需要重点解决。

【本章小结】

（1）可行性分析是在项目开发建设前对项目相关的资源、市场、技术、经济和社会等方面问题，进行全面分析、论证和评价，以确定该项目是否具有可行性的技术方法。在乡村旅游规划与开发中，可行性分析的主要内容包括市场分析、财务分析、效益评估以及不确定性分析。

（2）市场分析主要是对乡村旅游市场规模及发展趋势进行分析，旅游市场规模大，发展趋势好的为可行性。

（3）财务分析主要是利用资金的时间价值理论及现金流量理论对乡村旅游规划与开发中的投资与收益进行财务核算。如果投资收益率高于社会平均收益率或行业平均收益率，则该项目可行。

（4）乡村旅游规划与开发的保障体系主要涉及政策、投资、人力资源、生态环境、基础设施、市场与安全保障体系规划等内容。

【案例分析】

某地乡村旅游项目可行性研究报告（提纲）

第一章　乡村旅游项目概要

一、项目名称及建设性质

二、项目承办企业及项目负责人
三、项目建设背景分析
四、项目建设选址
五、项目占地及用地指标
六、项目产品规划方案
七、环境保护
八、建设期限及进度安排
九、项目投资规模及资金构成
十、资金筹措方案
十一、预期经济效益
十二、社会效益分析
十三、简要评价结论
第二章 乡村旅游项目背景及可行性
第三章 乡村旅游项目选址用地规划及土建工程
一、项目选址方案
二、项目建设地经济发展概况
三、项目选址土地利用情况
四、项目用地规划及功能指标分析
五、项目用地控制指标对比分析
六、土建工程建设规划
第四章 乡村旅游项目总图布置方案
第五章 乡村旅游项目规划方案
一、总体建设内容及规模
二、土建工程建设内容及规模
三、建设公用工程
四、组建生产管理机构
第六章 乡村旅游项目环境保护
一、项目建设期大气污染防治措施
二、项目建设期水污染防治措施
三、项目建设期噪声污染防治措施
四、项目建设期固体废弃物污染防治措施
五、项目建设期环境控制措施
六、项目建设期实现固体废弃物的安全、有效、无害化处置措施
七、项目运营期环境保护对策
八、项目运营期废水治理措施
九、项目运营期固体废弃物治理措施
十、项目运营期噪声污染治理措施

第七章　乡村旅游项目能源消费及节能分析

一、项目用电量测算

二、项目用水量测算

三、项目总用能测算分析

四、能源单耗综合指标分析

五、万元现价增加值综合能耗指标分析

六、项目预期节能综合评价

第八章　乡村旅游项目建设期及实施进度计划

第九章　乡村旅游项目投资估算

第十章　乡村旅游项目融资方案

第十一章　乡村旅游项目经济效益分析

第十二章　乡村旅游项目社会效益评价

第十三章　乡村旅游项目综合评价及投资建议

（资料来源：https：//wenku. baidu. com/view/42a308220a1c59eef8c75fbfc77da26925c59681. html#）

结合案例思考：乡村旅游项目可行性研究报告的核心内容是什么？

【思考题】

（1）简述在乡村旅游与开发中应该遵循哪些原则。

（2）试举例说明乡村旅游规划与开发可行性分析应从哪些方面着手。

（3）如何评价乡村旅游规划与开发的社会效益？

（4）简述乡村旅游规划与开发保障体系包括哪些内容。

（5）如何加强乡村旅游业人力资源的开发与培养？

（6）怎样处理好乡村旅游资源的开发与保护之间的关系？

【探究性学习】

（1）收集国内外乡村旅游项目可行性分析典型案例，并进行课堂展示与分享。

（2）调查你熟悉的某一乡村旅游地，介绍其发展乡村旅游的综合效益。

【参考文献】

［1］王立国、李东阳：《投资项目评估学》，东北财经大学出版社 1998 年版。

［2］马勇、李玺：《旅游规划与开发（第四版）》，高等教育出版社 2018 年版。

［3］谢彦军：《基础旅游学》，中国旅游出版社 1999 年版。

［4］王云才、郭焕成、徐辉林：《乡村旅游规划与原理》，科学出版社 2006 年版。

［5］郭伟、殷红梅：《旅游规划原理与实务》，北京大学出版社 2012 年版。

[6] 张树林、李源、刘佳瑜：《乡村旅游发展规划研究：理论与实践》，科学出版社 2014 年版。

[7] 刘杰、刘玉芝、郑艳霞、张世富：《景观生态理念下的乡村旅游规划设计》，经济科学出版社 2018 年版。

[8] 张述林、李源、刘佳瑜等：《乡村旅游发展规划研究：理论与实践》，科学出版社 2014 年版。

第七章　乡村旅游规划与开发的图件及制作方法

【知识学习】

了解乡村旅游规划图件分类；
了解一般乡村旅游规划图件的要素构成；
了解乡村旅游规划图件计算机辅助设计的流程；
了解常用制图软件的使用；
掌握不同类型乡村旅游规划对于图件的技术要求；
掌握常见乡村旅游规划图件的绘制方法。

【能力提升】

通过对乡村旅游图件制作方法的学习，了解乡村旅游规划图件的专题要素构成，从而加深对规划知识与规划能力的理解；能对常见的乡村旅游规划图图件进行制作。

【素质养成】

了解和剖析乡村旅游与开发的优秀案例，培养创新意识和表达技能。
掌握常见的乡村旅游规划图绘制技能，为以后从事相关工作打下坚实基础。

◆导入案例

根据旅游资源分布特点以及旅游空间发展动力机制，将曹县环城乡村旅游游憩带的空间布局概括为："一心二环二带四片区"，即：一心：曹县中心区；二环：一环，是指位于城乡接合部的旅游公交环线；另一环，是指一环以外的乡村旅游自驾旅游环线；二带：一带为乡村旅游体验带；另一带为太行堤湿地景观带；四片区：堌堆历史文化片区、乡村旅游生态文化体验、万亩荷塘生态湿地旅游、全国淘宝第一村乡村旅游观光体验片区。

资料来源：编者参与项目《曹县环城乡村旅游游憩带旅游规划》。

思考：对于上述旅游发展空间布局，通过何种方式才能让人们更为直观的理解和掌握？

第一节　乡村旅游规划与开发的图件概述

一、乡村旅游规划图件的特点与功能

乡村旅游规划图件是乡村旅游要素空间关系的表象或抽象，是以视觉、数字或者触觉的方式表达信息的工具。在乡村旅游规划中，规划图件是表达乡村旅游规划成果的主要形式，具有辅助作用。乡村旅游规划图件可被视为“更为生动的规划语言”。具有以下特点和功能：

（一）表达方式的直观性

乡村旅游规划图件将规划中的功能分区、旅游项目、服务设施以及基础设施的空间布局通过图形的方式表现出来，让人能够通过视觉直观感知。在详细规划中，规划图件还包括有建筑景观的外观设计、环境规划的效果图等，这些图件将规划实施后的景观展现出来。因此，乡村旅游规划图件的表达方式具有显著的直观性。

（二）表现形式的吸引性

规划图件中除使用鲜艳悦目的配色系统外，还大量使用实景照片、示例图片、景观素描等图形要素，使得其表现形式上非常具有吸引力。

（三）传达内容的准确性

乡村旅游规划图件的制作都以当地提供的底图作为基础，并经过严格的空间投影变换，因而，在空间表达上具有较高的精确性。

（四）空间要素的丰富性

在规划图件中，公路、铁路、河流、行政界线、居民点、旅游资源等都是必不可少的重要内容，这些数据颇丰的空间要素与其相互之间形成的错综复杂的空间关系，使乡村旅游规划图件中包含丰富的信息量。

乡村旅游规划图件除了作为规划成果，同时还具备协助研究分析、成果模拟展示、规划实施管理的作用。乡村旅游规划图件是将乡村旅游规划区域的空间要素直观展示于图上，便于规划者分析区域内空间要素的相互影响和关系。规划时，一般要预先制作出规划的底图，该底图就成为规划研究工作的平台。所以，乡村旅游图件具有协助研究分析的功能。乡村旅游规划图件最主要的功能还是规划成果的模拟展示功能，能有效弥补规划文字说明的缺陷和不足，帮助阅读者，更为直接地了解规划的主要思想。除了成果展示和协助分析的功能外，乡村旅游规划图件还对指导旅游地开发建设具有重要意义。例如，如果在规划实施过程中建立了相应的信息监控系统，乡村旅游规划图件还可以充当监控规划实施效果的媒介。

二、乡村旅游规划图件分类

乡村旅游规划图件属于专题规划图，主要是针对某个问题的规划而绘制的，如现状分析图、区位分析图、功能分区图、市场分析图、景观规划图、游览线路设计图、资源分布图、规划项目图、基础设施图等，此外规划图件还有各种效果图等，如环境规划效果图、建筑外观效果图，他们属于不同内容乡村旅游规划图件。

（一）按照比例尺分类

比例尺是规划图上某段线段的长度与地面相应的水平长度之比。比例尺有三种表示方法：数字式比例尺、图示比例尺和文字比例尺。数字式比例尺，是用数字的比例式或分数式表示比例尺的大小。例如地图上 1 厘米代表实地距离 500 米，可写成：1∶50000 或写成：1/50000。线段式比例尺，是在地图上画一条线段，并注明地图上 1 厘米代表的实际距离。文字式比例尺，是在地图上用文字直接写出地图上 1 厘米代表实地距离多少千米，如图上 1 厘米相当于地面距离 500 千米，或 5000 万分之一。图件按照比例尺分为：大比例尺规划图件、中比例规划图件和小比例尺规划图件。但是，应该注意这里所说的大、中、小比例尺规划图件的分类是一种相对的概念，由于详细规划对内容的详细程度和精确度要求较高，因此在详细规划中使用规划图件多为大比例尺规划图件。而总体规划中使用的规划图件一般为中比例尺或小比例尺规划图件。

（二）按照绘图方式分手工绘制和计算机辅助绘制

手工绘制是制作图时用手工制图；计算机辅助绘制的图件是利用 AutoCAD、mapinfo、mapgis、arcgis 以及 CorelDRAW 等计算机辅助设计软件制作图件。

（三）按照承载媒介分纸质平面图、电子平面图、三维模拟图、动态更新规划图等

随着计算机技术的迅猛发展，乡村旅游规划图件的承载媒介也发生了多元化的变化。传统的旅游规划图件要通过出图仪依托纸质媒介来表现，而信息技术和多媒体技术的发展，使得旅游规划图件不限于传统形式，如通过 3dmax 等软件制作的景观效果模拟，通过地理信息系统制作的动态更新规划图等，这些新型规划图通常以计算机互联网，以及多媒体技术等作为载体呈现在人们面前。

第二节　乡村旅游规划与开发的图件技术要求

不同深度的乡村旅游规划图件有着不同的技术要求，《旅游规划通则》等国家标准对旅游总体规划、旅游控制性详细规划、旅游修建性详细规划等不同深度的旅游规划图件的技术要求都做了说明。

一、旅游总体规划及其图件

旅游总体规划又称旅游综合规划，是在旅游资源调查评价的基础上，根据国家的方针政策和国民经济发展的需要，综合分析旅游区资源特点和社会经济技术条件，提出旅游区发展战略；确定旅游区的性质；划定旅游区和风景区的范围及外围保护地带；划分景区和其他功能区；制定保护和开发利用风景名胜资源的措施；确定旅游区的接待容量和游览活动的组织管理措施；对风景区的总体布局、绿化、交通、水电、旅游服务设施进行统筹安排、全面规划；进行总体投资预算和效益分析；进行环境经济及社会影响评价分析。

它也常包括某些专题规划（或称部门规划）的内容，如旅游资源调查、评价和开发；客源市场调查、分析和规划；旅游线路设计和规划；旅游商品设计规划；旅游环境保护；旅游管理和人才培训计划等。旅游总体规划是与旅游部门规划对应而言，它具有全局战略性，对景区内各景点及具体建筑项目不作详细规划。

旅游总体规划主要是分析旅游区的客源市场，确定旅游区的主题形象，划定旅游区的用地范围及空间布局，安排旅游区的基础设施建设内容，提出旅游区的开发措施。因此，规划图件要求以大尺度和宏观框架为主。图件内容主要包括：旅游区位图、旅游市场分析图、旅游资源评价图、总体规划图、形象规划图、项目规划图、道路交通规划图、功能分区规划图及其他专业规划图、近期建设规划图等。其比例尺要根据空间范围来确定，一般范围越大则规划图件的比例尺相应越小。

二、旅游控制性详细规划及其图件

旅游控制性详细规划的概念从城市控制性详细规划而来，控制性详细规划是以总体规划或分区规划为依据，确定建设地区的土地使用性质、使用强度等控制指标、道路和工程管线控制性位置以及空间环境控制的规划，并指导修建性详细规划的编制。旅游控制性详细规划大致可包含以下内容：土地使用性质及其兼容性等用地功能控制要求；容积率、建筑高度、建筑密度、绿地率等用地指标；基础设施、公共服务设施、公共安全设施的用地规模、范围及具体控制要求，地下管线控制要求；基础设施用地的控制界线（黄线）、各类绿地范围的控制线（绿线）、历史文化街区和历史建筑的保护范围界线（紫线）、地表水体保护和控制的地域界线（蓝线）等“四线”及控制要求。

旅游控制性详细规划的任务是，以总体规划为依据，详细规定建设用地的各项控制指标和其他规划管理要求，为一切开发建设活动提供指导。由于规划深度要求的提高，旅游规划图件在内容上更详细，因此，规划图件的内容也更加丰富。主要包括：综合现状图、道路交通规划图、景观视线规划图、项目分布规划图、服务设施规划图、基础设施规划图、植被绿化规划图、土地利用规划图、各地块的控制性详细规划；竖向规划、各项工程管线规划图等。控制性详细规划图纸比例尺一般为1:1000~1:2000。

三、旅游修建性详细规划及其图件

修建性详细规划是在总体规划和控制性详细规划基础上，进一步深化和细化，用以指导各项建筑和工程设施的设计和施工。修建性详细规划的图件主要包括：综合现状与条件分析、用地布局规划图、景观系统规划设计、道路交通系统规划设计、绿地系统规划设计、给排水系统规划设计、电力电讯规划设计、旅游服务设施及附属设施系统规划设计、工程管线系统规划设计、竖向规划设计、环境保护和环境卫生系统规划设计、鸟瞰或透视效果图等。图纸比例尺一般要求为1:500~1:2000。

第三节　乡村旅游规划与开发的图件制作方法

一、乡村旅游规划图件要素

（一）底图要素

乡村旅游规划图件的底图要素是编制乡村旅游规划图的地理基础，即乡村旅游规划图件所依托的底图。底图要素主要包括9类：

水系，既是对规划区域内的河流的刻画。

地貌，描述规划区域地貌形状。

土质，指的是规划区的土地类型。

植被，表现的是规划区域的植被现状。

居民点，表现的是规划区的居民点分布。

交通线，描述水运、铁路、公路以及航空运输现状。

境界线，描述行政区域、景区规划区域等的边界。

地物，规划区内地表的自然或人文景观。

辅助内容，既需要对地图进行文字或图片说明的内容。

应该注意，并非所有上述底图要素都要包含于规划图中，地图的要素应根据实际规划专题和比例尺的需要与选择。

（二）专题要素

乡村旅游规划图件的专题要素是编制乡村旅游规划专题图时必须表现于规划图之上的要素。除了景区的食、住、行、游、购、娱六大要素外，还应涵盖景区内的景观、基础设施等内容。具体而言，乡村旅游规划的专题要素有：旅游客体、旅游主体、旅游服务设施、景观视线和基础设施。

旅游客体是指存在于自然环境和社会生活中，对广大旅游者产生引诱力的事物和现象。如风景名胜、历史文物、社会风情等，作为旅游客体的旅游资源是旅游业赖以生存发展的物质基础和条件，没有旅游客体就构不成现代旅游活动。

旅游主体，也就是我们所说的旅游者，或者旅游市场。

旅游服务设施是指旅游目的地，旅游行业人员向游客提供服务时，所依托的各项物质设施和设备，它包括旅游交通，通信，宾馆，餐厅饭店，文化娱乐设施，旅游购物场所，旅行社，服务中心等。

景观视线主要就是进行景观视线分析。视线的分析方式相当于把视线点和目标之间的关系，用几何作图的方式转化到二维方向进行平面几何计算。在水平切面上控制范围基本上分为景观视廊、协调区、背景协调区。这样一来，一方面可以确定建设控制的范围，同时也确定了不同的控制强度，一般来说景观视廊的控制较之协调区更为严格。

基础服务设施是为旅游区提供公共服务的配套设施，用于保证旅游区各种活动正常运行的公共服务系统。基础设施包括交通、邮电、供水、供电、商业服务、环保、卫生、管线等。

（三）图则要素

乡村旅游规划图件的图则要素则是乡村旅游规划图件作为规划所必须具备的统一表达方式。乡村旅游规划图件的图则要素包括：图名、图框、图例、比例尺、风玫瑰、规划期限、规划日期、规划单位及其资质图签编号。

图名：系规划图的名称，如乡村旅游区综合现场图、道路交通规划图、景观视线规划图项目分布图等。

图框：既是对规划图件页面布局的限定。

图例：就是对旅游规划图上使用标志的解释。

比例尺：是表示图上线段代表实际水平比例。

风玫瑰：即对规划区常年或者季节风向的表示。

规划期限：即对规划的时效性进行限定。

规划日期：即表明规划及图件编制的日期。

规划单位及其资质图片编号：即对规划图件的编制者以及资质审核的要素。

二、主要专题规划图件的绘制

乡村旅游规划中常见的规划图件主要有区位分析图、资源分布图、交通规划图、项目规划布局图、游线组织规划图、绿化规划图、基础设施规划图七种。

（一）区位分析图

区位分析图主要表现乡村旅游开发地所处地理位置、旅游市场区位、交通区位等位置要素。该图以区域地图为底图，规划图中要素包括行政界线、主要城市、交通线、旅游区范围等。

（二）旅游市场分析图

旅游市场通常是指旅游需求市场或旅游客源市场，即某一特定旅游产品的经常购买者和潜在购买者。对旅游市场进行分析可以了解景区的主要客源，从而可以对游客规模进行预测。旅游市场一般分为三级，一级客源市场一般为景区周边区域，是景区的核心客源市场；二级客源市场为一级客源市场之外与景区有一定联系的区域，二级市场的范围与景区的大小以及知名度有很大关系；三级客源市场为潜在市场，在将来或者景区发展到一定程度后有可能成为客源市场的区域。

（三）土地利用现状图

土地利用现状图是表达土地资源的利用现状、地域差异和分类的专题地图。它是研究土地利用的重要工具和基础资料，同时也是土地利用调查研究的主要成果之一。乡村旅游规划要保留原有的乡土气息，我们在进行规划时先绘制土地利用现状图，然后依托土地利用现状图进行规划，不仅可以保护现有的乡村旅游资源而且可以降低建设运营成本（见图 7－1）。

（四）资源分布图

资源分布图是对旅游区中旅游资源类型、数量和空间分布的刻画。通常以区域地图为底图。规划图中要素包括边界线、内部道路、河流、旅游资源、地貌等。旅游资源通常用点或象形标志表示。图 7－2 是曹县青堌集镇鲁豫人家唐庄旅游区总体规划的资源现状分布图，图中清晰地展现出规划区内主要的旅游资源，以及他们的准确位置和资源现状。

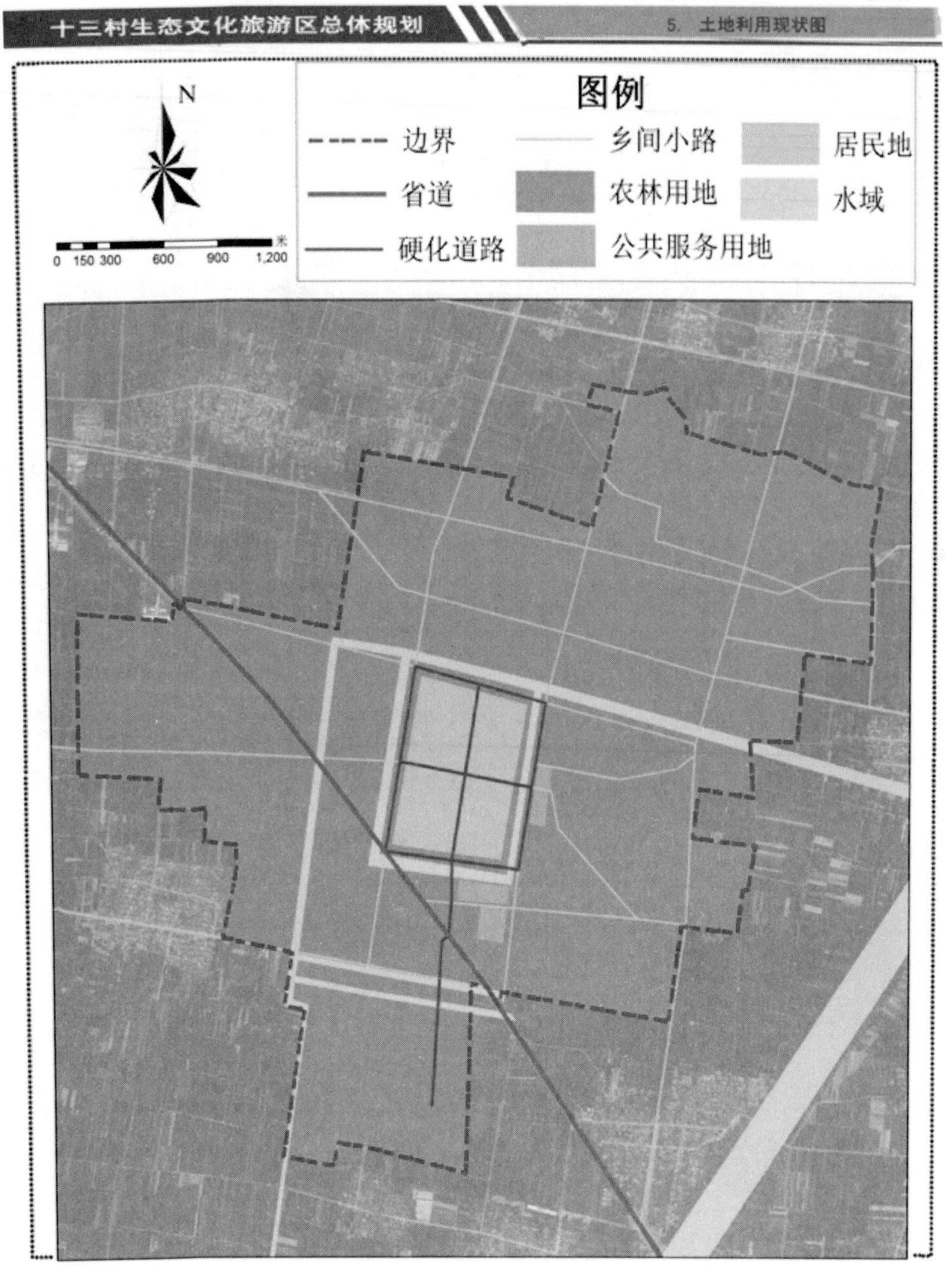

图7-1　曹县十三村生态文化旅游区总体规划的土地利用现状

资料来源：编者参与项目《山东省曹县十三村生态文化旅游区总体规划》。

图 7－2　曹县青堌集镇鲁豫人家唐庄旅游区总体规划的资料现状分布

资料来源：编者参与项目《曹县青堌集镇唐庄百年梨园旅游区总体规划》。

（五）综合规划平面图

综合规划平面图或者称为规划总平面图，它是我们乡村旅游规划中最重要也是最详细的一幅图，图内包含景区边界范围、景区主要出入口、景区内主要景点与基础设施服务设施的分布、景区内不同级别道路分布等，同时它也是乡村旅游交通规划图、项目规划布局图、游览线路组织规划图以及基础设施规划图的底图（见图 7－3）。

图 7－3 曹县青堌集镇鲁豫人家唐庄旅游区总体规划综合规划平面

资料来源：编者参与项目《曹县青堌集镇唐庄百年梨园旅游区总体规划》。

（六）交通规划图

交通规划图是对区域内外部交通的直观表现。交通规划图通常以大比例尺地形图作为底图，交通规划图中主要要素为：外部交通线路、交通设施、内部各种交通通道，如主要车行道、次级车行道、电瓶车道、缆车、索道以及游览步道等，交通线路用不同的颜色和线型来表示，并明确表示出生态停车场、游览机动车换乘点和游览机动车停靠点的位置。（见图 7－4）。

（七）项目规划布局图

项目规划布局图是对主要项目的空间布局分析。项目规划布局图一般以大比例尺地形图为底图，该规划图的主要表现要素为：内部功能分区主要项目、各级交通道和游览道、主要及次级入口。项目规划布局图可以配上项目效果图作为装饰和参考。

曹县青堌集镇唐庄百年梨园旅游区总体规划功能分区图（见图 7－5），清楚地表现出规划区的主要功能分区：像梨园风韵区、桃园风情区、黄河故道区等，同时，主入口、次入口、主要道路、景区中心以及景区主要节点也一一展示。

（八）游览游线组织规划图

游览游线组织规划图是在项目布局基础之上，对游览线路的系统安排。游线组织规划图一般以大比例尺地形图为底图。游线组织规划图要素为：各级交通要道和游览道、主要景点、不同主题的游线、道路的主要节点、主要以及次级入口等。

（九）绿化规划图

绿化规划图是对景区内部植被种类和分布的规划分析图件，绿化规划图以大比例尺地形图为底图，绿化规划图主要要素为：内功能分区、主要及次级出入口、广场等游客集散地、各级交通通道和游览道、各类绿化区域。如花带、草地、林荫道、灌木、背景林、防护林等，不同类型的绿化区域用不同的颜色来表示。

（十）基础设施规划图

基础设施规划图是对内部基础设施规划的直观反映，基础设施规划图以大比例尺地形图为底图，基础设施规划图的表现要素有：电力设施及其分布、大电量使用单位、邮电局布置、移动电话基站布置、给排水设施等，上述要素通过指定的点线等要素来表示。

曹县青堌集镇鲁豫人家唐庄旅游区总体规划给排水系统规划图中详细展示给水泵站及给水管网，污水管网采用分流制，雨水通过雨水排放系统经过汇集后直接排放到南部黄河故道，污水通过污水管网汇集到污水处理厂，经过处理达到排放标准后再排放到黄河故道。

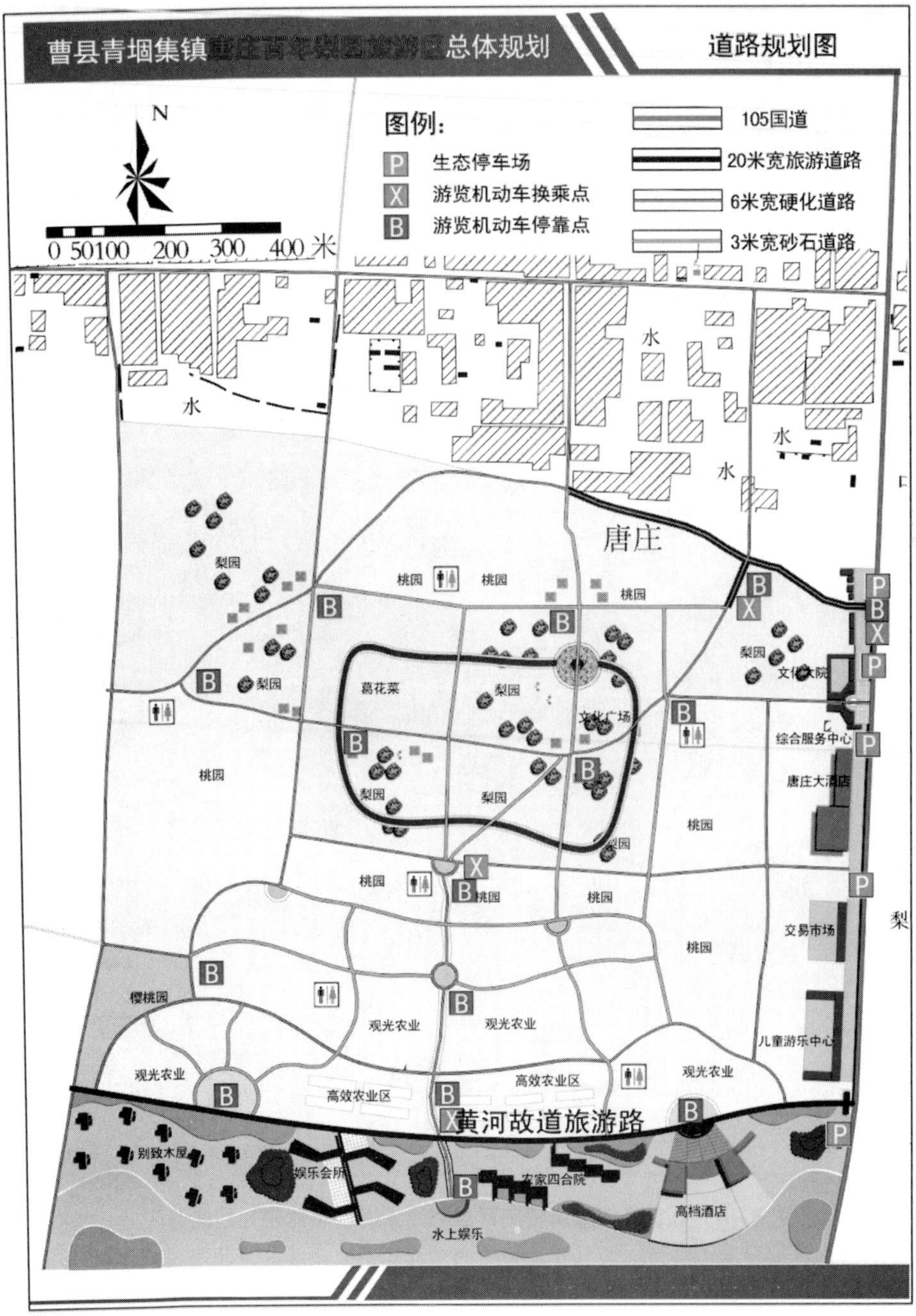

图 7－4　曹县青堌集镇唐庄百年梨园旅游区总体规划道路规划

资料来源：编者参与项目《曹县青堌集镇唐庄百年梨园旅游区总体规划》。

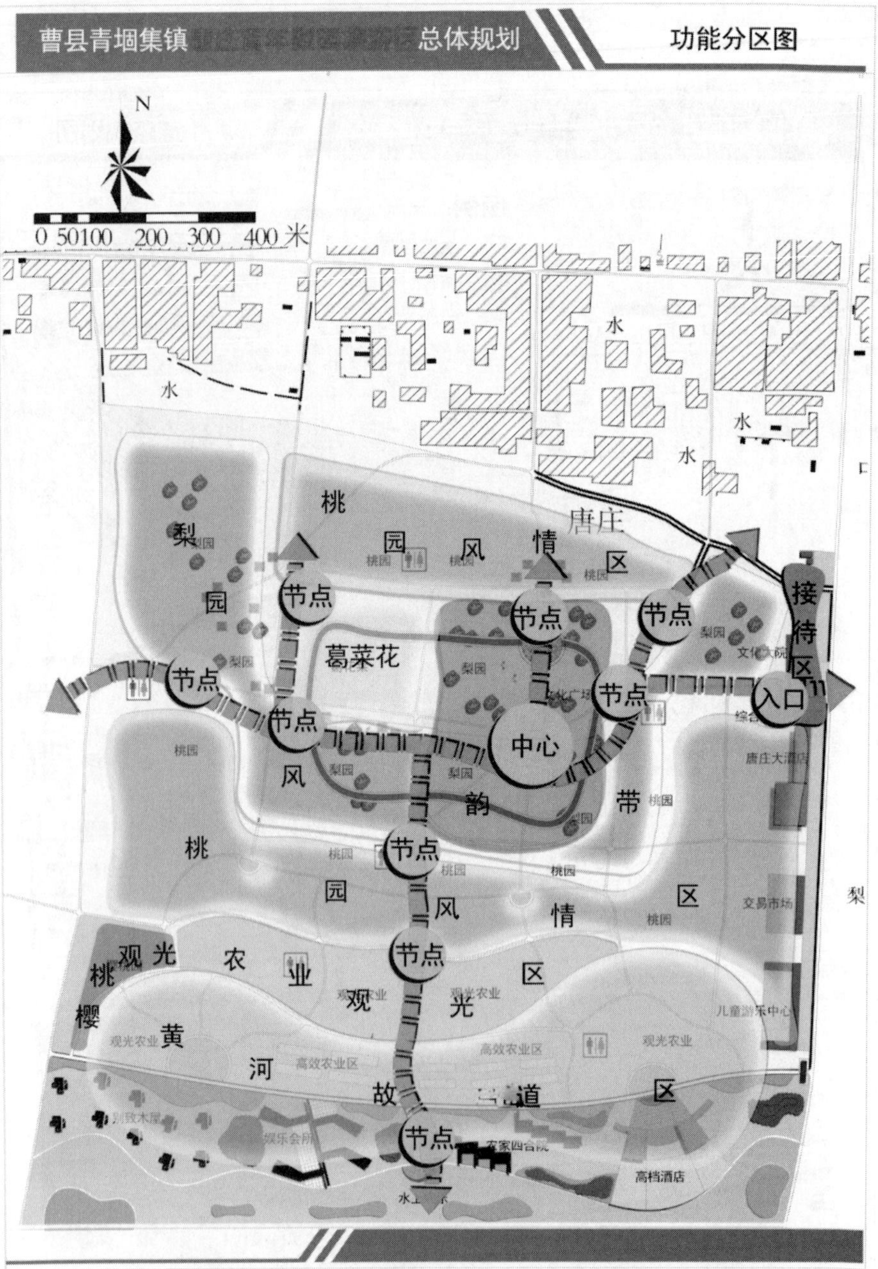

图7-5　曹县青堌集镇唐庄百年梨园旅游区总体规划功能分区

资料来源：编者参与项目《曹县青堌集镇唐庄百年梨园旅游区总体规划》。

（十一）乡村旅游规划图件计算机辅助设计（CADTP）的流程

由于现在手工绘制乡村旅游规划图比较少见，而且需要一定的美术功底，在这里我们不再赘述，下面我们来学习下乡村旅游规划图件的计算机辅助设计的流程。

从操作过程来看，规划图绘制的计算机辅助设计的流程可以分解为以下步骤。

1. 拟订规划图件

拟订规划图件是在乡村旅游规划图件设计之初做的准备工作，主要是根据规划类型和要求制定图件大纲或图件编制计划书。

2. 底图处理与制作

规划图件要在统一的底图上编制，因此，制作规划底图是规划图件制作的基础。一般首先选定合适的景区地图，然后对其矢量数字化，最后再进行底图制作。

目前对地图矢量数字化的方式有很多种，常用的有通过数字化仪数字化和屏幕数字化。数字化仪是将地图图形转化为数字，以点的 xyz 的坐标值形式记录下来的仪器。数字化仪器的类型有：手扶跟踪数字化仪、自动跟踪数字化仪、扫描数字化仪等。

地图数字化普遍使用的方法是屏幕数字化，将纸质地图先通过扫描仪扫描为计算机图像，并导入地图制图系统中经过批准后，这在计算机屏幕上，用鼠标手动数字化。

3. 图件要素编辑

规划地图完成后，就可以根据规划的需要制作总体规划图和专题规划图。规划图件制作应首先分析图件中需要表现的要素，然后根据图片要素的类型来选择其表现形式，制定规划图例。最后将其按照一定的规则分层表现在规划地图上制作成为各种专题规划图。

4. 修饰和装饰

由于上述地图制图系统制作的乡村旅游规划图件在表现形式上较为单一，处于视觉美化的考虑，通常将制作好的规划图件导出到专业的图片编辑处理软件，比如 photoshop 中进行美化和渲染，对于规划图件的颜色效果以及说明文字等进行修饰和装饰。

5. 图件输出

规划图件美化和修饰之后，就可以将其输出，规划图件输出设备主要有两种：绘图仪和打印机，绘图仪、打印机的功能基本相同，打印机只能打印幅面较窄、尺寸不大的图件，而绘图仪则是用于打印输出幅面较大的图形信息的专用仪器。在使用时可根据需要选择适当的途径输出设备。

三、图件制作方法

计算机辅助绘制的图件是利用 arcgis、AutoCAD、Photoshop、mapinfo、mapgis、GeoStar、CorelDRAW 以及 3DMAX 等计算机辅助设计软件制作图件。根据绘

图类型以及数据源的不同可以分为以下两类。

（一）地理信息系统软件制图

虽然乡村旅游规划的大多数图件都是CAD绘制，但是在绘制部分图件时使用地理信息系统软件进行绘制还是能带来许多便利。

在绘制区位分析图时要表现乡村旅游开发地所处地理位置、旅游市场区位、交通区位等位置要素。该图以区域地图为底图，规划图中要素包括行政界线、主要城市、交通线、旅游区范围等。上述要素都要重新绘制则比较烦琐，可以使用地理信息系统制图软件使用已有矢量地图进行绘制，而且可以自动显示行政区、道路、水域名称。

在绘制乡村旅游市场分析图时，可以直接使用地理信息系统软件的缓冲区分析功能对旅游景区（点）的旅游市场进行形象直观的展示。

在绘制旅游资源分布图与土地利用现状图时，可以直接使用遥感影像作为底图，遥感影像的地理坐标可以直接与现场踏勘时，使用GPS采集的坐标信息进行直接匹配，这样可以简便而且准确的定位。

（二）矢量绘图+后期渲染

除了少数图件外，大多数图件还是使用矢量绘图并进行后期渲染。首先使用CAD绘制矢量文件，然后导入到PS里进行后期渲染。

常用制图软件介绍

一、地理信息系统软件（MapInfo、arcgis、mapgis）

MapInfo是美国MapInfo公司的桌面地理信息系统软件，是一种数据可视化、信息地图化的桌面解决方案。它依据地图及其应用的概念、采用办公自动化的操作、集成多种数据库数据、融合计算机地图方法、使用地理数据库技术、加入了地理信息系统分析功能，形成了极具实用价值的、可以为各行各业所用的大众化小型软件系统。MapInfo含义是“Mapping Information（地图信息）”，即地图对象属性数据。

MapInfo是个功能强大，操作简便的桌面地图信息系统，它具有图形的输入与编辑、图形的查询与显示、数据库操作、空间分析和图形的输出等基本操作。系统采用菜单驱动图形用户界面的方式，为用户提供了5种工具条（主工具条、绘图工具条、常用工具条、ODBC工具条和MapBasic工具条）。用户通过菜单条上的命令或工具条上的按钮进入到对话状态。系统提供的查看表窗口为：地图窗口、浏览窗口、统计窗口，及帮助输出设计的布局窗口，并可将输出结果方便地输出到打印机或绘图仪。

Arcgis ArcGIS 是美国 Esri 公司开发的地理信息软件；mapgis 是中国中地数码集团开发的地理信息软件；GeoStar 是武汉大学吉奥信息技术有限公司开发的地理信息软件，上述软件功能与 MapInfo 功能类似。

二、矢量绘图软件

1. AutoCAD（Autodesk Computer Aided Design）是美国 Autodesk（欧特克）公司首次于 1982 年开发的自动计算机辅助设计软件，用于二维绘图、详细绘制、设计文档和基本三维设计，现已经成为国际上广为流行的绘图工具。AutoCAD 具有良好的用户界面，通过交互菜单或命令行方式便可以进行各种操作。它的多文档设计环境，让非计算机专业人员也能很快地学会使用。在不断实践的过程中更好地掌握它的各种应用和开发技巧，从而不断提高工作效率。AutoCAD 具有广泛的适应性，它可以在各种操作系统支持的微型计算机和工作站上运行。可以用于绘制二维制图和基本三维设计，通过它无须懂得编程，即可自动制图，因此它在全球广泛使用，可以用于土木建筑，装饰装潢，工业制图，工程制图，电子工业，服装加工等多方面领域。

AutoCAD 具有以下特点：(1) 具有完善的图形绘制功能。(2) 有强大的图形编辑功能。(3) 可以采用多种方式进行二次开发或用户定制。(4) 可以进行多种图形格式的转换，具有较强的数据交换能力。(5) 支持多种硬件设备。(6) 支持多种操作平台。(7) 具有通用性、易用性，适用于各类用户。

2. CorelDRAW Graphics Suite 是加拿大 Corel 公司的平面设计软件；该软件是 Corel 公司出品的矢量图形制作工具软件，这个图形工具给设计师提供了矢量动画、页面设计、网站制作、位图编辑和网页动画等多种功能。

该软件图像软件是一套屡获殊荣的图形、图像编辑软件，它包含两个绘图应用程序：一个用于矢量图及页面设计，一个用于图像编辑。这套绘图软件组合带给用户强大的交互式工具，使用户可创作出多种富于动感的特殊效果及点阵图像即时效果在简单的操作中就可得到实现——而不会丢失当前的工作。通过 Coreldraw 的全方位的设计及网页功能可以融合到用户现有的设计方案中，灵活性十足。

该软件套装更为专业设计师及绘图爱好者提供简报、彩页、手册、产品包装、标识、网页及其他；该软件提供的智慧型绘图工具以及新的动态向导可以充分降低用户的操控难度，允许用户更加容易精确地创建物体的尺寸和位置，减少点击步骤，节省设计时间。

三、图像处理软件

Adobe Photoshop，简称“PS”，是由 Adobe Systems 开发和发行的图像处理软件。Photoshop 主要处理以像素所构成的数字图像。使用其众多的编修与绘图工具，可以有效地进行图片编辑工作。

该软件可分为图像编辑、图像合成、校色调色及特效制作部分等。图像编辑是图像处理的基础，可以对图像做各种变换如放大、缩小、旋转、倾斜、镜像、透视等。也可进行复制、去除斑点、修补、修饰图像的残损等。这在婚纱摄影、人像处理制作中有非常大的用场，去除人像上不满意的部分，进行美化加工，得到让人非常满意的效果。

图像合成则是将几幅图像通过图层操作、工具应用合成完整的、传达明确意义的图像，这是美术设计的必经之路；该软件提供的绘图工具让外来图像与创意很好地融合，成为可能使图像的合成天衣无缝。

校色调色是该软件中深具威力的功能之一，可方便快捷地对图像的颜色进行明暗、色偏的调整和校正，也可在不同颜色进行切换以满足图像在不同领域如网页设计、印刷、多媒体等方面应用。

特效制作在该软件中主要由滤镜、通道及工具综合应用完成。包括图像的特效创意和特效字的制作，如油画、浮雕、石膏画、素描等常用的传统美术技巧都可借由该软件特效完成。

四、三维制图软件

3D Studio Max，常简称为3ds Max或MAX，是Discreet公司开发的（后被Autodesk公司合并）基于PC系统的三维动画渲染和制作软件。其前身是基于DOS操作系统的3D Studio系列软件。

功能与优点：

Slate材质编辑器：使用Slate轻松可视化和编辑材质分量关系，这个新的基于节点的编辑器可以大大改进创建和编辑复杂材质网络的工作流程与生产力。直观的结构视图框架能够处理当今苛刻的制作所需的大量材质。

Quicksilver硬件渲染器：使用Quicksilver在更短的时间内制作高保真可视化预览、动画和游戏方面的营销资料，Quicksilver是一种新的创新硬件渲染器，可帮助以惊人的速度制作高品质的图像。这个新的多线程渲染引擎同时使用CPU和GPU，支持alpha和z－缓冲区渲染元素；景深；运动模糊；动态反射；区域、光度学、环境遮断和间接灯光效果以及精度自适应阴影贴图；并能以大于屏幕的分辨率进行渲染。

Containers本地编辑：通过能让用户在引用内容之上非破坏性地添加本地编辑层的大大改进的Containers工作流程，更高效地进行协作。通过并行工作满足紧张的最后时限要求：在一个用户迭代编辑嵌套的未锁定方面时，另一个用户可以继续精调基本数据。多个用户可以一次修改同一嵌套的不同元素，同时防止同时编辑同一个分量。

建模与纹理改进：利用扩展Graphite建模和视口画布工具集的新工具，加快建模与纹理制作任务：用于在视口内进行3D绘画和纹理编辑的修订工具集；使用对象笔刷进行绘画以在场景内创建几何体的功能；用于编辑UVW坐标的新笔刷界面；用于扩展边循环的交互式工具。

3ds Max 材质的视口显示：利用在视口中查看大部分 3ds Max 纹理贴图与材质的新功能，在高保真交互式显示环境中开发和精调场景，而无须不断地重新渲染。建模人员和动画师可以在一个更紧密匹配最终输出的环境中做出交互式决定，从而帮助减少错误并改进创造性故事讲述过程。

3ds Max Composite：利用 3ds Max Composite 改进渲染传递并把它们融合到实拍镜头中：基于 Autodesk Toxik 技术的全功能、高性能 HDR 合成器。3ds Max Composite 工具集整合了抠像、校色、摄像机贴图、光栅与矢量绘画、基于样条的变形、运动模糊、景深以及支持立体视效制作的工具。

前后关联的直接操纵用户界面：利用新的前后关联的多边形建模工具用户界面，节省建模时间，始终专注于手边的创作任务，该界面让您不必要把鼠标从模型移开。建模人员可以交互式地操纵属性，直接在视口中的兴趣点输入数值，并在提交修改之前预览结果。

CAT 集成：使用角色动画工具包（CAT）更轻松地制作和管理角色，分层、加载、保存、重新贴图和镜像动画。CAT 现已完全集成在 3ds Max 之中，提供了一个开箱即用的高级搭建和动画系统。通过其便利、灵活的工具集，动画师可以使用 CAT 中的默认设置在更短的时间内取得高质量的结果，或者为更苛刻的角色设置完全自定义骨架，以加入任意形态、嵌入式自定义行为和程序性控制器。

Ribbon 自定义：利用可自定义的 Ribbon 布局，最大化可用工作空间，并专注于对专业化工作流程最有意义的功能。创建和存储个性化用户界面配置，包括常用的操作项和宏脚本，并能轻触热键或按钮切换这些配置的显示。

更新的 OpenEXR 图像输入输出插件：更新的 OpenEXR 插件可在一个 EXR 文件中支持无限数量的层，并能自动把渲染元素和 G－缓冲区通道存储到 EXR 层。

与 Autodesk Revit 连通的 FBX 文件链接：利用新的 FBX 文件链接，接收和管理从 Autodesk Revit Architecture 导入的文件的更新。

本地实体导入/导出：在 3ds Max 和支持 SAT 文件的某些其他 CAD 软件之间非破坏性地传递修剪的表面、实体模型和装配。

Autodesk 材质库：从多达 1200 个材质模板中进行选择，更精确地与其他 Autodesk 软件交换材质。

Google SketchUp Importer：高效地把 Google SketchUp 拉伸软件（SKP）版本 6 和版本 7 文件导入 3ds Max。

Inventor 导入改进：把 Autodesk Inventor 文件导入 3ds Max，而无须在同一台计算机上安装 Inventor，而且还能在导入实体物体、材质、表面和合成时获得更好的结果。

（资料来源：www. esrichina. com. cn；www. mapgis. com；http：//mapinfo. cn/；www. autodesk. com. cn；www. adobe. com）

【本章小结】

(1) 乡村旅游规划图件是乡村旅游要素空间关系的表象或抽象，是以视觉、数字或者触觉的方式表达信息的工具。在乡村旅游规划中，规划图件是表达乡村旅游规划成果的主要形式，具有辅助作用。乡村旅游规划图件可被视为“更为生动的规划语言”。

(2) 按照图件内容分类。乡村旅游规划图件属于专题规划图，主要是针对某个问题的规划而绘制的，如现状分析图、区位分析图、功能分区图、市场分析图、景观规划图、游览线路设计图、资源分布图、规划项目图、基础设施图等，此外规划图件还有各种效果图等，如：环境规划效果图、建筑外观效果图，他们属于不同内容乡村旅游规划图件。

(3) 不同深度的乡村旅游规划图件有着不同的技术要求，《旅游规划通则》等国家标准对旅游总体规划、旅游控制性详细规划、旅游修建性详细规划等不同深度的旅游规划图件的技术要求都做了说明。

(4) 乡村旅游规划图件的底图要素是编制乡村旅游规划图的地理基础，即乡村旅游规划图件所依托的底图。乡村旅游规划图件的专题要素是编制乡村旅游规划专题图时必须表现于规划图之上的要素。乡村旅游规划图件的图则要素则是乡村旅游规划图件作为规划所必须具备的统一表达方式。

(5) 乡村旅游规划中常见的规划图件主要有区位分析图、资源分布图、交通规划图、项目规划布局图、游线组织规划图、绿化规划图、基础设施规划图等七种。

【案例分析】

黄岩区旅游总体规划（2018～2035）出炉！空间布局你一定会喜欢

区十三届二次党代会提出，黄岩要多层次发展全域旅游。近日《黄岩区旅游总体规划（2018～2035）》通过会议评审，黄岩旅游将迎来大发展。

根据规划，黄岩旅游将构建“一枝两橘四片叶”的总体空间结构概念，形成“东商西游，闹中取静”的功能格局，推动旅游休闲度假、资源环境整合、旅游产品培育和开发管理服务等功能全面发展，将黄岩区打造成华东“慢轻旅游”重要目的地。

（资料来源：https：//www. sohu. com/a/217332114_178971）

结合案例并进一步查阅资料思考：黄岩区旅游总体规划的空间布局有何特点，其图件是怎样表现的？

【思考题】

(1) 简述乡村旅游总体规划对于图件的技术要求。

（2）乡村旅游规划图件包含的要素有哪些？

（3）简述计算机辅助设计乡村旅游规划图的具体步骤。

【探究性学习】

（1）参考中国乡村旅游网 http：//www. crttrip. com/，了解相关内容。

（2）以某一乡村旅游规划为例，分析其旅游规划图中的相关要素，并评析其优缺点。

【参考文献】

[1] 张世富、刘夏菡：《远郊区乡村旅游发展模式研究——以东明国家黄河湿地公园为例》，载《科学与财富》2019 年第 11 期，第 11 页。

[2] 黄顺红：《乡村旅游开发与经营管理》，重庆大学出版社 2015 年版。

[3] 赵黎明、黄安民：《旅游规划教程》，科学出版社 2005 年版。

[4] 邹统钎：《游度假区发展规划》，旅游教育出版社 1996 年版。

[5] 陈秋晓：《市规划 CAD》，浙江大学出版社 2009 年版。

[6] 北京大学旅游研究与规划中心：《旅游规划与设计——创意农业》，中国建筑出版社 2013 年版。

[7] 原群：《旅游规划实战案例集锦》，旅游教育出版社 2016 年版。

[8] 周永光：《旅游规划实务》，化学工业出版社 2013 年版。

第八章　乡村旅游规划与开发专业实习

【知识学习】

了解乡村旅游规划与开发实习的目的与要求；
理解乡村旅游规划与开发实习的过程；
掌握乡村旅游规划与开发实习的内容和主要成果。

【能力提升】

通过本章的学习，使学生对乡村旅游规划与开发实习有比较全面的认识，掌握常见的乡村旅游规划与开发实习的技能，为以后从事乡村旅游规划工作打下坚实基础。

【素质养成】

通过到乡村实习，了解乡村旅游的相关政策，培养学生热爱乡村，热爱祖国的情怀。

◆导入案例

人文地理与城乡规划专业学生到穆李村实习

为进一步巩固乡村规划设计知识，深刻理解乡村旅游规划，学会运用所学知识观察、认识、分析乡村旅游景区的现状，2019 年 4 月 3 日，城市建设学院组织 2016 级人文地理与城乡规划专业学生在刘玉芝、张玉敏老师的带领下，到菏泽市穆李村进行实习调研。

穆李村位于山东省菏泽市牡丹区马岭岗镇内北境，北依万福河，南靠外贸路，西接大杜庄，东连解元集，距菏泽城 10 公里，坐 56 路公交车可到，系山东省五星级好客人家农家乐。穆李村现已成为山东省一村一品典范、庄园经济楷模，现有古寨墙、千亩果园，穆里面人为省级非物质文化遗产，是山东省最美乡村、魅力乡村、山东最佳休闲乡镇（村）、菏泽市乡村旅游示范村、A 级旅游景点。

实习中，同学们首先参观了穆李村的风貌。街巷宽阔平整、村舍整齐有序，村树——柿树排列成行，绿叶、黄墙，景色优美。群众安居乐业，民风淳朴，热情好客，邻里和睦，呈现出恬淡和谐的田园风光。然后，参观了紫叶李林、苹果果木培育区等穆李村的特色林业产品，深刻理解了乡村旅游的连续开发。最后，参观了面塑馆和乡村记忆民俗博物馆，寓娱乐于学习中，体验了底蕴深厚的文化艺术，穆李村的面塑艺术源远流长，技艺高超，也被誉为“中国面塑第一村”。刘玉芝、张玉敏老师精湛的讲解得到了同学们的一致好评，使同学们对乡村旅游规划有了全面的理解，增加了同学们的学习热情。

资料来源：http：//zyhj. hezeu. edu. cn/info/1002/1857. html。

思考：组织学生进行乡村旅游规划实习的必要性有哪些？实习内容有哪些？

第一节　乡村旅游规划与开发实习概述

乡村旅游规划与开发实习本着以人为本、开阔眼界、激发兴趣、发展能力的指导思想，着眼学生现代旅游规划和管理理念的培养，打造适应时代和社会需求的实用性人才。野外实习目的是结合部分教学内容，加深对已学知识的理解与掌握，认识乡村旅游资源的类型、结构、特征和分布规律，掌握乡村旅游资源的调查方法、客源市场的调查和分析、形象定位、功能分区以及产品设计等技巧，为今后从事旅游实际工作和研究奠定基础。

一、实习目的

乡村旅游规划与开发是一门理论性与实践性相结合的课程。在教学过程中，要增加课程野外实践机会，组织学生进行乡村旅游规划与开发的实习实训。通过实习，能够开阔学生的专业视野和动手能力，能够运用所学的乡村旅游规划与开发的专业知识进行初步的规划与开发的实践工作，具体包括：

（1）培养学生通过对乡村旅游资源的现场调研，了解乡村旅游资源的基本类型，掌握其分类方法，并对其进行评价的能力。

（2）了解我国常见乡村旅游地的主题形象，进一步培养学生对优美旅游地的认识，提升学生的文化内涵，培养学生对乡村旅游地进行主题定位和形象口号设计的能力。

（3）通过对乡村旅游产品的调研和分析，培养学生进行乡村旅游产品规划设计能力。

（4）培养学生对乡村旅游产品市场营销基础资料调查和收集的基本能力，并能够培养学生综合运用资料、分析和预测未来旅游发展的能力。

（5）了解乡村旅游规划编制工作的编制依据、基本内容和基本过程，培养学生掌握旅游规划成果的编制方法、技能的能力。

二、实习要求

（一）实习纪律要求

自觉遵守时间和实习纪律，严格按照指导老师安排的内容及要求进行实习，实习中要互相帮助，协同合作，高质量完成实习计划。外出实习代表的是学校的形象，要树立良好的精神风貌，维护好自身形象，不破坏公物，遵守社会公德等。

（二）实习成果要求

每次实习完成后，同学们都要撰写实习报告。在撰写实习报告基础上，以多种形式展示成果，如图版展示、多媒体课件展示和发表论文等，组织相关教师对结果进行评价考核，给出相应的考核成绩。综合性的乡村旅游规划实习要完成文本、说明书、图件等的制作。

实习报告在实习的基础上完成，运用基础理论知识结合实习资料，进行比较深入的分析、总结。实习报告内容要求实事求是，简明扼要，能反映出实习地点的情况及本人实习的情况、体会和感受。报告的资料必须真实可靠，有独立的见解，重点突出、条理清晰，字数3000字左右。

实习报告正文内容必须与所学专业内容相关并包含以下四个方面：

1. 实习目的：要求言简意赅，点明主题。

2. 实习单位介绍：要求详略得当、重点突出。

3. 实习内容及过程：要求内容翔实、层次清楚；侧重实际动手能力和技能的培养、锻炼和提高，但切忌记账式或日记式的简单罗列。

4. 实习总结及体会：要求条理清楚、逻辑性强；着重写出对实习内容的总结、体会和感受，特别是自己所学的专业理论与实践的差距和今后应努力的方向。

资料来源：http：//www. ruiwen. com/shixibaogao/1162197. html。

三、实习内容

在实践性和探究性教学中，乡村旅游规划与开发的实习包括专项实习和综合实习。专项实习即对前面所讲的内容进行分别实习，包括第三章乡村旅游资源的调查与评价，第四章乡村旅游规划与开发的形象定位与功能分区，第五章乡村旅游产品与项目设计，第六章乡村旅游规划与开发的可行性分析，第七章乡村旅游规划与开发的图件及制作方法。据此划分了五大板块的专项实习，如表8－1所示。

表 8－1 乡村旅游规划实习的五大模块

序号	主要模块	实习内容	课时安排	实习地点
1	乡村旅游资源调研、分类与评价	了解某乡村的主要旅游资源并进行分类和评价	4	室内＋室外
2	形象定位与功能分区	了解某乡村的形象定位与功能分区情况	4	室内＋室外
3	产品开发设计	了解某乡村的产品开发设计情况	4	室内＋室外
4	市场调查与分析	旅游要素问卷调查表格的设计、制作、发放	4	室内＋室外
5	旅游图件制作	旅游专题地图的阅读与分析	2	室内＋室外

综合实习即通过选取合适的村落，对以上五个板块的内容进行综合实习，统筹安排，完成一个或几个乡村的旅游规划工作。乡村旅游规划与开发综合实习需要关注以下问题：

（1）明确乡村现有规模、经济发展情况，估算乡村人口发展规模，确定乡村旅游规划的各项技术经济指标；

（2）明确乡村用地性质，选定乡村用地，确定规划范围和总体布局，划定乡村旅游功能分区；

（3）确定乡村主要景观节点：包括乡村广场的位置、主要出入口、游客集散中心、主要景观、标志性建筑等；

（4）确定乡村道路系统的规划布局，包括一级、二级与三级路、交叉口、横断面以及主要的旅游线路等；

（5）确定乡村居民点改造与新聚居区规划方案；

（6）明确乡村产业发展规划，设计合适的产品；

（7）确定乡村公共设施的布局以及保障体系的规划，包括给排水、通信、电力、厨房卫生间的升级改造等；

（8）提出乡村旅游的近期发展规划等。

第二节 乡村旅游规划与开发实习过程

一、实习过程

（一）准备阶段

1. 明确实习内容

实习前，教师要结合实习大纲的要求，向学生讲授旅游地背景知识、旅游过程应注意事项以及旅游目的。采用课堂讲授、专题报告、文献研究、录像教学和经验交流等教学方法。编制《旅游野外实习指南》发放给学生，明确实习内容、实习重点和实习时间安排。

2. 组建实习小组

以实习班级为单位，自由组合，一般 7 ~ 8 人为一组并选定组长。组长负责实习安全、人员协调、专业分工等工作，并负责与指导老师沟通与衔接工作。

3. 基础资料与实习工具的准备

在实习之前，首先要充分收集实习地区的资料，包括历史沿革、经济发展情况、用地性质、规模、自然人文地理情况等各方面；其次要拟定调查问卷及访谈提纲，列出所需要的资料清单，并熟悉相关理论与专业软件等。

另外，学生也要准备好实习所用工具，包括定位、摄像、录音、测量等设备，如 GPS 定位仪、摄像机、照相机、遥感影像图、录音笔、卷尺等工具。除此之外，学生还需准备实习地的文字资料、交通图、地形图、工作手册等，以及马克笔、笔记本、标签等以备现场考察之用。

（二）实地调研阶段

1. 现场观察记录

实习中，要对实习地区的位置、规模、范围、空间特点、道路、产业经济等情况进行现场认知和观察记录。在进行乡村调研时，要对村庄的风貌与脉络、道路结构、公共设施、居住环境、农耕条件、建筑特色、民俗文化等进行详细的观察记录。

2. 问卷发放与调查

问卷调查方法是指调查者通过统一设计的问卷向被调查者了解情况、征询意见的一种资料收集方法。在实习过程中，要发放并填好、回收问卷，以收集相关信息，作为成果的依据。

3. 交流与访谈

学生在调研实习中，要对相关人员进行访谈，包括政府管理部门的相关人员，也包括当地居民、旅游者等相关人员。要掌握访谈技巧，做好记录，对发展现状问题及规划等进行较详细的了解。

（三）成果编制阶段

在本阶段，学生应运用相关的理论、软件及技术完成规划实习的方案编制和成果汇报工作。第一，实习小组要对实地调研所收集的资料进行分类整理、统计分析及初步研究；第二，小组讨论确定规划的初步方案，并与指导老师交流、完善；第三，按照不同类型规划的规范，完成规划文本、说明书、图件等成果的编制；第四，各小组做成 ppt 汇报规划成果，由指导老师进行审核打分；第五，进行实习总结，撰写实习报告。

乡村旅游规划实习涉及诸多环节，是一个非常系统的工作，每个环节都有相应的任务，每个阶段指导教师和学生都有相应的工作内容，如图 8－1 所示。

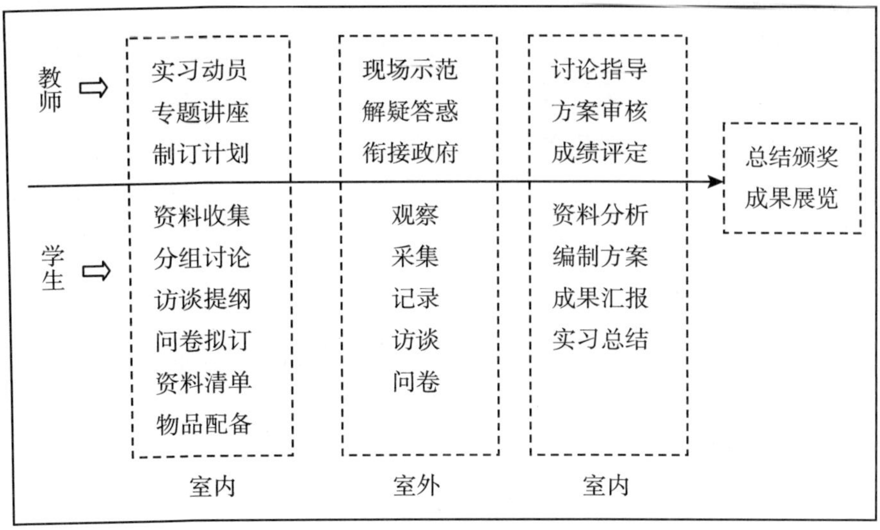

图 8－1　乡村旅游规划实习环节

二、曹州牡丹园实习安排

旅游规划与开发是一门理论与实践紧密结合的课程，除理论知识的讲解外，我们非常注重实践环节的教学，主要包括：旅游资源的分类、调查与评价、旅游主题定位与功能分区的教学实习等。实践教学环节的实施，有利于培养学生的适应能力和动手操作能力，从而培养出具有扎实理论知识与较强实践技能的应用型与技能型的旅游规划人才。下面我们来看一次完整的旅游实践教学活动。

（一）实习前准备

在实习之前，教师根据教学安排要下达实习总任务，并讲解具体的实习安排，包括对实习内容、实习方法、实习要求等的讲解。

1. 实习内容

（1）了解曹州牡丹园旅游规划现状、存在问题。

（2）了解曹州牡丹园旅游资源特征。

（3）了解曹州牡丹园总体规划的指导思想、方法、功能分区等内容。

2. 实习方法

（1）实习前期：实习地域概况了解，相关资料查阅、搜集整理，认真阅读实习指导书，并且做好物资准备。

（2）实习期间：主要通过野外实地考察、调查访问、收集文字和影像资料来完成；了解实习地点旅游现状、存在问题，了解实习地点旅游资源特征，了解功能分区等，同时做好实习重点记录；回来后做好资料整理。

（3）实习后期：实习回顾，资料整理，撰写实习报告。并分组以 ppt 的形式进行汇报。

3. 实习要求

（1）实习过程中听从指导教师安排，遵守纪律，注意人身安全。

（2）实习过程中要认真和实事求是地观察分析，充分发挥主观能动性。

（3）实习过程中，有效地将课堂所学的知识运用在实践中，真正达到学以致用的目的。

（二）实地调研

在实习中，同学们要对实习地的旅游资源状况进行实地调查，并填写《旅游资源单体调查表》，实习中用到的工具主要有：

1. 笔记本、笔

每位同学都要随时准备好笔记本和笔，用来记录调查数据。用不同颜色的笔来标记不同类型的旅游资源，或记录不同类型的数据。

2. 地理底图

最好以该区的地图或者大比例地形图作为底图，但是现在土地利用/土地覆盖类型的变化速度已经远远超过地图或者地形图的更新速度，如果使用现有的地图或是地形图来进行，由于与实地的情况相差比较大，这样就会给调查以及信息的标记带来一定的困难。所以，一般并不是采用地图或者大比例尺地形图作为底图，而是采用该区的高分辨率卫星影像。现在遥感影像的更新速度非常快，基本上可以找到一年以内的研究区的遥感影像。这样遥感影像上所展现的情况与实地的情况相差不是很大，可以便于资源调查与标记。

3. GPS 全球定位仪

在进行旅游规划相关图件的绘制过程中，特别是旅游控制性详细规划图和旅游修建性详细规划相关图件的绘制的时候，对旅游资源或者服务设施的定向及定位精度要求比较高。所以需要用 GPS 全球定位仪将重要的旅游资源以及其他要素，比如水系、地貌、植被、居民点以及其他地物的准确坐标记录下来，并在制作图件时在以卫星影像制作的底图上准确地表示出来。

4. 钢卷尺

规划区内现有道路的宽度需要用钢卷尺测量，另外，重要的旅游资源、基础服务设施等需要确定其现有面积，为将来的规划提供数据。

5. 相机或手机

要对规划区旅游资源现状、道路现状、基础服务设施现状进行拍摄，原则就是要尽量多拍，以便为以后的规划提供参考。

三、实习总结与汇报

实习结束后，学生要对实习所获取的资料进行整理，形成实习报告，并进行课堂汇报和实习总结。

第三节 乡村旅游规划与开发实习成果

近年来，菏泽学院城市建设学院旅游规划项目组全体成员依托黄河下游文化研究中心和菏泽市旅游产学研基地，积极开展地方服务。带领学生主持参与编制了《山东省鲁南城市带规划》《山东省曹县唐庄百年梨园旅游区总体规划》等10余项乡村旅游规划项目。其中《山东省曹县十三村生态文化旅游区总体规划》是师生多次实习和规划的成果结晶，以此为例做简单介绍。

（一）区域概况

本项目位于山东省菏泽市曹县砖庙镇十三村，距北京500千米，济南320千米，东有嘉祥机场、西有新郑国际机场，北有济南机场。铁路南有陇海、北有新石，与大京九形成“黄金十字架”，公路交织成网，四通八达。砖庙镇位于山东省菏泽市曹县城西北17公里处，北邻青岗集乡、韩集镇；西接常乐集乡、魏湾镇；南靠倪集乡；东连青菏办事处。全镇有39个行政村，98个自然村，总面积49平方千米；全境3.5万人，居民8715户。

（二）旅游资源分析与评价

十三村位于曹县砖庙镇东南部，生态旅游观光区以优质果树为特色。目前，可供开发用地面积2000亩，其中生态餐厅15亩，百果园200亩，十三村围绕农业生产过程、农民劳动生活和农村风情风貌开发休闲产品，突出自然生态，具有浓郁的乡土气息。

十三村风光秀丽、气候宜人，属于平原区域，在这方水土留下的沃土中，值得一提的就是砖庙镇十三村通过新农村整合流转出2000亩的土地，已由农业专家、林业专家汇合论证，在流转出的土地南面，土壤特性以及土壤结构适合大规模种植果树，并且，现在南区土地不涉及拆迁，项目容易实施。

十三村经过新农村调整，房屋整体建设已初具规模，并且较为规整，颜色搭配合理，街道比较整齐，为开发农家乐提供了极大便利；在十三村的周边，现已有多条沟渠和环村河，宽度大约3米，深度大约2米，现已形成水上娱乐的雏形，通过对河沟的改造，可以形成水上乐园。

但毋庸讳言，曹县砖庙镇十三村至今仍属经济欠发达地区，旅游业的发展现状与其突出的资源优势和旺盛的市场需求还极不相称，具体表现为：旅游交通等基础设施薄弱，旅游住宿、餐饮等服务设施落后，服务水平亟待提高，旅游产品单一，市场推广不力，旅游产业规模小，对地方经济的拉动作用十分有限，对全县国内生产总值和地方财政收入的贡献率微乎其微。此种状况如不及时改变，旅游业就会在当前日趋激烈的旅游市场竞争中落伍败北。

应有效地利用十三村的区位优势、生态旅游资源，及时调整思路，进行产业结构调整。以近期开发百果园和高科技农业为重点，整合当地人文和自然景观，将十三村乡村旅游业作为新的产业进行开发，培育新的经济增长点。

旅游资源开发乃至旅游业的发展离不开旅游规划的指导。国内外诸多实践证明，高起点、高水平、前瞻性、科学性和可操作性强的旅游规划，向来是一个地区旅游业有序发展、合理布局的依据，对避免低档次的重复建设和少走弯路、多出效益意义重大。

（三）旅游市场分析与预测

作为曹县旅游业发展的背景条件，菏泽市乃至山东的旅游发展状况必然会间接影响曹县旅游业的发展。此外，曹县政府非常重视旅游业的发展，目前正在积极制定旅游规划，并提出要“积极发展历史文化游、黄河故道风景游、生态农业游和‘红色旅游’，重点之一是搞好生态游，搞好生态环境优美的旅游观光基地建设，构筑菏泽大旅游的南干线，提高曹县旅游产品知名度”，这也为带动曹县未来旅游业的发展创造了良好的条件，具有重要的积极意义。

随着曹县十三村生态文化旅游区周边商丘市、菏泽市、济宁市、聊城市、济南市、泰安市等城市国民经济的快速发展。随着城镇人口不断增加，当地城乡居民可支配收入大幅增加，旅游需求快速增长，旅游市场潜力巨大，商丘、菏泽、济宁、聊城等城市将成为核心客源市场（见表 8－2）。

表 8－2　　十三村旅游客源市场

细分标准	细分变量因素	细分市场	目标市场选择
地理因素	区域	商丘、曹县及周边邻县、菏泽其他区县、开封、济宁	一级目标市场
		山东省内其他地市	二级目标市场
		省外	机会市场
人口与社会因素	年龄	①儿童②青年③中年④老年	①②③④
	职业	①工人②商务人员③公司职员④技术人员⑤机关干部⑥私营业主⑦教师医务人员⑧学生	①②③④⑤⑥⑦⑧
	收入	①500～1000 元②1000～2000 元③2000～3000 元④≥3000 元	①②③④

续表

细分标准	细分变量因素	细分市场	目标市场选择
行为因素	动机	①观光②会议商务③休闲度假④疗养保健⑤宗教文化⑥民俗文化⑦科考修学⑧朝圣	①②③⑥⑦
	购买时机	①旺季②平季③淡季④节假日⑤周末	①④⑤

资料来源：编者参与项目《山东省曹县十三村生态文化旅游区总体规划》。

对于曹县旅游业来说，由于基数很低，其发展速度应高于菏泽市及全省旅游业增长的速度。从目前曹县旅游资源开发现状来看，只要在产品开发和宣传力度方面下大功夫，旅游接待人数和旅游收入将会提高很快；而进入中远期后，随着第一阶段后期产品开发档次的提高和第二阶段开发的全面展开以及旅游产品的成熟，接待人数、旅游收入、人均花费都会大幅度提高；随着接待游客基数的不断增长，增长率也将稳中有降，并逐步保持到相对稳定的水平上。

（四）总体定位及空间布局

1. 总体定位

经过精心的规划与策划，整合出十三村乡村旅游的核心，明确十三村乡村旅游的发展方向及近期开发运作的旅游项目。

近期打造成：

山东省农业旅游示范点

山东省乡村旅游示范点

山东省旅游特色村

山东省精品采摘园

中期打造成：

国家3A级旅游景区

山东省休闲农业旅游示范点

山东省高科技农业示范区

山东省特色旅游小镇

菏泽市知名旅游景区

曹县最大的蔬菜水果交易批发市场

远期打造成：

国家4A级旅游景区

国家级休闲农业旅游示范点

国家级高科技农业示范区

菏泽市最大的蔬菜水果物流基地和交易批发市场

旅游形象定位：乡村情、生态游

旅游功能定位：

主体功能：乡村文化休闲体验旅游

辅助功能：观光旅游、生态美食旅游、娱乐旅游、度假旅游

旅游特色定位：生态旅游、滨水休闲旅游、观光旅游

2. 空间布局

根据乡村旅游资源分布情况、地域文化空间特征，对接旅游市场发展需求，结合旅游发展总体规划的构想，以空间邻近性、整体性、系统性、有机性为原则，构建十三村乡村旅游“一心五区”的总体发展格局。

“一心”：乡村旅游综合服务中心

“五区”：百果园休闲采摘区、农业观光种植区、农家乐接待区、高端休闲度假区、工业与商贸区

在现有资源的基础上，立足“绿色环保”以及生态的休闲园的特点，充分利用现有的自然景观，形成“可览、可体验、可游、可居”的环境景观和集“自然—生产—休闲—康乐—教育”于一体的景观综合体，发展体验农业与观光农业相结合的特色旅游，以观光农业为主导，集旅游观光、品尝、娱乐于一体的新型观光旅游地。规划建设环村河、生态餐厅、望西台、村史馆、果园采摘及林下休闲区等项目。

其中，“一心”体现了十三村乡村旅游的服务基地和发展基调，“五区”则体现了功能区块的具体划分，也是项目落地的选择依据。两者相结合，共同构成了十三村乡村旅游“塑造一个中心、构建五个特色片区、推进若干重点项目”的动态发展格局。

（五）旅游产品开发

结合十三村的基础条件及资源现状，可以将其产品规划为几大系列，具体如下：

（1）基本旅游产品系列。包括农业观光、水上娱乐、农家乐、特色民宿、民俗节庆活动等。

（2）拳头旅游产品。包括采摘节、赏花节、生态文化休闲体验游等。

（3）专项旅游产品系列。包括农家宴特色美食、端午节十三村采艾民俗旅游、中秋赏月旅游、金秋采掘旅游等。

（六）旅游形象策划

1. 形象定位设计（LOGO）

以十三村及八卦百果园为旅游区形象设计（LOGO）的主要元素，配以各种颜色，代表其优秀的生态环境，彰显浓郁深厚的文化底蕴，整体形象饱满，信息明确明朗的现代色彩与果品实物形象设计相结合的表现形式。

旅游区核心形象定位为：绿色生活空间，休闲度假圣地。

此形象定位具有亲和、延展、兼容等特点，是十三村生态文化旅游区的一个通用形象，既展现了区域生态环境的自然与纯美，又突出了区域旅游功能的多元性，并以生活的概念与游客共鸣。

2. 主题宣传口号

领略万人风情，看生态十三村。

农业观光，休闲度假。

十三村，不仅仅是个村。

（七）旅游营销

1. 市场定位

根据乡村旅游的特征和规划区未来乡村旅游产品的打造，将砖庙镇区域乡村旅游的专项市场定位为以下五种类型：家庭度假市场、自驾车市场、养生养老市场、政务休闲市场和商务休闲市场。

2. 营销策略

根据曹县砖庙镇旅游业发展现状和发展战略，在旅游营销策略上应采取阶段性市场营销策略。在近期，由于砖庙镇旅游业还处于发展初期，可采用集中性市场策略，即以国内特别是省内近程市场作为主要目标市场，集中力量在目标市场开展营销活动；在中远期，可采用差异性市场策略，即在对整体市场细分的基础上，针对每个细分市场的需求特点，制订并实施不同的市场营销组合方案，以差异性产品满足差异性市场需求。

综合运用产品策略（product strategy）、价格策略（price strategy）、促销策略（promotion strategy）和分销策略（place strategy）开展市场营销。

（八）旅游产业要素规划（略）

（九）近期重点旅游项目行动计划（略）

（十）基础工程规划（略）

（十一）投资估算与效益评析（略）

（十二）环境影响评价（略）

（十三）管理模式与政策保障（略）

《十三村生态文化旅游区总体规划》部分图件，如图 8－2 至图 8－6 所示。

图8-2　十三村生态文化旅游区总体规划的资源现状分布

资料来源：编者参与项目《山东省曹县十三村生态文化旅游区总体规划》。

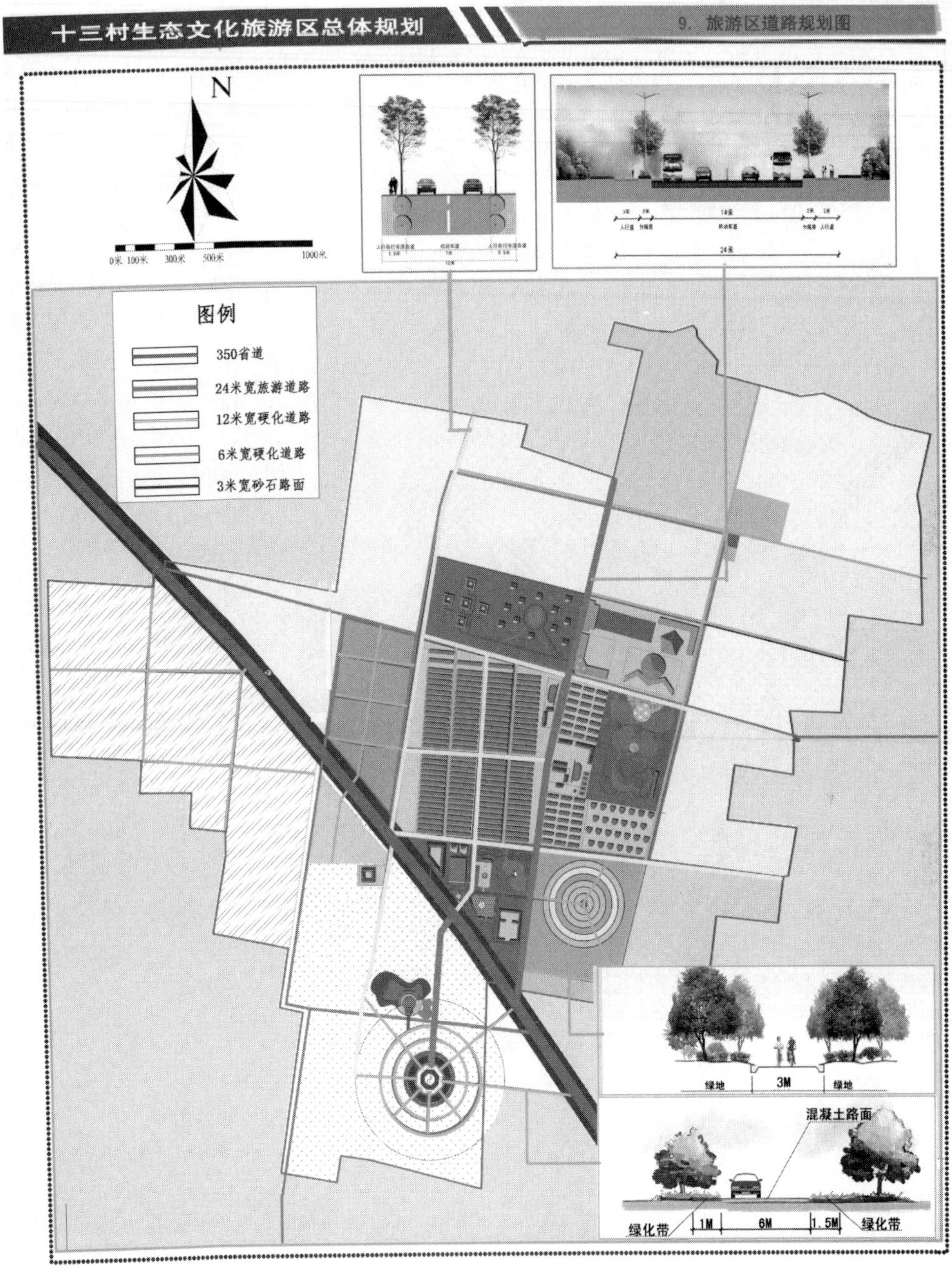

图 8－3　十三村生态文化旅游区总体规划的道路规划

资料来源：编者参与项目《山东省曹县十三村生态文化旅游区总体规划》。

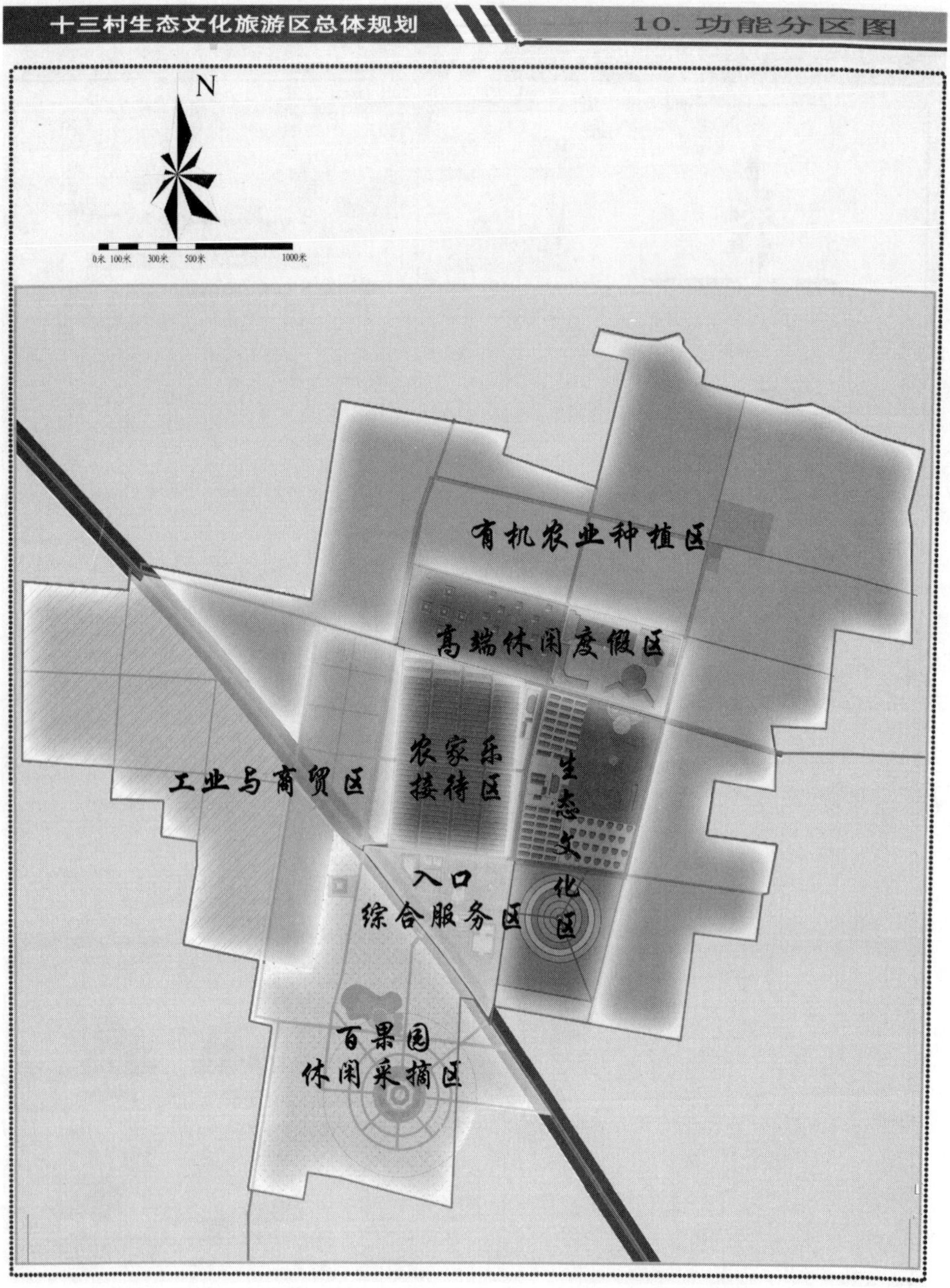

图 8－4　十三村生态文化旅游区总体规划的功能分区

资料来源：编者参与项目《山东省曹县十三村生态文化旅游区总体规划》。

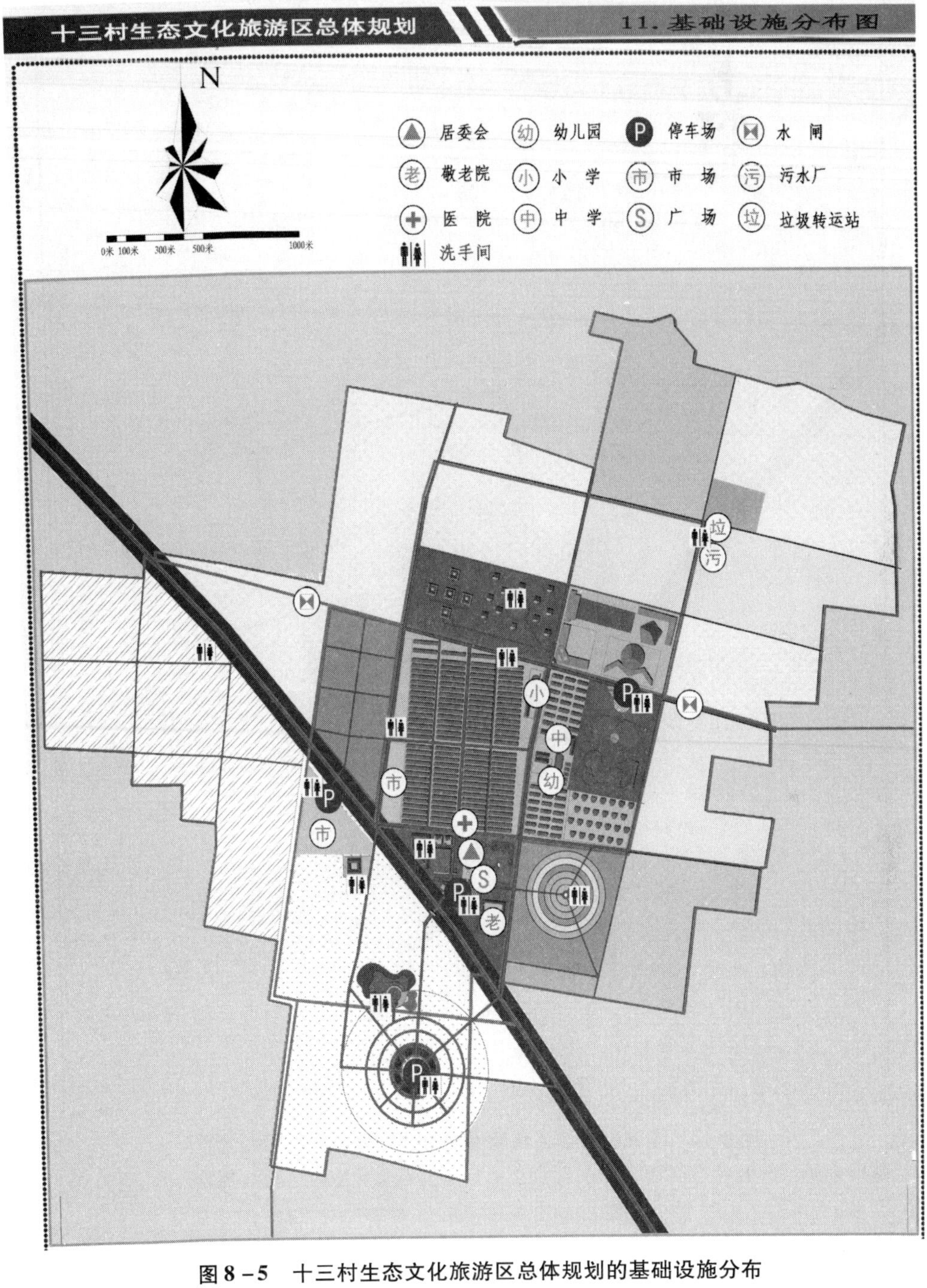

图 8－5　十三村生态文化旅游区总体规划的基础设施分布

资料来源：编者参与项目《山东省曹县十三村生态文化旅游区总体规划》。

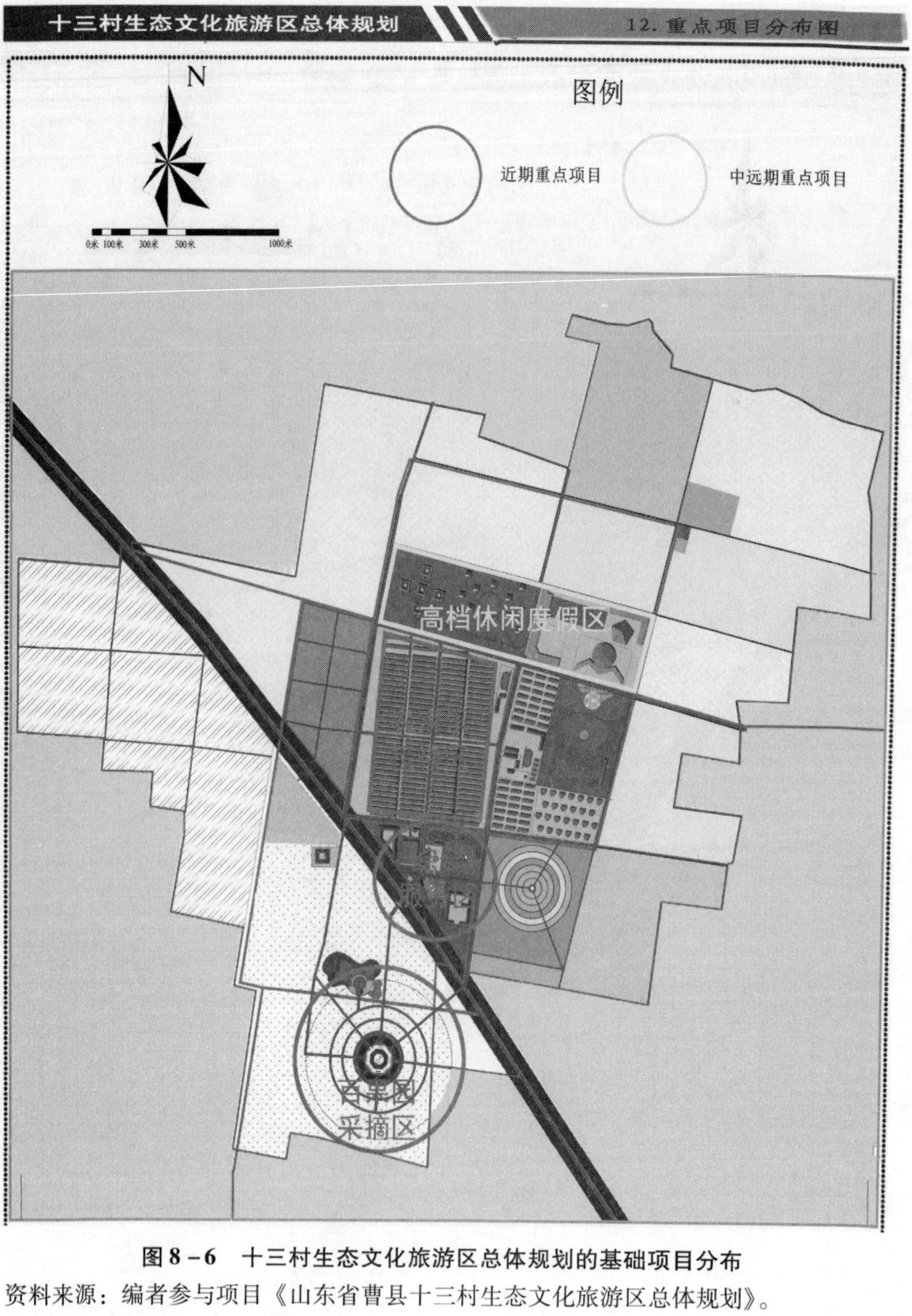

图 8－6　十三村生态文化旅游区总体规划的基础项目分布

资料来源：编者参与项目《山东省曹县十三村生态文化旅游区总体规划》。

【本章小结】

（1）乡村旅游规划与开发是一门理论性与实践性相结合的课程。在教学过程中，要增加野外实践机会，组织学生进行乡村旅游规划与开发的实习实训。通过实习，能够开阔学生的专业视野和动手能力，能够运用所学的乡村旅游规划与开发的专业知识进行初步的规划与开发的实践工作。

（2）实践课教学本着以人为本、开阔眼界、激发兴趣、发展能力的指导思想，着眼学生现代旅游规划和管理理念的培养，打造适应时代和社会需求的实用性人才。野外实习目的是结合部分教学内容，加深对已学知识的理解与掌握，认识乡村旅游资源的类型、结构、特征和分布规律，掌握乡村旅游资源的调查方法、客源市场的调查和分析、形象定位、功能分区以及产品设计等技巧，为今后从事旅游实际工作和研究奠定基础。

（3）旅游规划实习涉及诸多环节，是一个非常系统的工作，每个环节都有相应的任务，每个阶段指导教师和学生都有相应的工作内容。

【案例分析】

分析第三节案例《山东省曹县十三村生态文化旅游区总体规划》，讨论乡村旅游规划实施的过程是怎样的？

【思考题】

（1）简述乡村旅游规划与开发实习的目的与要求。

（2）简述乡村旅游规划与开发实习的过程。

（3）简述乡村旅游规划与开发实习的内容。

【探究性学习】

（1）基于地域场所精神下的乡村规划，如何维护乡村文化精神的认同和皈依？

（2）结合案例思考十三村公共空间、半公共空间、半私用空间和私用空间是如何构建的？

【参考文献】

［1］李斌：《人文地理与城乡规划专业规划实习教程》，西南财经大学出版社 2015 年版。

［2］刘玉芝：《案例教学法在“旅游规划与开发”课程中的运用》，载《课程教育研究》2017 年第 12 期。

［3］刘玉芝：《虚拟现实技术在旅游规划与开发课程中的应用研究》，载《课程教育研究》2018 年第 13 期。

［4］刘玉芝：《地方高校文化创意课程特色化发展策略探析——以菏泽学院为例》，载《包头职业技术学院学报》2020 年第 1 期。

第九章 新视角下乡村旅游规划的理论及实践

【知识学习】

掌握国土空间规划控制下和文旅融合驱动下的乡村旅游规划理论和实践；
理解国土空间规划对旅游规划编制的影响；
了解菏泽市文旅融合驱动下全域旅游发展情况及探索；
了解《曹县唐庄百年梨园旅游区》总体规划的评价。

【能力提升】

使学生能用新的方法和理念来理解乡村旅游规划的工作并在实践中灵活运用。

【素质养成】

通过本章的学习，学生对乡村旅游规划的新理论和新内容有全面深入的认识，了解国家政策，培养参与乡村旅游规划工作的热情。

◆导入案例

关乎规划与发展，乡村活力评价如何开展？

（自然资源部国土整治中心　高世昌、肖　文；
中国城市规划设计研究院　许顺才）

2020年中央“一号文件”提出要依托现有资源建设农业农村大数据中心。党的十九届四中全会通过的决定也要求，“建立健全运用互联网、大数据、人工智能等技术手段进行行政管理的制度规则”。乡村是国家治理体系的薄弱地区，充分整合政府相关部门的数据，并利用互联网、大数据等手段构建一套乡村活力数据库，是补齐乡村治理短板，推动治理体系和治理能力现代化的重要举措。

科学评测乡村发展活力，综合反映乡村发展水平、分析乡村的特征与差异、研判乡村发展阶段与问题，为乡村振兴战略实施、完善国家治理体系、优化国土空间布局和自然资源科学利用与保护提供科学支撑，具有重要而紧迫的现实意义。系统梳理国内外相关研究和实践，对于我国乡村活力评价数据库的建设和应用具有重要意义。

思考：乡村活力评价如何开展？

第一节　国土空间规划控制下的乡村旅游规划

《关于建立国土空间规划体系并监督实施的若干意见》的出台，意味着整体国土空间的重塑，对旅游规划提出了更高要求，提升、完善和改进旅游规划的内容、理念和方法，做好旅游专项规划，既能更好适应新时代旅游业发展需求，也是对空间规划体系的完善。

一、乡村旅游是中高品质休闲旅游产品

（1）乡村景观是具有特定的景观特征、景观内涵和景观意象的景观类型。是区域景观结构中的主体景观类型。是以自然景观为基础，以人文景观为主导的人类文化与自然环境高度融合的景观综合体。是乡村旅游规划和设计的重点内容，是乡村旅游业经营和开发的核心竞争力。无论是政府或者开发商，在新时代发展理念下开发乡村旅游，不能再认为这是一项简单粗放的产业。美丽的乡村已经成为稀缺资源，发展乡村旅游需要两个基本条件，即相对美丽的乡村环境和足够超越别的村的基本设施条件，也就是要通过足够的投资来改变先天不足。

（2）乡村旅游属全部旅游产品体系中内涵清晰、外延广泛的一类专项旅游产品，需要同时满足发生在乡村地区和以乡村作为主要吸引物两大特征，这两大特征也是乡村旅游基础价值和面向游客的核心吸引力所在。乡村旅游的本质吸引力在于为游客提供乡村主题鲜明、内涵丰富的旅行体验，特别是个性化的精神体验是主要产品消费诉求。这种乡村主题鲜明的产品，并不代表乡村旅游的产品品质可以不高、条件可以简单，而是要通过产品传递出乡村文化中质朴、真诚以及充满乡愁的内在意境；服务方面，不一定如标准化产品一般有据可循，但这种乡亲般的人文情感交流、乡愁所蕴含深刻无限延展的心灵慰藉、绿色质朴的纯粹感受，都是一切标准化所不能媲美的乡村旅游核心价值。

（3）乡村活力是乡村振兴和乡村发展的内在动力，与国土空间规划是互动的内生关系。德国运用乡村活力分析，为乡村量身制订发展方案，有效指导乡村发展和更新。21 世纪以来，德国巴伐利亚州食品农林部和环境保护部门共同开展了乡村活力评价研究，以及乡村活力分析数据库建设，全面分析影响乡村发展因素，客观评价乡村发展活力，优化乡村布局。具体来说，包括建设坚固稳定的居

民点结构，强化村庄核心区域发展，促进村庄内生发展，为农村地区创造更优的生活环境和公共基础设施，保护村庄建筑文化和文物古迹等。该数据库是观察乡村活力的工具，利用该数据库可以为乡村量身制订发展方案，为编制乡村规划和区域发展战略提供科学依据和技术支撑。总体来看，巴伐利亚乡村活力分析数据库包含土地管理数据库和乡村活力数据库。

英国实施乡村品质统计，对乡村变化进行跟踪监测，保持乡村多样性和地域特色。英国在完成工业革命和城市化后，依然保留了乡村典型的风景特征和田园风光，并且将乡村景观提升为英国民族文化的象征。20 世纪 90 年代以来，乡村重构成为全球进程，尤其是欧洲乡村从生产和居住的空间逐渐转变为消费和保护的空间，整个乡村地区管理目标的范式发生转变。乡村的生态环境、景观特色作为高品质生活的一部分越来越受到重视，景观科学在欧洲逐渐成为各个国家实现可持续发展、自然保护与土地管理的核心。乡村品质以乡村的林地、边界特征、农业土地覆盖、居民点和发展模式、半自然栖息地、历史特征和河湖水系等要素为基础。第一阶段建立了国家乡村特征决策支持数据库（简称“NCCD”）和新景观分类；第二阶段扩展和改善 NCCD，建立并检验乡村变化指标，最终创建了国家乡村特征分区数据库。

日本为增强乡村对城市的反向吸引力，围绕能否更好开展农林业生产、发展地域特色产品、持续激发乡村活力进行评价。由于日本人口在三大城市群高度集中，乡村“空心化”现象逐年加剧，日本一直以紧凑乡村为理念，通过建立完善乡村区域公共服务设施集中区，辐射带动一定范围内的乡村居民点，使乡村地区在“空心化”阶段具有弹性和适应性，既能保障“空心化”地区必要的生产生活条件，又能为未来发展保留空间。另外，注重从区域、城乡要素流动过程中谋求振兴，形成创新动力。在乡村发展模式方面，伴随城镇化发展逐步从政府推进下的追求数量，向设施趋于完善后自发性质量提升转变，城乡之间的界限愈发模糊，交流渠道更为顺畅，因此乡村地区以提升生产生活便利性、培育多元化产业形态、营建美好的人居环境为主要发展目标，通过不断缩小城乡之间的差距，风景秀丽、空间舒适、设施完备、福利保障充分、收入稳定的乡村地区必然对城市产生一定的反向吸引力，即拥有活力。

二、国土空间规划控制下的旅游规划

1. 空间规划体系基本概念

空间规划体系（space planning system）是以空间资源的合理保护和有效利用为核心，从空间资源（土地、海洋、生态等）保护、空间要素统筹、空间结构优化、空间效率提升、空间权利公平等方面为突破，探索“多规融合”模式下的规划编制、实施、管理与监督机制。空间规划体系是理清各层级政府的空间管理事权，打破部门藩篱和整合各部门空间责权，从社会经济协调、国土资源合理开发利用、生态环境保护有效监管、新型城镇化有序推进、跨区域重大设施统筹、规划管理制度建设等方面着手建立的空间规划。我国的国家空间规划体系包括全国、省、市、县、乡镇五个层面。空间规划在1983年欧洲区域规划部长级会议通过的《欧洲区域/空间规划章程》中首次使用。文中指出，区域/空间规划是经济、社会、文化和生态政策的地理表达，也是一门跨学科的综合性科学学科、管理技术和政策，旨在依据总体战略形成区域均衡发展和物质组织。1997年发布的《欧盟空间规划制度概要》中进一步指出，空间规划主要是由公共部门使用的影响未来活动空间分布的方法，目的是形成一个更合理的土地利用及其关系的地域组织，平衡发展和保护环境两个需求，实现社会和经济发展目标。通过协调不同部门规划的空间影响，实现区域经济的均衡发展以弥补市场缺陷。同时规范土地和财产使用的转换。“空间规划”一词目前仍在欧洲规划工作使用较多。

2. 我国国土空间规划体系的建构

从概念界定上，国土空间是指以自然资源为载体，汇集生态环境和各类经济社会活动于一体的系统关系总和，具有长、宽、高、深四维尺度，具有不同功能的立体范围；而国土空间规划是确保国家和地区生态、经济、社会发展安全，协调各类型空间功能需求，提升空间开发保护效能的总体管控方案。《中共中央国务院关于建立国土空间规划体系并监督实施的若干意见》指出：国土空间规划是国家空间发展的指南、可持续发展的空间蓝图，是各类开发保护建设活动的基本依据。建立国土空间规划体系并监督实施，将主体功能区规划、土地利用规划、城乡规划等空间规划融合为统一的国土空间规划（三规合一、多规合一），实现“多规合一”，强化国土空间规划对各专项规划的指导约束作用，是党中央、国务院作出的重大部署。

国土空间规划是对一定区域国土空间开发保护在空间和时间上作出的安排。包括总体规划、详细规划和相关专项规划。国家、省、市县编制国土空间总体规划，各地结合实际编制乡镇国土空间规划。相关专项规划是指在特定区域流域、特定领域为体现特定功能对空间开发保护利用作出的专门安排，是涉及空间利用的专项规划。旅游规划在规划体系里属于专项规划。国土空间总体规划是详细规划的依据，是相关专项规划的基础，相关专项规划要相互协同并与详细规划做好衔接。

就国土空间规划编制的层级而言，目前基本达成的共识为建立国家、省、市、县、镇五级编制体系，在序列上亦基本为下位遵从上位，形成纵向传导体系，逐层进行编制。其中国家级规划侧重战略性，省级规划侧重协调性，市县级和乡镇级规划侧重实施性。编制空间规划，按照底线发展的思维要求，在开展资源环境承载力评价和国土空间适宜性评价（双评价）基础上，科学划定城镇、农业、生态三类空间范围（三区）以及城镇开发边界、永久基本农田、生态保护红线（三线）的范围，科学绘制国土空间规划底图，在三类空间框架下有效整合各类空间规划、综合集成各类空间要素，统筹布局城镇发展、土地利用、基础建设、产业发展、生态环境保护等，编制形成融发展与布局、开发与保护为一体的规划蓝图，如图 9-1、图 9-2 所示。

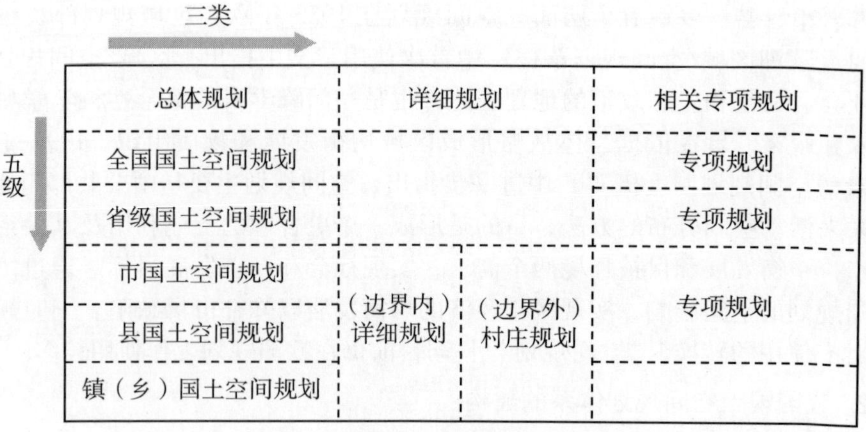

图 9-1 国土空间规划编制的框架

资料来源：国务院新闻办公室：《图解国土空间规划：五级三类四体系》，2019 年。

新时代国土空间规划的使命就是要治疗空间规划管理旧疾，提高空间治理现代化能力。当前中国社会发展进入新时代，国土空间规划体系的建构，聚焦在三方面即聚焦新时代治理体系、聚焦可持续发展和生态文明建设、聚焦新技术的整体贯通。因此，新一轮国土空间格局调整正经历由内向外、由东向西的转变，围绕新时代发展目标，来重塑国土空间格局。空间规划演变脉络从中共十八届三中全会开始，自此国土空间规划意识崛起，全国一盘棋、创新五级空间规划体系正在形成，加快建设主体功能区推进多规合一成为普遍共识。作为国土空间规划体系中的专项规划——文化和旅游规划，是国家“多规合一”的重要组成部分（吴必虎，2020）。

3. 乡村的振兴与遗产保护是面临的制度改革重任

在中国人口结构转型时期，大量的城乡人口、土地互动需求需要被满足，而乡村—城市社会交换双向通道存在制度障碍。在此背景下，要重新解读乡村的要素：土地的乡村，农人的地盘农民做主；产业的乡村，乡村产业重构，释放乡村价值；社会的乡村，依靠新乡绅恢复乡村社会生态。70% 的人住到城里了，所以乡村振兴不需要百分之百振兴，振兴的着力点要放在 30% 的“核心乡村”。而且“乡村的绅士化”，要表现“乡愁”驱动下的“故乡重构”。因为快速城镇化将农民赶进了城市，却无法为农民提供“乡愁”的寄托，未来这一批人回到乡村是“反哺”和“回归”动机为主导的社会行为，同时预设后乡土生活方式为乡村休闲产品升级的终极方向。所谓文化遗产，皆为历史建设结晶，无论是重建、再建、创建，都要以保护为目的，应该与现代生活相容。商业因素的加入并非道德缺陷，而是遗产建设的主要动力，以徽商与茶马古道等为例，进而提出当今的活化利用需要解决三个问题：产权、资本、品质（吴必虎，2020）。

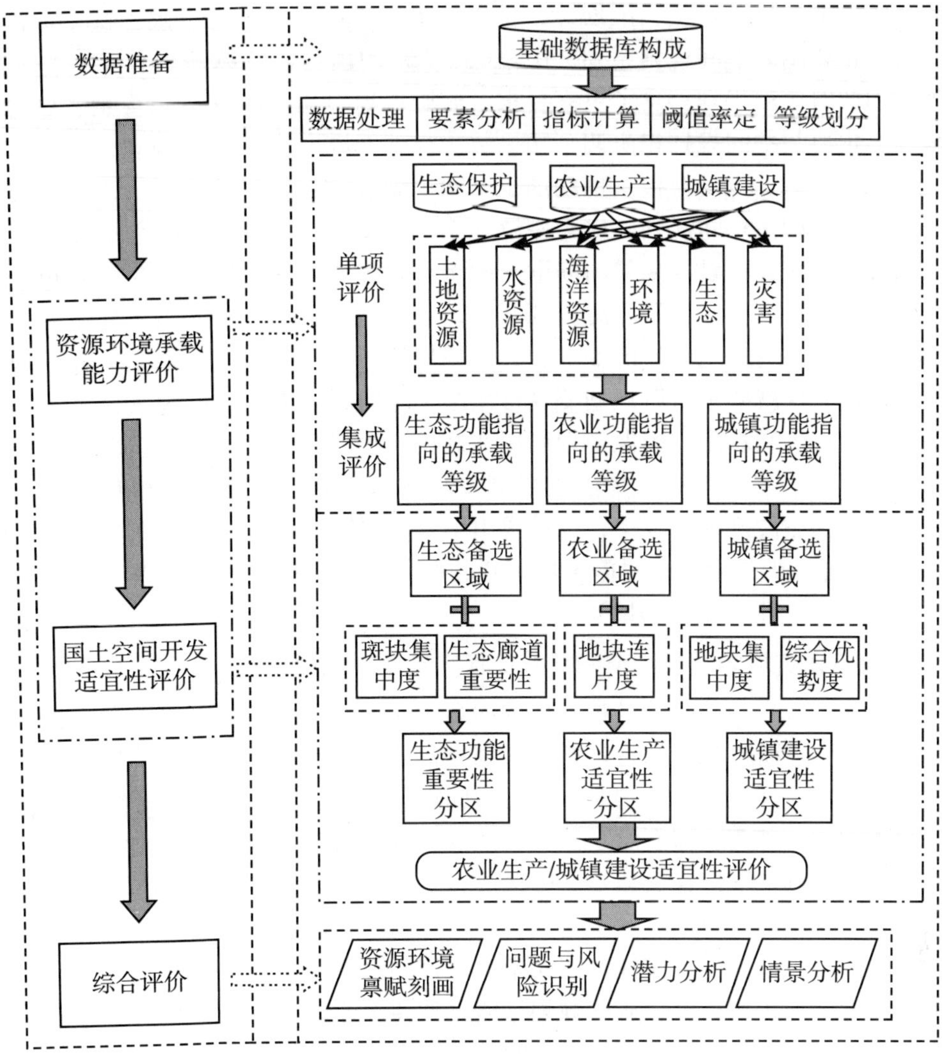

图 9－2　国土空间规划的“双评价”

资料来源：天津大学城市规划考研热点专题：城规理论团。

三、国土空间规划对旅游规划编制的影响

1. 旅游专项规划，应主动对接国土空间规划

根据《关于建立国土空间规划体系并监督实施的若干意见》（以下简称《意见》），国土空间规划统筹所有空间规划，是空间规划的顶层设计，专项规划都要与其相一致。或者说，专项规划适宜空间的内容，都需纳入这个空间规划。但是国土空间规划不能代替专项规划，所以各行业的规划、包括旅游规划，还需从专业角度去做。旅游规划在规划体系里属于专项规划。旅游规划有自己的特点，既有计划性，也有市场性；既有空间，也有项目、投资等，自成系统。旅游规划中

的旅游业发展目标、定位、策划等，是要落实在空间上的，这时候，这个旅游规划，就一定要纳入空间规划系列之中。《意见》的出台，意味着整体国土空间的重塑，因此对旅游规划提出了更高要求，旅游规划中凡是涉及空间管制、管理的地方，一定要与空间规划相协调、相一致。也就是说，旅游专项规划，应在区域主导功能划分时，主动对接、推动国土空间规划（沈迟，2019）。

紧密对接国土空间规划，应对旅游规划全新要求，旅游专项规划应从以下几个方面进行对接：一是规划导向问题，国土空间规划体系以生态优先、绿色发展为导向，旅游规划更多强调旅游资源开发，因此国土空间规划体系下的旅游规划应权衡资源开发与环境保护的要求；二是规划的约束性要求，要求相关专项规划要相互协同，这就要求旅游规划要在遵循国土空间总体规划的前提下，具体到空间的开发、保护和利用，确保规划能用、好用、管用，旅游规划的刚性要求和规范性要求要进一步提高；三是国土规划要求各项规划相互协同，相互衔接。因此，在未来的旅游规划过程中，也被提出了更多限制性要求，不能完全考虑“甲方”“旅游者”的需求，这对旅游规划者的职业道德素养和创新性思维要求更为严格（胡海胜、张良泉，2019）。

2. 重点研究旅游发展的空间需求如何与空间规划相衔接

空间规划有一些核心的、技术性的内容，比如“三区三线”等，在做旅游规划时，需要重点研究如何结合。旅游规划经常遇到的难题是，在风景名胜区、自然保护区等有关区域开发旅游时，所占空间如何与空间规划衔接。虽然旅游空间可能只占很小一部分，但有时是深入腹地的，这就需要旅游规划提前做出来。只有提前做了，其他部门在做风景名胜区或自然保护区规划时，才知道有这样一个问题需要与旅游部门协调。这个时候，旅游部门就要通过旅游规划讲清楚旅游的线路、场所等，虽然深入腹地，但对生态环境并没有造成过多干扰或影响，已经采取了足够的保护措施等，旅游规划才能立得住，才能评审通过并实施落地。在此过程中，叠加旅游规划的空间需求时就可以看出供需矛盾、空间资源配置的需求和效率等。如果空间规划判断某一个专项规划是符合要求和规定的，那么专项规划就一定是符合的，不会再出现不一致的情况。

此外，遵循国土空间总体规划，对旅游空间资源进行配置也是一项新的要求。这就需要旅游行业能够在国土空间规划编制期间就提出旅游业发展的空间需求。不同的目标有不同的预设前提，不同的目标又有不同的空间资源配置，而区域性基础设施、地方公共服务的提供乃至大的经济社会环境、居民收入水平和结构、国家相关政策又对旅游目标的实现有着重要影响。

3. 遵从“多规合一”新规则，融入国土规划新体系

建立国土空间规划体系并监督实施，逐步实现“多规合一”，强化国土空间规划对各项专项规划指导约束作用，是国家层面的重大部署。“多规合一”不是多个规划加在一起，哪里出现矛盾或冲突了就调解一下，重叠的部分各个部门协

调，不是将空白的部分填满，然后再拼起来，而是整个地域进行“双评价”、划“三区三线”。在这个基础上，将既有规划一层一层叠加，比如旅游规划、区域交通系统、区域内的能源、环保等其他规划，然后再看矛盾冲突是什么。在旅游规划评审和实施过程中，常遇到各个部门从自身出发，在规划中提出各种要求，都有各自的道理。这样一来，最大的问题就是规划不一致，比如某一个项目，根据某一项规划是合法的就开建了，结果根据另一项规划是不合法的。“多规合一”的新规则，能有效杜绝这些问题，规划不再是部门的规划，而是统筹的规划。所有部门的、局部的规划，都要服从国土空间这一整体规划。

国家发展规划是统领，国土空间规划是基础。旅游规划就要在统领的指导下，以国土空间规划为基础，合理配置旅游发展所需的各类空间资源。遵循和融入国土空间总体规划，还应注意提高旅游规划的科学性和操作性：以生态保护优先为原则，以绿色规划开发为基本方式，制定实施旅游规划的政策，改进旅游规划方法，提高旅游规划水平（胡海胜、张良泉，2019）。

4. 立足现实问题重新审视旅游规划，科学构建旅游规划全新框架

中国旅游产业近些年取得可喜成绩，与旅游主管部门的努力和旅游研究，规划从业者的付出不无关系，但回望现有规划体系的构架和规划方案的实操性，也存在法律缺位，地位边缘，片面追求空间美学、经验至上、方案至上、数据至上的形而上的规划问题，为落实《意见》“国土空间思维”，旅游规划需要立足现实问题重新审视，跳出方案看落地，将旅游方案放置在国土空间规划的有序布局中来对标谋划。综合旅游产业的属性特点和发展趋势，应强化、突出全域旅游理念，以此来重新构架旅游规划体系（吴丰林，2019）。

多年以来，旅游规划主要以2003年颁布的《旅游规划通则》为指导依据进行编制。今后，在国土空间规划体系总体框架的控制指导下，要对旅游规划体系进行系统、全面、深入的研究学习，努力构建一个科学、完善、适用的旅游专项规划全新框架系统，以提高旅游规划的整体水平（沈迟，2019）。

第二节　文旅融合驱动下全域旅游的发展
——以山东省菏泽市为例

一、文旅融合与全域旅游

（一）文旅融合

2019年10月，文化和旅游部正式认定并公布了首批71个国家全域旅游示范区名单，这说明在创建示范区的过程中，文旅融合大势所趋。中国旅游进入文旅

融合的新时代，文旅融合发展符合全社会需要。而在文旅融合下，传统的旅游规划也正在经历重构。吴必虎教授结合杭州、西安、南京、伊春等区域旅游规划实践案例，从规划原则到理论模型，再到具体的1231文化和旅游规划方法进行了深入的讲解。同时指出，随着原国家文化部和国家旅游局完成历史性合并，“凸显文化性”逐渐成为旅游发展的引领性方向，未来旅游景区将迎来票制改革、业态经济的新时代，成为未来发展创新的新重点，这也将开启中国文旅3.0时代。因此，新时代文化和旅游规划，要赋能目的地体系，实现文旅价值最大化。

（二）全域旅游

全域旅游是我国旅游业发展进入新阶段，突破“景点式”发展模式，寻求在更大时空尺度上，有机结合自然、人文资源，提升旅游业在整个经济和社会发展中的牵引和带动作用的一种思想理念的迭代，也是一种发展战略的选择和公共政策的创新。近年来，各地政府结合当地实际，积极探索和推动全域旅游发展，获得了显著成效。在文化和旅游融合发展的新形势下，全域旅游的潜能将进一步释放。

（三）文旅融合驱动下的全域旅游发展

1. 全域旅游为文旅融合提供了清晰的理念支撑

文化和旅游融合本身，就是要打破行政区隔，改革管理体制机制，在更大范围和深度上配置文化和旅游资源，推动经济社会协调发展。文旅融合，需要思想理念上的全新突破。全域旅游，最初是旅游业本身从量变到质变产生的思想飞跃，同时也是其放开眼界和心胸，总结和借鉴国内外先进发展范例，观察和思考经济社会整体发展路径的产物。全域旅游系统地思考了一个区域内自然和人文两种资源、访客和居民两个主体、政府和市场两个层面的多维复杂的关系，探讨了基本规律，提供了解决路径。全域旅游从作为一个创造性概念提出到成为诸多地方生动发展的现实，仅用了数年时间，充分证明了这一思想的前瞻性、适应性和有效性。

2. 全域旅游为文旅融合提供了有力的政策驱动

全域旅游以旅游业为优势产业，综合考虑旅游资源、相关产业、生态环境、公共服务、体制机制、政策法规、文明素质等方面的系统化的优化提升，以旅游业带动和促进经济社会协调发展。全域旅游要求地方政府优化配置经济社会发展中的各类资源和公共服务，要求按照景区标准统筹规划区域发展，要求构建全域大旅游综合协调管理体制，要求全域发挥“旅游+”功能，使旅游与工业、农业、商业等其他相关产业深度融合、相融相盛，要求全民共建共享。在全域旅游的政策框架内，所有文化资源、文化主体必然要相互连接、相互支持、相互交融，并获得政府治理的一整套机制和杠杆的推动和激励，这就为文旅融合在区域内的实现提供了强劲的动力系统。

3. 全域旅游的成效预示了文旅融合的美好前景

大众旅游越来越走向以“自主深度体验”为主的旅游方式，这对经济社会整体内涵和风貌提出了高度的要求。目前，我国全域旅游发展比较好的地方，如浙江杭州、江苏苏州、海南琼海、广西桂林等，无不呈现出时时可观瞻、处处皆风景的美好现实。随着国民素质的提升，文化旅游的吸引力与日俱增，深化文旅融合、发展全域旅游，成了创造人民群众美好生活的重要途径。这正是文旅融合在更大范围内要实现的主要目标之一。随着文旅融合的全面推进和日益深入，我们相信这种美好图景将成为更加广阔的社会现实，并富有更加深厚的文化底蕴、更加多样的文化色彩。

二、菏泽市文旅融合驱动下全域旅游的发展实践

（一）菏泽市文旅融合驱动下全域旅游发展情况

菏泽古称曹州，地处鲁、苏、豫、皖四省交界，承东接西、引南联北，是东部沿海向中西部地区辐射的重要节点，也是中原经济区和丝绸之路经济带两大国家战略交汇点，拥有丰富的中原文化、黄河文化、水浒文化、红色文化，素有“一都四乡”的美誉。菏泽市立足“牡丹之都，好汉之乡”特色旅游品牌，深入挖掘特色旅游资源，加强旅游产业融合，大力发展旅游新业态，着力构建一日游，二日游产品体系，全市旅游业呈现出良好的发展态势。近年来，菏泽市坚持以新旧动能转换为契机，以全域旅游为主攻方向，主动顺应“大众旅游时代”发展新趋势，加快全域旅游发展。

2016 年初国家旅游局提出发展“全域旅游”后，菏泽市积极响应国家旅游局和省旅游发展委的号召，确定率先全力支持郓城县发展全域旅游。在郓城县召开现场办公会，专题研究支持郓城全域旅游发展工作的政策措施。同时，单县也积极启动全域旅游建设工作。郓城、单县先后召开了全域旅游发展大会和“创建山东省全域旅游示范区”动员会，积极推进旅游管理体制改革，完成了旅游发展委组建工作。同时高点定位，编制《郓城县全域旅游总体规划》《单县全域旅游发展总体规划与三年行动计划》，探索出一套完善的县域全域旅游发展模式。两县于 2016 年 11 月成功入选首批山东省全域旅游示范区创建单位名单。自此菏泽市形成了以县区为突破口，推动全市全域旅游发展的新路子。

（二）菏泽市文旅融合驱动下全域旅游发展存在问题

1. 对全域旅游的认识有待提高

全域旅游是一项庞大的系统工程，需要各级各部门树立“一盘棋”思想，工

作谋划上打出“组合拳”举措，多部门合作、多系统联动、多行业协同，形成一股劲、拧成一股绳。目前菏泽市全域旅游发展机制有待完善，多部门联动的全域旅游发展氛围尚未形成，制约着全域旅游的发展。

2. 城市品牌体系发展不成熟

菏泽市“牡丹之都，好汉之乡”旅游品牌的策划、宣传、提升、运营体系发展不成熟，缺乏核心吸引物的支撑，缺少带动力大的“龙头”项目。在山东省十大文化旅游目的地品牌创建中，菏泽市仅涉及“水浒故里”“黄河入海”的部分内容，份额占比少。县区中也仅有郓城、单县明确提出了打造“水浒故里，好汉郓城”和“健康单县，善行天下”旅游品牌。

3. 旅游公共服务设施缓慢

缺少市级旅游集散中心，游客服务中心，旅游信息化水平不高。城市休闲空间、游憩场所、停车场不足、紧急救援体系不健全。交通设施是发展旅游业的重要因素，目前菏泽市高铁、机场尚未建设完成，大交通网络建设不完善，区域可进入性不强，严重制约了旅游大项目在菏泽的落地。

（三）菏泽市文旅融合驱动下全域旅游发展对策

全域旅游与“创新、协调、绿色、开放、共享”五大发展理念高度契合。推进全域旅游，正是落实五大发展理念的有效抓手，是加快旅游供给侧结构性改革的必然要求和发展趋势。发展全域旅游，就是将一定区域，作为完整旅游目的地，以旅游业为优势产业，区域社会经济环境统一规划布局、优化公共服务、推进产业融合、加强综合管理、实施系统营销，有利于不断提升旅游业现代化、集约化、品质化、国际化水平，更好满足旅游消费需求。全域旅游不仅是旅游行业的进阶提升问题，而且是社会经济全面发展问题。针对旅游行业欠发达，传统景点较少的菏泽，如何发展全域旅游，挑战与机遇并存。

1. 与乡村振兴战略、城乡一体化建设、美丽中国、美丽山东、美丽菏泽建设天然结合，相得益彰

解决好区域的自然环境、人文环境问题，从区域发展全局出发，统一规划，整合资源，凝聚全域旅游发展新合力。大力推进“旅游 +”，促进产业融合、城乡融合，全面增强旅游发展新功能，使发展成果惠及各方，构建全域旅游共建共享新格局。牢固树立绿水青山就是金山银山理念，坚持保护优先，合理有序开发，防止破坏环境，摒弃盲目开发，实现经济效益、社会效益、生态效益相互促进、共同提升。这是发展旅游业尤其是全域旅游的基础和背景。

2. 传承和提升菏泽市的“花城、水邑、林海”的自然景观特色

在城乡规划、美丽宜居城乡、旅游小镇、风情县城以及城市绿道、慢行系统、旅游综合体、主题功能区等建设中，都要坚持、体现、表达出这个特色来。随着全国环境生态优化，特别是黄河流域生态文明建设确定为国家战略，在国家

层面统筹考虑黄河生态治理需求与任务，统筹开展流域产业结构和布局调整优化，处在黄河下游的山东第一站的菏泽市将受益匪浅。近年来，黄河水情已经发生了变化，水量增加、枯水期缩短、泥沙减少，为充分利用黄河水资源优势，打造水邑特色城市带来难得的机会，问渠那得清如许，为有源头活水来，有了水，菏泽市的环境生态将得到巨大改善。如开发改造青年湖、双月湖、雷泽湖及环城河、环堤河、赵王河、洙水河、万福河、七里河、思源河“三湖七河”，把万福河打造成为城区内河，形成城区万亩水面，打造滨水宜居宜游开放空间。进行湿地建设，赵王河上游生态公园建设和洙水河湿地。菏泽古称曹州，有着悠久的历史，其外圆内方铜钱形状的古城轮廓被人们津津乐道，至今依稀可见，方形是指老城墙，圆形是指环绕菏泽老城的护城大堤和护城河。古城修复和环堤公园生态修复建设，将会成为具有核心竞争力的景区。

3. 挖掘和复兴区域传统文化的人文景观特色

菏泽历史文化与中华文明源头有渊源。科学利用鲁西南堌堆文化、传统村落、文物遗迹及博物馆、纪念馆、非物质文化遗产展示馆等文化场所开展文化、文物旅游，同时，推动剧场、演艺、游乐、动漫等产业与旅游业融合开展文化体验旅游。

4. 全域旅游并不意味着传统景区景点建设无足轻重，应该更需强化

应继续打造提升传统优势景点，例如曹州牡丹园4A级景区，作为菏泽市的标志性旅游产品，通过协同创新，打造成国家级旅游精品，使其成为独特旅游景区，即5A级，填补菏泽市缺失5A级旅游景区的空白。在景区规划与开发中，必须把握有特色的景点，成为菏泽市全域旅游的亮点。同时应继续打造新的景点，例如，挖掘菏泽市传统农业和现代农业的优势，推动旅游与农业、林业、水利融合发展。大力发展观光农业、休闲农业，培育田园艺术景观等创意农业，鼓励发展具备旅游功能的定制农业、会展农业、众筹农业，打造第一、第二、第三产业融合发展的美丽休闲乡村。积极建设森林公园、黄河故道湿地公园、黄河人家等。菏泽市力争通过文旅融合，发展全域旅游，优化区域环境、提升优质旅游景区景点、打造新的有特色的景点，实现从旅游中转站向旅游目的地的转变，实现宜居宜业宜游。

第三节　《曹县唐庄百年梨园旅游区》总体规划评价

一、区域概况

青堌集镇位于曹县东南部，总面积146.7平方千米，辖86个行政村，209个

自然村，总人口9.2万人，其中非农业人口9000人。镇驻地由11个行政村和19个镇直单位所组成，驻地人口为2万人。

（一）区位和交通

项目位于青堌集镇西南部唐庄，南靠黄河故道，有105国道从项目地内部纵向穿过。北临黄河引水渠，东有浮龙湖，西有济广高速公路纵向穿过。

（二）自然气候

曹县农业资源丰富，属黄河冲积平原，又是黄河故道区，地势平坦，土壤肥沃，气候适宜，光照充足，水源充沛。新中国成立后累年平均气温大于0℃，活动积温为5200度，日照时数2640小时，无霜期212天，降水量708毫米。盛产小麦、棉花、玉米、花生、大豆、芦笋、杞条等，是全国粮食生产先进县、优质棉生产基地县、全国菜篮子工程生产先进县、全国食品工业百强县、全国芦笋生产第一县。2007年4月16~19日，由中国蔬菜流通协会、菏泽市人民政府主办，曹县人民政府承办的首届中国（曹县）国际芦笋节，在曹县成功举办。

曹县是全国最适宜植树的地区之一，是国家命名的平原绿化达标县、京九绿化示范县、沙化治理先进县，是全省桐木制品、杨木制品、柳编制品出口第一县，2004年6月，被中国林学会授予“中国泡桐加工之乡”“中国杨木加工之乡”“中国柳编之乡”称号。目前，全县林地面积发展到85万亩，农田林网176万亩，农桐间作40万亩，杞条8万亩，名特优果园7万亩，林木蓄积量289万立方米，林木覆盖率达到28.8%。年育苗1.5万亩，年采伐桐木4万立方米，速生杨5万立方米，年产杞条12万吨，年产果品1.5亿公斤。

唐庄村休闲农业，坚持“农游合一、协调发展”的方向，围绕农业生产过程、农民劳动生活和农村乡情风貌、休闲产品开发，突出自然生态、本土气息，特色休闲农业，具有浓郁的乡土气息，成为曹县农村旅游经济开发的新亮点。

（三）选址依据及存在问题

黄河故道千亩梨园已初具规模，种植面积大，种植果品种类多，地理位置优越，临近黄河故道，区位优势明显，环境优美，易于发展农家乐，可做游戏娱乐活动点灵活多样，是一块值得开发的优良地段。

原梨园基础较差，果树生长良莠不齐，离采摘园的标准差距甚远，需要改造三园（桃园、梨园、樱桃园）的地块和面积，根据我们的初步调查达1000亩之多，且树木情况杂乱。因此，我们本着“管好老梨树和盛果树，改造其他树”和“先难后易”的原则，计划分2年将梨园改造完毕。将保留的梨园中的杂树，如杨树、杏树、桃树移出，以利采摘和防止病虫害蔓延。

（四）城镇建设及基础设施

近年来，青堌集镇开展了大规模的小城镇建设，新开展街道 8 条，城区面积达 2 万平方千米，沿街西侧全部建起高标准楼房路灯、下水道配套完毕。镇驻地现有中小学 8 座，布局合理。驻地交通发达，东西干线 3 条，人均居住面积 10 平方米，环境卫生整洁，绿化面积已达 4 万平方米。驻地现有 50 千伏安变电站一座，电信、联通载波塔两座，全镇农村电网改造已经完成。年用电量 13 万度，实现了村村通电话，装机容量达万余部。2013 年，被国家农业部、国家旅游局评定为三星级休闲农业与乡村旅游生态旅游园区。

（五）唐庄旅游资源现状

规划区位于黄河故道以北，这里风光秀丽、气候宜人，在这方亘古不变的沃土中，值得一提的就是曹县目前规模最大的千亩梨园了。从那些掩映在梨树林中的红墙绿瓦的砖混房舍、自然形成的村落可以体验百姓生活的平静和幸福。再加上梨花盛开，梨园之中桃花柳绿，春天的唐庄村到处呈现出一派古朴自然和谐的美。

古梨树群栽培历史悠久。现存古梨树群大多为明、清两代，树龄百年以上，有的超过 400 年。百年以上树龄的古梨树尚存数千株。虽古茎虬曲，历经沧桑却依然枝繁叶茂，百媚千娇。一般来说，梨树寿命就是几十年，而这里的梨树却是一个奇迹、一个谜。或许，在众花之中，梨花形小，色素，比不上牡丹的华贵，梅花的高雅，但古今吟咏梨花的诗依然不少。“冷艳全欺雪，余香乍入衣”“最似孀闺少年妇，白妆素袖碧纱裙”“艳净如笼月，香寒未逐风。桃花徒照地，终被笑妖红”“桃花人面各相红，不及天然玉作容。总向风尘尘莫染，轻轻笼月倚墙东”……

古梨树具有一定生产能力，深厚的人文和科研教学价值，生态景观旅游价值，如此优越的旅游资源，为其旅游业的发展提供了雄厚的物质基础。

如何有效的利用唐庄的区位优势、生态旅游资源，及时调整思路进行产业结构调整。以连片古梨园为重点，整合当地人文和自然景观，将唐庄旅游业作为新的产业进行开发，培育新的经济增长点，都有不少亟待解决的问题。

二、态势分析及总体定位

（一）SWOT 分析

1. 优势（strengths）

（1）特色突出。规模较大的梨树、桃树、樱桃树园是乡村果园采摘旅游的一大亮点，是其他区域乡村旅游无法拷贝的资源特色，是唐庄开发乡村旅游的核心优势。

（2）自然环境优美。唐庄坐落在黄河故道岸边，岸边土地肥沃，生态环境极佳。

（3）交通便利。距离市区较近且道路畅通，交通十分便利。距离主干道省道较近，旅游交通便捷，可达性较强。

2. 劣势（weaknesses）

（1）民间文化仍待挖掘。民间文化民俗活动不具有典型代表性和突出特色，民间文化相对不突出。

（2）农耕资源单一。农田种植以小麦、大姜为主，耕种种类单一，田园风光类型有限且与周边其他地区普遍一致，农耕资源单一。

3. 机遇（opportunities）

近年来，乡村旅游形势一片大好，目前已有部分旅游项目，但是还没有比较具有代表性的乡村旅游目的地，唐庄乡村旅游成功打造起来后，与其他旅游项目形成旅游产品的优势组合，从而达到彼此促进的最佳状态。

4. 竞争（threats）

曹县的各旅游景点如万亩荷塘景区、八里湾湿地风景区等定位明确、特色突出，在与唐庄乡村旅游互补的同时，也形成了一种竞争关系。

（二）规划理念

（1）突出资源特色，构建鲜明形象。
（2）发挥创造性，争创拳头产品。
（3）丰富项目，完善服务。
（4）现代农业与休闲度假有机结合。

（三）总体定位

（1）黄河故道生态旅游观光区。
（2）国家级休闲农业旅游示范点。
（3）鲁豫交界地区“鲁豫人家”乡村旅游知名品牌。
（4）全国农业旅游示范点。
（5）山东省乡村旅游示范区。
（6）山东省旅游特色村。
（7）山东省精品采摘园。
（8）国家4A级旅游景区。

（四）战略目标

1. 总体经济目标

唐庄百年梨园旅游区规划年限为11年，分近、中、远三期开发建设。

近期：2014～2015 年，启动阶段。到 2015 年，旅游区接待量达到 3 万人次，旅游总收入接近 720 万元人民币。

中期：2016～2020 年，发展阶段。到 2020 年，旅游区接待量达到 10 万人次，旅游总收入突破 3800 万元人民币。

远期：2021～2025 年，完善阶段。到 2025 年，旅游区接待量达到 20 万人次，旅游总收入接近 9400 万元人民币。

2. 社会目标

近期（2014～2015 年）为起步阶段。主要完成农园主路的开拓铺设，外围形象区、观赏采摘区、乡情体验区的建设，以及农园主路沿线的路灯配置，从而使本园区成为附近居民乐于经常光顾的特色郊野公园，成为菏泽市 10 个生态旅游农业示范村之一（菏泽市乡村旅游发展规划要求，到 2017 年，全市创建 10 个生态旅游农业示范村：玉皇新村、穆李村、青堌集唐庄、李村镇、沙河、舒王庄村、刘庄新村、孟杨庄、南王店、黄店等）、国家 2A 级旅游景区、山东省休闲农业旅游示范点、山东省高科技农业示范区、山东省旅游特色村、山东省精品采摘园、山东省农业旅游示范点，10 户以上山东省好客人家农家乐。

中远期（2016～2025 年）为发展提高阶段。主要完成全部游步道的开拓铺垫，狩猎园、陶艺馆、高科技农业示范区等的建设，所有路灯及通信基础设施的完善配套，从而全面建成并着重强化旅游管理，规范旅游服务，提高接待能力和水平，促进旅游开发与农业建设的协调发展，争取以新颖的内容、突出的特色、鲜明的形象和优质的服务使之成为山东地区一流和黄河故道首屈一指的示范性观光农园。中远期打造成国家 4A 级旅游景区、国家级休闲农业旅游示范点、国家级高科技农业示范区、全国农业旅游示范点、黄河故道生态旅游观光区、山东省特色旅游小镇、菏泽市知名旅游景区、曹县知名的蔬菜水果交易批发市场。

三、空间布局与项目规划

（一）空间布局

功能布局概括为“一心四区”。

一心：旅游综合服务中心。

四区：观赏区、休闲体验区、示范区、产品区。

在现有资源的基础上，立足“绿色环保”以及生态的休闲园的特点，充分利用现有的自然景观，形成“可览、可游、可居”的环境景观和集“自然—生产—休闲—康乐—教育”于一体的景观综合体，发展体验农业与观光农业相结合的特色旅游，是以观光农业为主导，集旅游观光、品尝、娱乐于一体的新型观光旅游地。规划建设梨园、桃园、樱桃园等为主的观赏区、农家乐为主的休闲体验区、高效农业示范区以及产品区四个大区域，如表9-1所示。

表9-1　　　　四大功能区域

场所分区	占规划面积	构成系统	功能导向	规划时间
观赏区	50%～60%	（1）梨花飞雪观赏区； （2）梨树王观赏区； （3）桃花潭水观赏区； （4）樱桃红了观赏区； （5）葛花菜观赏区	使游客身临其境感受真切田园风光和自然生机	近期规划
休闲体验	10%～15%	（1）乡村民居； （2）乡村活动场所； （3）农家餐饮	营造游客能深入其中的乡村空间，参与体验并实现精神交流	近期规划
示范区	15%～25%	（1）农业科技示范； （2）生态农业示范； （3）科普示范（配研修所）	以浓缩的典型农业模式，传授系统的农业知识增长教益	远期规划
产品区	5%～10%	（1）可采摘的直销果园； （2）乡村工艺作坊； （3）乡村集市； （4）产业园区	让游客充分体验劳动过程并以亲切的交易方式回报乡村经济	远期规划

（二）旅游综合服务中心

（1）规划范围：项目区东北部。

（2）功能定位：旅游服务、游客集散、社区活动。

（3）规划思路。承接旅游集散和项目入口综合接待功能。打造桃梨文化农家乐酒店、游客接待中心、文化大院等，构筑具有曹县特色的游客旅游接待中心。

按照国家4A级旅游景区的标准进行建设和功能配套。包括门外停车场、入口、出口、管理用房、特产商店、风味餐馆和巨幅园徽标志牌、导游图等部分。

（4）策划项目。

①游客接待中心。位于园区主入口以南，办公楼以北。主入口位于园区的北部，它的设计定位不仅起到迎接游客的作用，同时还发挥其区位优势，以及黄河故道万亩梨桃园的品牌及内涵。内设旅游厕所、购物中心、咨询服务等功能。

②生态停车场。应用透气、透水性铺装材料铺设地面，并间隔栽植一定量的乔木等绿化植物，形成一个绿荫覆盖的生态停车场或树阵式生态停车场，将停车空间与园林绿化空间有机结合，形成上有大树，下能透水，绿树环抱，交通通畅的自然生态停车空间。

③梨桃文化农家乐酒店。农家乐酒店沿105国道以西，主入口大门以北，新建或对原有沿街房进行改造。

（三）观赏区

本区域是该规划区的核心区域，根据资源特色、品位、可进入性和市场需求状况，将观赏区总体布局概括为：梨花飞雪观赏区、梨树王观赏区、桃花潭水观赏区、樱桃红了观赏区、葛花菜风景观赏区这四个特色功能区，功能定位为生态旅游、休闲娱乐、文化体育、民俗体验、农业博览、商务洽谈、科普考察等活动基地。

1. 功能定位：风情观光、采摘、游览、体验

此功能区包括园区全部采摘园面积。主要按照“梨花搭台、桃花映衬、文化主演、经济主唱、樱桃喝彩”要求建设观赏、休闲娱乐、文化体育、采摘体验等活动基地。

2. 规划思路

为了让游客有深刻的理解，可以让他们自己边走边欣赏园区风光，也可以让他们自己动手采摘秋天的果实，还可以让他们坐上具有乡村风味的交通工具游遍全园。

3. 分区策划

（1）梨花飞雪观赏区。

①驴车安置区：安置一个驴车用房，装配驴车，装饰风格要具有乡间特色。游园面积过大，行走不便，使用汽车则不能全览美景，且破坏乡村气息。故游人选择驴车代步，更能融入环境，体验林园风光。

②梨文化广场：梨园内辟建一文化广场，广场中心设置“梨花仙子”雕塑，四周设置梨成语、典故、历史文化故事景墙、“梨”培育过程的展示栏以及不同品牌梨的生长习性介绍。

③野外拓展营：分为实景体验营和极限拓展营。实景体验区开展以水陆战斗模拟为主要特色的真人实景野外拓展活动，包括：交通阻塞、孤岛求生、盲人方阵、泸定桥、信任背摔、无轨列车、跳出真我、智运圆桶、智力电网、攀岩、空中跨断桥、空中单杠、抢滩登陆、胜利墙等。极限拓展营以定向越野和探险拓展为主要内容，充分利用景区生态资源进行打造。

④梨园观景台：为了使游客有一个最佳的观花、观景的平台，选取梨园内最佳位置建设一圆形观景台，高度可设3～4层，在顶层设计休闲棋牌、茶座、餐饮、纪念品等消费场所。

⑤梨树认养区：划分出部分梨树供游人认养，由游客亲自浇水、喷药，到成熟期亲自采摘自己的劳动成果，亲身感受丰收的喜悦。

⑥梨园休闲屋：在梨园各主要观景点、采摘处设置木质休闲屋，休闲屋内设自动售货机、生态仿生洗手池等供游人观光休憩，品尝美味的梨。

⑦水果采摘区：规划区域内种植有桃、梨、樱桃等种类果树的优良品种，基本上四季有花、全年有果。所有果园严格按照山东省无公害农产品（水果部分）

生产标准进行管理，采用大量施用有机肥、果园种草覆草、果实套袋、果园养鸡等生态措施来管理果园，尤其是果园养鸡，通过果园种草养鸡—鸡吃果园害虫—鸡粪还田增强果园土壤肥力。不仅水土得到良好保持，同时减少劳动用工，减少农药（除草剂和杀虫荆）用量，提高了果品质量，还为农业园餐厅提供了大量优质放养本鸡和本鸡蛋。当果实成熟，游客可以参加果实采摘，体验采摘风情。

⑧网络果园：建一个“梨园网络平台”，以上果园各项可参与性活动均可在网络上远程参与。如在网上认领梨树，进行给梨树浇水、施肥、剪枝等一系列管理活动，相应的，梨园的工作人员会根据网上的虚拟项目指令在现实中实施。等梨子成熟后，网络管理员会予以通知，网友在网上操作采摘，由果园工作人员采摘后保存起来，当然，网友也可到果园亲自采摘，切身感受丰收的喜悦。

(2) 桃花潭水观赏区。

①桃园婚纱摄影基地。

②桃园观光采摘。

③一汪潭水。

④儿童乐园：在环境优美的树林中的儿童乐园设有小朋友们喜爱的开心小木马等多项游乐设施，安装了滑梯、漫步机等20余种娱乐健身器材，还有吊床、露营帐篷等，园内建设嬉水河，嬉水河水深在0.3～0.5米，河底密铺鹅卵石，河边种植荷花，是儿童夏天嬉水、抓鱼的好地方。

⑤棋艺茶社：建成棋场所一个，制造木制棋子。一侧建设木椅供游人对弈、休憩品茶。

(3) 樱桃红了观赏区。

(4) 葛花菜风景观赏区。主要是观赏葛花菜，可开辟小块农家菜园，以游客体验农家耕耘，播种采掘等农事劳作的乐趣为主要功能。菜园选址于村落附近，由农户进行日常田间管理。专门生产绿色蔬菜。辟建小块大棚蔬菜园，以旅游接待为主要功能，种植草莓，黄瓜，西红柿等时鲜蔬菜，供游人劳作与采掘。

(四) 休闲体验区

1. 功能定位

农家乐、休闲、游览、体验、民俗。

2. 规划思路

利用游客崇尚古典、返璞归真的心理为游客打造古色古香和具有农家特色的住宿建筑，另外，将农家饮食与农家建筑结合在一起，更具有乡村风味，进一步完善景区接待能力，增加服务空间，完善其他旅游公共配套服务设施。

3. 分区策划

(1) 农家乐——农家乐乡村体验区。进行村落改造。按照山东省乡村旅游农家乐标准对乡村旅游经营户进行改造；按照新农村建设标准对村内道路及其他配套基础设施进行改造完善。

①农家乐示范户：建10座条件优雅、设施完备的农家四合院，接待游客住宿。

②民间游艺：在村内或村边空地辟建小型游艺场，设置民间游艺器材，如秋千、荡桥、射箭、溜索以及各种小型球类设施。

③民间戏剧：在旅游旺季客流集中季节，由村民组织演唱地方戏曲，或请地方剧团参加演出。

（2）休闲餐饮区。

①乡村美食汇：主要经营各类民间农家自制美食、美酒，原料皆来自周边农田菜地，烹饪地点也在最乡土的土灶台、火圈，座椅选用木桌长凳、青花土碗，服务人员身着传统服饰，历数菜品典故，将游客引入深度体验的情景空间。

②农家厨房：农家厨房为村内的餐饮中心，集中体现旅游者“主人”角色。农家厨房应提供三种服务模式：第一种为传统农家饭模式，使用度假村内的绿色果蔬、鱼类、禽畜烹饪农家菜，在冬天可提供烧烤等具有季节特点的餐饮模式，吸引旅游者；第二种为烹饪模式，旅游者可在自己认领的果蔬和鱼类成熟时，将自己的绿色食材直接委托给农家厨房进行烹饪，和家人一起享用自己精心培育的丰盛宴席或宴请亲朋好友一起享用；第三种为厨房模式，旅游者不仅可以在农家厨房烹饪自己的食材，还可以亲自下厨展现厨艺，或者和朋友一起完成一顿家宴。农家厨房应提供具有乡土特点的烹饪器具，如土灶、大铁锅、大水缸等，使旅游者能够体验到乡野味十足的烹饪乐趣。

③水果宴：研制推出水果宴，以园区生产的水果为基础，进行创意开发，使游客可以在此品水果菜、吃水果饭、喝水果酒，体验水果的乐趣。

（3）乡野后院。乡野后院以提供农林牧副渔的加工类产品和民俗手工艺品为主要功能，集游客体验和商品出售功能为一体。乡野后院可利用现有建筑和空地，游客可在该区域内学习体验腊肉制作、酸菜制作、酿酒等，也可学习制作陶艺、刺绣、剪纸、中国结、香包等手工艺品。游客亲手制作的产品可放在度假村内代为照管，成熟后自来提取。乡野后院区内提供商品出售区，提供度假村现有的农副产品和手工艺品，供游客购买成品。度假村可在此基础上发展农副产品和手工艺品的自营品牌。

（4）四季采摘区。园区内根据不同果树的成熟季节，或部分采用温室大棚的形式，科学种植、合理培育樱桃园、苹果园，桃园、杏园、梨园、山楂、核桃园、葡萄园、李子园、草莓园等果林园区，形成四季采摘品牌（比如：春天摘草莓、夏天摘葡萄、秋天吃柑橘、冬天吃青枣），让生态园一年四季瓜果飘香、客流火爆不断。

（5）果吧工坊。在园内设计建造水果造型的建筑，装饰上也多用水果元素，体现活泼可爱的风格。这里考验孩童识别水果能力与动手能力的趣味天地，小朋友要根据活动要求挑选出特定的水果，然后在技师的指导下，将水果雕刻成各种趣味造型，如面具、葫芦娃、小桌子。

（6）帐篷营地。针对自驾车人群和户外爱好者，设果林露营点和运动区，增加乡村旅游的趣味性，可发展成为一定小众露营爱好者的旅游胜地。

（7）户外拓展基地。在露营基地旁建设户外拓展基地。面向中小学生或企业团体，配备完善的拓展运动设施，组织高空训练、场地训练、团队训练等内容丰富的拓展活动，形成菏泽地区重要的青少年素质拓展基地和教育基地。

（8）“鲁豫人家”休闲民居。建设以湿地为主的休闲旅游度假区。对黄河故道湿地进行改造，建设不同档次的“鲁豫人家”休闲民居和“鲁豫人家”休闲度假接待中心。

①故道牧场：在故道集中放养牛、羊、兔等温顺牲畜，以供游人观赏，饲养，娱乐。禽畜采用放牧和圈养等不同形式，日常由农家饲养。游人在“鲁豫人家”休闲度假，除亲身感受饲养禽畜的乐趣，还可骑马、观赏斗鸡和斗羊等民间表演。兔、鸡以实用绿色食品为主，为农家宴提供原料。

②水上乐园：依托故道湖泊，设立游泳、钓鱼、划船等水上活动。开展故道夜色游（借助灯光工程）、水上运动（滑水、跳水等）、亲水乐园、水上迷宫、水上码头观光等。

③垂钓池：建专业垂钓池和特种鱼垂钓塘，这些垂钓池环境优美，设施齐备，专业垂钓池养殖有多种常规鱼，特种鱼垂钓塘每个塘养殖一种稀特鱼，如美国芮鱼、鲻鱼、南美白对虾等。

（五）“鲁豫人家”唐庄休闲度假旅游区（远期）

1. 功能定位

住宿、餐饮、娱乐、会议、培训。

2. 规划思路

利用游客崇尚古典、返璞归真的心理为游客打造古色古香和具有农家特色的住宿建筑，另外，将农家饮食与农家建筑结合在一起，更具有乡村风味。

3. 策划项目

（1）农家四合院。建设条件优雅、设施完备的农家四合院，接待游客住宿。另外，还布置农业回顾展厅。农业回顾展以翔实的文字说明、图片、实物、模型等形式展示我国古代农业、传统农业和现代农业发展的历史。展览重点介绍了我国农业的种植技术、园艺作物技术的发展，以及农业生产工具和生产设施，突出了知识性、趣味性、观赏性，对青少年、学生具有较强的教育意义。农家小院中，还可以摇辘轳打水、推碾子磨面、野炊等活动，体验乡情农趣。

（2）木屋别墅区。建设形态各异、别具特色、外观新颖、内部设施完备的别墅，之间砂石路连接。

（3）餐饮区。农业园建立较大规模餐饮区，餐厅颇具乡村建筑风格，拥有几十个大、小包厢，设施齐备。可同时供多人就餐。餐厅菜肴大部分使用农业园种、养的优质生态农产品，游客可现采现做，享受具有独特风味的农家菜。

(4) 休闲度假区。包含住宿、餐饮、娱乐（温泉洗浴、健身、保龄球、棋牌）、会议、培训、水上高尔夫练习场等。

(5) 湿地生态旅游区。包含水上娱乐、餐饮、水上贸易等。

(六) 示范区

1. 功能定位

农业示范、科普研究、文化探讨。

2. 规划思路

向游客展示唐庄农业的发展现状及未来农业的发展方向。

3. 分区策划

(1) 农业科技示范区。

①布置农业回顾展厅。农业回顾展以翔实的文字说明、图片、实物、模型等形式展示我国古代农业、传统农业和现代农业发展的历史。展览重点介绍我国农业的种植技术、园艺作物技术的发展，以及农业生产工具和生产设施，突出了知识性、趣味性、观赏性，对青少年、学生具有较强的教育意义。农家小院中，还可以摇辘轳打水、推碾子磨面、野炊等活动，体验乡情农趣。向人们展示民间工艺，与农事有关的节气，以及种苗培育技术，让人们重拾回忆和见识新兴科技。

②二十四节气广场。在广场上设立二十四节气展示板，雕刻地面浮雕，内容包括画面描述和文字描述，让游人对民间的各个节气的传说、俗语，以及各个节气对农业生产的关系有所了解，地方历史文化的注入体现了亲和地方特色的设计理念。

(2) 生态农业示范区。

①乡野公园。以公园的设计手法规划农田，绿化以农作物（麦子、玉米）及各种果树取代。公园内主要包括综合服务区（更衣室、洗手池、卫生间）、活动区（广场集散地）、“悠然别业”（休闲度假屋）三个主要组成部分。是集生产、观光、体验、度假为一体的田园休闲区。

②民俗农业体验园。本园区主要展现当地民风民俗、农耕文化等。设置民俗文化广场，提供一个体验当地乡土娱乐活动（小章竹马、大秧歌、跑旱船、要毛驴）场地；设置展示农具的平台，并配人加以解说、示范，按照从古至今的顺序，使游客从农具的演变体会到我国农耕的发展和农耕文化的深厚根基；设计农谚交流区，如“谷雨前后，种瓜种豆”“无雨旱耙地，有雨快移苗”等。使游客体验现代农业文明的同时，在谚语中感受古人的智慧。

(3) 科普示范（配研修所）展示中心。展示中心是整个园区的科技支撑系统。该区是园区的重要核心区，承担科技示范科普宣传、科普教育等重要功能，由组培中心、智能温室、种质资源圃及科学实验、推广示范基地组成，主要进行农林科学研究、科技开发、科技培训、种质引进、改良示范推广等工作，成为农区新农村建设高效农业的示范基地，成为游人了解、参与、感受当今农林科技的场所。

①温室观光园。构建多功能温室，其内，通过竖向培育、无土栽培的高科技手段种植各种花卉、奇异瓜果、药材等经济作物，并采用自动化的科学管理，达到环保、省工、高效农业的生产模式。温室内设计小桥流水的园林环境，并建有餐厅、茶室等设施，供游客在此观光，休闲。

②四季温室采摘大棚。为满足游客四季采摘活动，可利用温室大棚种植油桃、草莓、西瓜、黄瓜等其他蔬菜。

（七）产品区

1. 功能定位

产品展示与销售、游客体验与参与。

2. 规划思路

通过产品深加工提高经济效益，满足游客购物的需求。

3. 分区策划

（1）可采摘的直销果园。主要以现有的百年梨园、桃园、樱桃园等果品采摘为主，开展赏花节、采摘节等直销活动。

（2）乡村集市、农贸大市场（果蔬农贸交易批发市场）。在旅游景点辟建商业网点，摊位集中建于游路两侧，实行规范管理。旅游旺季在客流集散地建临时乡村集市，开展商品交易。建设“鲁豫人家”土特产品综合市场，主要经销“鲁豫人家”生产的土特名产品、旅游纪念品及周边地区的名优产品。农贸大市场设在沿105国道以西，游乐场以北位置。外设大门入口，周边封闭；内设钢结构半封闭大棚，摊位设置部分水泥板，储物间可用彩钢板扣制。

（3）乡村工艺作坊。

①土特产品生产加工。以为游客提供当地生产的土特产品加工为主，生产唐庄“鲁豫人家”品牌的系列土特产品，如干鲜果品，山珍制品，梨、桃、樱桃制品。绿色蔬菜制品，绿色食品等，组建产业集团，生产加工上述产品须在上级各业务部门审批通过后实施并注册商标。产品除供应唐庄“鲁豫人家”之外，作为土特产品逐步进入山东和河南市场。

②旅游纪念品加工。聘请专家指导，组织村民学习并生产加工各种旅游纪念品，包括木工艺品、柳编工艺品、草编工艺品、麦秸画、木雕画、年画、剪纸工艺品等。上述产品除供应“鲁豫人家”之外，还可进入旅游纪念品市场。

（4）产业园区。将唐庄分散的木材加工区转型为青堌集镇木材加工产业园区，远期发展可融入果品、食品加工业，位于105国道以东，景区主入口对过，建设规模约1000平方米，将成为青堌集镇林木产业集中加工园区，有效实现木材“生产—加工—销售”一体化。在中远期，努力探索木业产业绿色生态发展路，凭借丰富森林资源，不断拓宽林木业产业领域，引导胶合板生产企业进入工业园区，在周边村庄形成木材产业集群，推动形成完整林木经济产业链，打造鲁豫结合部林木产品集散地。

（5）商业街区。在产业园区以南，沿105国道以东，建设综合商业街区，以农家乐餐饮、住宿、购物为主要项目。

四、旅游产品体系

（一）基本旅游产品系列

1. 唐庄农业观光

（1）在“唐庄之春”到来之际，观赏梨花、桃花的千娇百媚，梨树的千姿百态。阵阵扑鼻的梨花香，让你停留你的脚步，与这温馨浪漫的梨园融为一体。在古梨树下开展摄影展。邀请专业摄影者和业余爱好摄影者拍摄下梨树和梨花的千姿百态、千娇百媚，并邀请专业人士进行评价，评选出冠亚军，并进行一定的物质和精神激励。

（2）金秋时节，享受采摘和丰收乐趣。

（3）严冬时节，欣赏银装素裹的美景。

2. 唐庄故道水景休闲观光

（1）在黄河故道岸边组织钓鱼活动。一方面体会钓鱼的乐趣；另一方面锻炼人的耐力和耐性。

（2）在黄河故道水面比较平静的地方建立水上游乐园，吸引大量的家庭旅游者。

（3）黄河故道边飞纸鸢。春风习习，组织游客举行风筝比赛。

3. 唐庄乡村休闲度假

在农家乐进行绿色食品自助餐。集中采购梨园附近的农家所种的无公害蔬菜，让来唐庄的游客自己动手做出自己喜欢的菜色，这样一方面可以让人们感受自己动手的乐趣，另一方面可以培养人们配合的默契度。金秋时节，参与瓜果采摘活动。

4. 唐庄民俗节会

（1）组织当地的能工巧匠现场剪纸、刺绣、制作根雕，游客可以现场观看，感兴趣的也可以参与，自己动手制作，留作纪念。

（2）唐庄梨园开门选仙子。游客自行关注选拔活动的宣传，只要符合活动要求的女士均可参与此项活动。

（3）秋收冬藏后，梨园里便会响起锣鼓声，人们纷纷拿出祖传的家什，唱梨园鼓子，跳高架铁芯子，自娱自乐，陶醉其中。游客在品美食、品茗品的同时，欣赏当地居民的传统活动。

（4）百年梨树历史文化游。组织专业人员讲述梨树的历史以及与梨树有关的传说和故事。

（二）拳头旅游产品

1.“鲁豫人家”唐庄丰收节

利用黄河故道旅游区时令果品收获季节，举办“鲁豫人家”唐庄丰收节，包括梨、桃、樱桃等，在果品生产区设临时会场，开展农业观光旅游。

每年七八月，梨成熟的时候举行“采摘节”，展现给游客一派梨园秋色，游客留下的是丰收的喜悦。同时，在梨园里，梨树下栽种各种野菜，供游客采挖，野味无穷。

2.“鲁豫人家”唐庄赏花节

每年3月，千树万树梨花开，园内戏台上表演《阳春白雪》——中国著名十大古曲之一，形成名曲美景的浪漫情境。同时，在此举办一年一度的梨花摄影展。

3.“鲁豫人家”唐庄文化旅游节

一年一度的“鲁豫人家”唐庄文化旅游节，不仅可以丰富黄河故道两岸的旅游活动内容，而且填补了传统民俗文化旅游的一大空白；同时，在较短时间内聚集大量的客流，必然会对地方经济带来可观的经济效益。以开展民俗文化旅游为主题，利用节会树立推介“鲁豫人家”旅游节的品牌，对拉动山东、河南黄河故道两岸居民旅游消费，增强鲁豫两地人民群众感情交流，将会起到积极的推动作用。

（三）专项旅游产品系列

1.“鲁豫人家”唐庄农家宴美食品尝旅游

（1）将冬果梨、软儿梨、酥木梨、长把梨、彬州梨、吊蛋子、平头梨、窝梨等土产品种，以及引进的巴梨、鸭梨、苹果梨、莱阳梨制作成精美果篮，供游客购买；水果干作成品出售。

（2）欣赏及购买葫芦雕刻、剪纸、刺绣、根雕、黄河奇石。

（3）品尝羊肉、果木烤土鸡、清炖土鸡、红烧鲤鱼、野菜、果皮子。

（4）膳食选用长面、拉条子、浆水面、烧锅子、面片子、沙葱菜、灰豆子、扁豆面、烙酥饼、锅盔、油旋、酥馕面甜馍馍。

（5）品尝什川三泡台、面茶。

（6）购买土鸡、绵羊、肥牛等包装成品。

2. “鲁豫人家”唐庄民俗文化观光旅游

3. 城市居民来唐庄“鲁豫人家”过年旅游

4. 传统节俗接待项目

春节、端午节、八月十五等重大传统节俗是开发旅游活动的较好时机。春节期间，开展“来鲁豫人家过年”旅游活动，让城市居民来与农民同娱同乐，感受“人间自有真情在，鲁豫人家好过年”的感觉。端午节为踏青采艾的传统节日，故道两岸林木茂盛，露水湿裙，城市市民难得有此机缘。因此，以“端午节来鲁豫人家采艾”为主题，开展端午节游湖，旅游和住宿接待。端午节期间，由村民举办各种活动，包括采艾，吃粽，赠鸡蛋，唱戏及各种游艺活动。八月十五为中秋赏月的传统节日，“鲁豫人家”星更亮，月更圆，组织游人白天观赏“鲁豫人家”的金秋景色，夜晚住“鲁豫人家”与农家一起饮酒，品尝时令果品和中秋月饼，同时参加村民举办的各种游艺活动。

五、主题宣传口号

梨韵桃情，休闲圣地
鲁豫游约，相聚唐庄
鲁豫游约，唐庄欢迎您
鲁豫亲情相约，体验唐庄乡村游
鲁豫游约，走进唐庄百年梨园
百年梨园　唐庄相约
百年梨园　唐庄有你
美丽唐庄游，农家乐悠悠
休闲度假，鲁豫人家
梦里故道，醉美唐庄
纵情百年梨园，故道湿地休闲

六、总体评价

黄河故道湿地是我国北方典型的平原湿地，区内生态系统多样，有湿地生态系统、百年果园森林生态系统等。野生芦苇、荷花是该区湿地植物群落的典型代表，具有植物生态群落的典型性。旅游区内湿地生态系统多处于自然演替过程，依靠自然生态系统的完整性，保证了自然生态系统的平衡与稳定，形成了一个完整的、稳定的、结构复杂的自然生态系统，是我国暖温带生物多样性最丰富的地区之一，是宝贵的天然物种基因库，是众多野生动物的安全栖息地；同时黄河故道是洪水的滞洪区，具有调蓄洪水、维护生物多样性、净化水质、调节气候等重要生态功能，具有较高的保护价值、科研价值、科普教育价值和旅游观光价值。

该旅游区的建设，有利于人们对于湿地、森林的认知及保护，生物多样性的认知与保护，以及对于湿地资源的合理利用。旅游区的规划建设，结合了曹县独特历史文化底蕴的黄河故道湿地风景区，传承当地文化，丰富城市的文化品位，对于提高曹县地区的生态环境、社会经济以及城镇的城市品位都有很好的促进作用，更有利于曹县整体规划建设与发展，以及当地旅游业。除此之外，使得湿地的地位得到重视，人们对于湿地保护的意识进一步提高，促进自然和社会的可持续发展，提高公民素质，实现人与自然和谐相处。

七、落地回访

《曹县唐庄百年梨园旅游区》总体规划完成于 2014 年 4 月，至 2020 年 4 月规划组成员重回旅游区，对建设情况进行了解（见图 9－3 至图 9－6），景区基本按照规划建设中。主入口已经按照规划选址进行修建，位于园区的北部。旅游景区内旅游公厕、游乐设施、生态停车场、农家乐以及部分道路已经建设完成或基本完成，形成具有一定接待能力的乡村旅游景点。但同时也存在旅游基础设施数量不足、质量不高、景区管理不规范等问题，需进一步完善提高。

图 9－3　景区主入口

资料来源：张世富 2020 年 04 月摄。

图 9－4　旅游公厕

资料来源：张世富 2020 年 04 月摄。

图 9－5　景区内游乐设施

资料来源：张世富 2020 年 04 月摄。

图 9-6　景区内临时停车场

资料来源：张世富 2020 年 04 月摄。

【本章小结】

（1）乡村景观是具有特定的景观特征、景观内涵和景观意象的景观类型。乡村旅游属全部旅游产品体系中内涵清晰、外延广泛的一类专项旅游产品，需要同时满足发生在乡村地区和以乡村作为主要吸引物两大特征，这两大特征也是乡村旅游基础价值和面向游客的核心吸引力所在。乡村活力是乡村振兴和乡村发展的内在动力，与国土空间规划是互动的内生关系。

（2）空间规划体系基本概念；我国国土空间规划体系的建构；乡村的振兴与遗产保护是我们面临的制度改革重任。

（3）旅游专项规划，应主动对接国土空间规划；旅游规划需要重点研究所占空间如何与空间规划相衔接；建立国土空间规划体系，实现“多规合一”；构建旅游专项规划全新框架，提升旅游规划的整体水平。

（4）菏泽市力争通过文旅融合，发展全域旅游，优化区域环境、提升优质旅游景区景点、打造新的有特色的景点，实现从旅游中转站向旅游目的地的转变、实现宜居宜业宜游。

【案例分析】

分析第三节案例《曹县唐庄百年梨园旅游区》，说说你对这个案例是怎样评价的？

【思考题】

（1）怎样理解乡村旅游是中高品质休闲旅游产品？

（2）文旅融合大背景下的旅游规划具有什么特点？
（3）简述国土空间规划对旅游规划编制的影响。
（4）举例说明文化旅游融合与全域旅游的发展。

【探究性学习】

（1）谈谈你对乡村旅游规划新视角的理解，以小组为单位进行课堂演示。

（2）参考相关网站，搜索并了解乡村旅游规划的前沿、热点问题及发展趋势等问题。

【参考文献】

［1］王德贞：《菏泽乡村旅游工作存在的问题和对策建议》，载《农业科技与信息》2016 年第 34 期。

［2］尹利欣：《浅谈城市旅游景区无障碍环境的营造——以山东菏泽为例》，载《中外建筑》2016 年第 12 期。

［3］邵蕾、谢春山：《菏泽市文化旅游发展的对策》，载《鞍山师范学院学报》2016 年第 3 期。

［4］董爱民：《菏泽市休闲农业与乡村旅游产业现状及发展建议》，载《现代农业科技》2016 年第 7 期。

［5］油宏康、韩宇、王英、李文明：《菏泽市发展休闲农业与乡村旅游基础条件的调查与分析》，载《中国乡镇企业》2013 年第 7 期。

［6］卢智慧：《基于 SWOT 分析的菏泽市旅游产业发展营销策略研究》，载《商业经济》2013 年第 10 期。

［7］张树民、钟林生、王灵恩：《基于旅游系统理论的中国乡村旅游发展模式探讨》，载《地理研究》2012 年第 11 期。

［8］胡海胜、张良泉：《对接国土空间规划 做好旅游规划工作》，载《中国旅游报》2019 年 6 月。

［9］吴丰林：《系统谋划国土空间规划体系下的旅游规划》，载《中国旅游报》2019 年 6 月。

［10］刘杰：《增长极理论对菏泽区域经济发展的启示》，载《经济地理》2010 年第 12 期。

［11］刘杰：《沿海欠发达地区产业结构演进和经济增长关系研究》，载《经济地理》2012 年第 6 期。

［12］刘杰：《山东省西部产业结构趋同研究》，载《经济地理》2013 年第 9 期。

［13］吴必虎：《国土空间规划体系中的旅游规划：理论与方法》2019 年。

［14］向山：《推进黄河流域下游生态文明建设》，载《中国环境报》2019 年 10 月。

附录 1

《促进乡村旅游发展提质升级行动方案》
（2017 年）

乡村旅游市场需求旺盛、富民效果突出、发展潜力巨大，是新时期居民休闲度假旅游消费的重要方式，也是促进农民增收、农业增效和农村经济社会全面发展的重要力量。为推动我国乡村旅游持续健康发展，进一步发挥乡村旅游在稳增长、促消费、减贫困、惠民生等方面的积极作用，巩固当前我国经济稳中向好势头，特制订本行动方案。

一、总体要求

（一）指导思想

全面贯彻党的十八大和党的十八届三中、四中、五中、六中全会精神，牢固树立和贯彻落实创新、协调、绿色、开放、共享发展理念，统筹推进“五位一体”总体布局和“四个全面”战略布局，以供给侧结构性改革为主线，持续深化放管服改革，坚持区域化引导、多元化推动、特色化建设、规范化管理，2017 年集中采取一批有力有效的政策措施，加大扶持力度，创新发展机制，改善基础设施条件，提高公共服务水平，健全市场监管环境，强化乡村生态环境和乡村风貌保护，全面提升乡村旅游发展质量和服务水平，推动乡村旅游成为促进农村经济发展、农业结构调整、农民增收致富的重要力量，成为建设美丽乡村的重要载体。

（二）基本原则

因地制宜，突出特色。强化规划引领，根据各地资源环境禀赋和产业基础，明确乡村旅游发展重点，因地制宜、科学制定路线图、时间表和任务书，集中力量培育发展特色化、多样化、差异化乡村旅游产品和品牌。

产业协同，融合发展。强化政策扶持，促进乡村旅游与红色旅游、生态旅游、民俗旅游等业态相结合，以乡村旅游为核心带动餐饮、住宿、娱乐、观光、购物、种养、手工业等相关产业发展，推动农业第一、第二、第三产业深度融合。

以农为本，注重保护。强化规范开发，严守生态保护红线，以农业、农村、农民作为乡村旅游发展的基本依托，加强对乡村环境和乡村风貌的保护，保持村庄原有格局肌理和整体风貌，通过发展乡村旅游带动乡村环境改善，促进农民增收、农业增效。

政府引导，社会参与。强化政府引导，充分发挥市场在资源配置中的决定性作用，积极调动行业协会等社会组织积极性，借助大专院校、科研机构智力资源，汇众智、聚众力，形成推进乡村旅游协调、规范、健康发展的强劲合力。

（三）行动目标

通过组织落实各项行动任务，推动形成体系完善、布局合理、品质优良、百花齐放的乡村旅游发展格局，争取2017年全国乡村旅游实际完成投资达到约5500亿元，年接待人数超过25亿人次，乡村旅游消费规模增至1.4万亿元，带动约900万户农民受益。

二、行动任务

（一）激发投资活力，改善乡村旅游基础设施和配套服务

1. 鼓励和引导民间投资通过PPP、公建民营等方式参与厕所及污水处理、停车场、游客咨询服务中心等乡村基础设施建设和运营。对自身欠缺营利性的建设项目，可采用周边餐饮住宿项目等优质资源捆绑方式吸引民间投资。探索通过购买服务等方式由第三方提供垃圾处理、环境整治等公共服务。（地方有关部门，国家发展改革委、财政部、环境保护部）

2. 推动民间投资新建自驾车旅居车营地100个左右，着力打造一批乡村旅游精品自驾路线，完善配套指示标识、应急救援等设施和服务。（地方有关部门，国家旅游局、国家发展改革委、交通运输部）

3. 加强今年已安排中央预算内投资的旅游基础设施和公共服务设施建设项目的组织实施，力争实现年内100%开工，有条件的地方要加快项目建设进程，争取年内建成投入使用；强化储备项目前期工作力度，争取2018年能有更多的旅游基础设施建设项目具备开工建设条件。（地方有关部门，国家发展改革委、国家旅游局）

4. 对国家5A级旅游景区内乡村旅游重点村的停车设施建设情况进行摸底调查，研究相关支持政策；在中央预算内投资安排中，对集中连片特困地区符合条件的乡村旅游重点村通村硬化路工程予以重点倾斜。（地方有关部门、国家旅游局、国家发展改革委）

（二）完善发展环境，强化乡村旅游扶持政策和长效机制

5. 落实以长期租赁、先租后让、租让结合方式提供乡村旅游项目建设用地

等政策；在符合相关规划的前提下，鼓励农村集体经济组织依法使用农村集体建设用地以土地使用权入股、联营等方式，与其他单位和个人共同举办住宿、餐饮、停车场等乡村旅游接待服务企业；推动各省（区、市）制定管理办法，允许本地居民利用自有住宅或者其他条件依法从事乡村旅游经营。（地方有关部门，国土资源部、农业部、国家旅游局）

6. 强化村集体的组织和带头作用，探索实行股份公司、专业合作社等新型经营管理模式，重点培育农民专业合作社等新型经营主体。鼓励村民、村集体、投资者等各方建立紧密型利益联结机制，明确各方在公共环境维护、农业文化遗产保护等方面的权利义务。引导乡村旅游投资者、经营者和村集体共同组成地区性行业协会、联合会等，发挥协会作用，加强行业自律。（地方有关部门，农业部）

7. 促进“旅游＋农业＋互联网”融合发展，推动1000个乡村旅游重点村与旅游电商、现代物流等企业建立合作关系，持续推进“乡村旅游后备箱工程”、“一村一品”产业建设专项行动。鼓励和引导乡村旅游与互联网等现代信息技术相结合，发展智慧乡村旅游。（国家旅游局、农业部、工信部，地方有关部门）

8. 推动东部地区与中西部和东北适宜发展乡村旅游的地区结对定点帮扶，建立人才交流互访和资源共享机制。推动大学生村官工作与乡村旅游扶贫开发相结合，鼓励和引导大学生从事乡村旅游。

创新创业。鼓励各地采用政府购买服务等方式，组织本地从业人员就近就地参加乡村旅游食宿服务、管理运营、市场营销等技能培训，重点培养1000名以上乡村旅游带头人。（国家旅游局、农业部、国务院扶贫办，地方有关部门）

9. 推动目前已经实行淡旺季门票差异化政策的景区加大淡季优惠力度，鼓励依托重要文化和自然遗产地等公共资源建设的景区，在符合景区承载力前提下，在淡季探索实行免费开放日（周），带动周边乡村发展民宿、餐饮、购物等业态。（地方有关部门，住房城乡建设部、环境保护部、国家文物局、国家林业局、国家旅游局）

10. 推动普惠金融发展，引导金融机构面向乡村旅游项目和企业创新开展乡村旅游贷等小额信贷业务，鼓励融资担保公司开展适应乡村旅游特点的融资担保业务，建立健全乡村旅游信用评级体系，引入外部第三方信用评级，通过揭示并防范信用风险，加大对乡村旅游经营主体特别是中小企业和个体经营户的金融支持力度。（地方有关部门，中国人民银行、银监会）

11. 加强乡村旅游信用体系建设。对乡村旅游经营主体建立信用记录，纳入全国信用信息共享平台，并依法在“信用中国”网站向社会公示。构建以信用为核心的乡村旅游监管体制，采用信用分级差异化监管方式，并建立守信联合激励和失信联合惩戒机制。（地方有关部门，国家旅游局、国家发展改革委）

（三）加强分类指导，推动乡村旅游区域差异化发展

12. 东中西部地区乡村旅游发展政策要实行差异化引导。东部地区重点鼓励

和引导中小资本参与乡村旅游开发，针对重要城市群居民休闲度假消费特征，宣传推广一批特色突出、带动作用强的乡村旅游品牌，推动乡村旅游提质升级。中西部地区选取条件适宜的乡村规划发展乡村旅游，着力改善基础设施和配套服务设施，结合危房改造、易地扶贫搬迁、新农村建设等工作，重点发展康养度假、农耕体验、生态体验等旅游业态，调动多方资源增强乡村旅游脱贫富民功能。东北地区利用气候环境优势，打造一批融滑雪、登山、徒步、露营等为一体的冰雪旅游度假区，统筹周边乡村旅游推出冬季复合型冰雪旅游基地和夏季避暑休闲度假胜地，强化"景区带村"辐射作用。（地方有关部门，国家旅游局、农业部、国家发展改革委、国家林业局）

13. 各地根据经济社会条件、资源环境禀赋出台乡村旅游发展指引，明确本地区乡村旅游发展重点和发展路径，培育具有鲜明地域特征的乡村旅游品牌，提出改善基础设施条件、提高公共服务水平、提升旅游产品质量、健全市场监管环境、强化乡村生态环境和乡村风貌保护等方面的具体举措，大力推进乡村旅游模范村、美丽休闲乡村、休闲农庄、乡村旅游模范户、乡村旅游创客示范基地建设，引导本地区乡村旅游特色化、差异化、规范化发展。（地方有关部门，国家旅游局、国家发展改革委、环境保护部、农业部）

三、组织实施

各地各部门要充分认识发展乡村旅游在巩固经济稳中向好势头中的重要作用，整合优化现有资源，形成促进乡村旅游发展提质升级的合力，2017年底前各项任务取得突出进展。各地有关部门要在地方政府统一领导下，紧密结合实际，年内制定乡村旅游发展指引并报国家发展改革委、国家旅游局备案，明确责任主体，建立工作台账，明确时间表、路线图，切实落实各项行动任务，实现本地区乡村旅游发展的提质升级。各相关部门要按照职责分工，强化统筹，密切配合，完善措施，加强对地方的工作指导，着力营造乡村旅游良好发展环境。

附录2

《关于促进乡村旅游可持续发展的指导意见》

（2018年）

乡村旅游是旅游业的重要组成部分，是实施乡村振兴战略的重要力量，在加快推进农业农村现代化、城乡融合发展、贫困地区脱贫攻坚等方面发挥着重要作用。为深入贯彻落实《中共中央　国务院关于实施乡村振兴战略的意见》和《乡村振兴战略规划（2018~2022年）》，推动乡村旅游提质增效，促进乡村旅游可持续发展，加快形成农业农村发展新动能，现提出以下意见：

一、总体要求

（一）指导思想

全面贯彻党的十九大和党的十九届二中、三中全会精神，以习近平新时代中国特色社会主义思想为指导，牢固树立新发展理念，落实高质量发展要求，紧紧围绕统筹推进“五位一体”总体布局和协调推进“四个全面”战略布局，按照产业兴旺、生态宜居、乡风文明、治理有效、生活富裕的总要求，从农村实际和旅游市场需求出发，强化规划引领，完善乡村基础设施建设，优化乡村旅游环境，丰富乡村旅游产品，促进乡村旅游向市场化、产业化方向发展，全面提升乡村旅游的发展质量和综合效益，为实现我国乡村全面振兴作出重要贡献。

（二）基本原则

——生态优先，绿色发展。践行绿水青山就是金山银山的理念，注重开发与保护并举，统筹考虑资源环境承载能力和发展潜力，加强对乡村生态环境和乡村特色风貌的保护，强化有序开发、合理布局，避免急功近利、盲目发展。

——因地制宜，特色发展。根据区域特点和资源禀赋，以市场为导向，因地制宜，科学规划，积极开发特色化、差异化、多样化的乡村旅游产品，防止大拆大建、千村一面和城市化翻版、简单化复制，避免低水平同质化竞争。

——以农为本，多元发展。坚持以农民为受益主体，以农业农村为基本依托，尊重农民意愿，注重农民的全过程参与，调动农民积极性与创造性，加大政府的支持和引导力度，吸引更多的社会资本和经营主体投入乡村旅游的发展，释放乡村旅游发展活力。

——丰富内涵，品质发展。挖掘乡村传统文化和乡俗风情，加强乡村文物保护利用和文化遗产保护传承，吸收现代文明优秀成果，在保护传承基础上创造性转化、创新性发展，提升农村农民精神面貌，丰富乡村旅游的人文内涵，推动乡村旅游精品化、品牌化发展。

——共建共享，融合发展。整合资源，部门联动，统筹推进，加快乡村旅游与农业、教育、科技、体育、健康、养老、文化创意、文物保护等领域深度融合，培育乡村旅游新产品新业态新模式，推进农村第一、第二、第三产业融合发展，实现农业增效、农民增收、农村增美。

（三）主要目标

到 2022 年，旅游基础设施和公共服务设施进一步完善，乡村旅游服务质量和水平全面提升，富农惠农作用更加凸显，基本形成布局合理、类型多样、功能完善、特色突出的乡村旅游发展格局。

二、加强规划引领，优化区域布局

（四）优化乡村旅游区域整体布局

推动旅游产品和市场相对成熟的区域、交通干线和 A 级景区周边的地区深化开展乡村旅游，支持具备条件的地区打造乡村旅游目的地，促进乡村旅游规模化、集群化发展。鼓励东部地区围绕服务中心城市，重点推进环都市乡村旅游度假带建设，提升乡村旅游产品品质，推动乡村旅游目的地建设；鼓励中西部地区围绕脱贫攻坚，重点推动乡村旅游与新型城镇化有机结合，合理利用古村古镇、民族村寨、文化村镇，打造“三区三州”深度贫困地区旅游大环线，培育一批乡村旅游精品线路；鼓励东北地区依托农业、林业、避暑、冰雪等优势，重点推进避暑旅游、冰雪旅游、森林旅游、康养旅游、民俗旅游等，探索开展乡村旅游边境跨境交流，打造乡村旅游新高地。（文化和旅游部、发展改革委、农业农村部、自然资源部、体育总局、林草局按职责分工负责）

（五）促进乡村旅游区域协同发展

加强东、中西部旅游协作，促进旅游者和市场要素流动，形成互为客源、互为市场、互动发展的良好局面。加强乡村旅游产品与城市居民休闲需求的对接，统筹城乡基础设施和公共服务，加大城市人才、智力资源对乡村旅游的支持，促进城乡间人员往来、信息沟通、资本流动，加快城乡一体化发展进程。注重旅游资源开发的整体性，鼓励相邻地区打破行政壁垒，统筹规划，协同发展。依托风景名胜区、历史文化名城名镇名村、特色景观旅游名镇、传统村落，探索名胜名城名镇名村“四名一体”全域旅游发展模式。（文化和旅游部、发展改革委、农业农村部、自然资源部、住房城乡建设部、人力资源社会保障部按职责分工负责）

（六）制定乡村旅游发展规划

各地区要将乡村旅游发展作为重要内容纳入经济社会发展规划、国土空间规划以及基础设施建设、生态环境保护等专项规划，在规划中充分体现乡村旅游的发展要求。支持有条件的地区组织开展乡村旅游资源普查和发展状况调查，编制乡村旅游发展规划，鼓励突破行政区域限制，跨区域整合旅游资源，制定区域性乡村旅游发展规划。乡村旅游发展规划要符合当地实际，强化乡土风情、乡居风貌和文化传承，尊重村民发展意愿，落实国土空间规划有关要求，注重规划衔接与落地实施。严格保护耕地，落实永久基本农田控制线并实行特殊保护。独立编制的乡村旅游发展规划应符合镇规划、乡规划和村庄规划的有关要求。（文化和旅游部、发展改革委、生态环境部、自然资源部、住房城乡建设部、农业农村部、国家文物局按职责分工负责）

三、完善基础设施，提升公共服务

（七）提升乡村旅游基础设施

结合美丽乡村建设、新型城镇化建设、移民搬迁等工作，实施乡村绿化、美化、亮化工程，提升乡村景观，改善乡村旅游环境。加快交通干道、重点旅游景区到乡村旅游地的道路交通建设，提升乡村旅游的可进入性。鼓励有条件的旅游城市与游客相对聚集乡村旅游区间开通乡村旅游公交专线、乡村旅游直通车，方便城市居民和游客到乡村旅游消费。完善农村公路网络布局，加快乡镇、建制村硬化路“畅返不畅”整治，提高农村公路等级标准，鼓励因地制宜发展旅游步道、登山步道、自行车道等慢行系统。引导自驾车房车营地、交通驿站建设向特色村镇、风景廊道等重要节点延伸布点，定期发布乡村旅游自驾游精品线路产品。加强乡村旅游供水供电、垃圾污水处理以及停车、环卫、通信等配套设施建设，提升乡村旅游发展保障能力。（文化和旅游部、发展改革委、农业农村部、交通运输部、财政部按职责分工负责）

（八）完善乡村旅游公共服务体系

实施“厕所革命”新三年计划，引进推广厕所先进技术。结合乡村实际因地制宜进行厕所建设、改造和设计，注重与周边和整体环境布局协调，尽量体现地域文化特色，配套设施始终坚持卫生实用，反对搞形式主义、奢华浪费。积极组织开展厕所革命公益宣传活动，深入开展游客、群众文明如厕教育。推动建立乡村旅游咨询服务体系，在有条件、游客数量较大的乡村旅游区建设游客咨询服务中心，进一步完善乡村旅游标识标牌建设，强化解说、信息咨询、安全救援等服务体系建设，完善餐饮住宿、休闲娱乐、户外运动、商品购物、文化展演、民俗体验等配套服务，促进乡村旅游便利化。加快推动乡村旅游信息平台建设，完善网上预订、支付、交流等功能，推动乡村旅游智慧化。（文化和旅游部、发展改革委、农业农村部、住房城乡建设部、自然资源部、财政部、工业和信息化部、卫生健康委按职责分工负责）

四、丰富文化内涵，提升产品品质

（九）突出乡村旅游文化特色

在保护的基础上，有效利用文物古迹、传统村落、民族村寨、传统建筑、农业遗迹、灌溉工程遗产、农业文化遗产、非物质文化遗产等，融入乡村旅游产品开发。促进文物资源与乡村旅游融合发展，支持在文物保护区域因地制宜适度发展服务业和休闲农业，推介文物领域研学旅行、体验旅游、休闲旅游项目和精品旅游线路，发挥文物资源对提高国民素质和社会文明程度、推动经济社会发展的重要作用。支持农村地区地域特色文化、民族民间文化、优秀农耕文化、传统手工艺、优秀戏曲曲艺等传承发展，创新表现形式，开发一批乡村文化旅游产品。依托乡村旅游创客基地，推动传统工艺品的生产、设计等和发展乡村旅游有机结合。鼓励乡村与专业艺术院团合作，打造特色鲜明、体现地方人文的文化旅游精品。大力发展乡村特色文化产业。支持在乡村地区开展红色旅游、研学旅游。（文化和旅游部、发展改革委、住房城乡建设部、生态环境部、农业农村部、国家文物局按职责分工负责）

（十）丰富乡村旅游产品类型

对接旅游者观光、休闲、度假、康养、科普、文化体验等多样化需求，促进传统乡村旅游产品升级，加快开发新型乡村旅游产品。结合现代农业发展，建设一批休闲农业精品园区、农业公园、农村产业融合发展示范园、田园综合体、农业庄园，探索发展休闲农业和乡村旅游新业态。结合乡村山地资源、森林资源、水域资源、地热冰雪资源等，发展森林观光、山地度假、水域休闲、冰雪娱乐、温泉养生等旅游产品。鼓励有条件地区，推进乡村旅游和中医药相结合，开发康养旅游产品。充分利用农村土地、闲置宅基地、闲置农房等资源，开发建设乡村民宿、养老等项目。依托当地自然和文化资源禀赋发展特色民宿，在文化传承和创意设计上实现提升，完善行业标准、提高服务水平、探索精准营销，避免盲目跟风和低端复制，引进多元投资主体，促进乡村民宿多样化、个性化、专业化发展。鼓励开发具有地方特色的服饰、手工艺品、农副土特产品、旅游纪念品等旅游商品。（文化和旅游部、发展改革委、农业农村部、生态环境部、自然资源部、体育总局、林草局按职责分工负责）

（十一）提高乡村旅游服务管理水平

制定完善乡村旅游各领域、各环节服务规范和标准，加强经营者、管理者、当地居民等技能培训，提升乡村旅游服务品质。提升当地居民旅游观念和服务意识，提升文明习惯、掌握经营管理技巧。鼓励先进文化、科技手段在乡村旅游产品体验和服务、管理中的运用，增加乡村旅游发展的知识含量。大力开展专业志愿者支援乡村行动，鼓励专业人士参与乡村景观设计、乡村旅游策划等活动。探索运用连锁式、托管式、共享式、会员制、分时制、职业经理制等现代经营管理模式，提升乡村旅游的运营能力和管理水平。（文化和旅游部、农业农村部、人力资源社会保障部按职责分工负责）

五、创建旅游品牌，加大市场营销

（十二）培育构建乡村旅游品牌体系

树立乡村旅游品牌意识，提升品牌形象，增强乡村旅游品牌的影响力和竞争力。鼓励各地整合乡村旅游优质资源，推出一批特色鲜明、优势突出的乡村旅游品牌，构建全方位、多层次的乡村旅游品牌体系。建立全国乡村旅游重点村名录，开展乡村旅游精品工程，培育一批全国乡村旅游精品村、精品单位。鼓励具备条件的地区集群发展乡村旅游，积极打造有影响力的乡村旅游目的地。支持资源禀赋好、基础设施完善、公共服务体系健全的乡村旅游点申报创建A级景区、旅游度假区、特色小镇等品牌。（文化和旅游部、发展改革委、农业农村部、生态环境部按职责分工负责）

（十三）创新乡村旅游营销模式

发挥政府积极作用，鼓励社会力量参与乡村旅游宣传推广和中介服务，鼓励各地开展乡村旅游宣传活动，拓宽乡村旅游客源市场。依托电视、电台、报纸等传统媒体资源，利用旅游推介会、博览会、节事活动等平台，扩大乡村旅游宣传。充分利用新媒体自媒体，支持电商平台开设乡村旅游频道，开展在线宣传推广和产品销售等。（文化和旅游部、发展改革委、农业农村部按职责分工负责）

六、注重农民受益，助力脱贫攻坚

（十四）探索推广发展模式

支持旅行社利用客源优势，最大限度宣传推介旅游资源并组织游客前来旅游，并通过联合营销等方式共同开发市场的“旅行社带村”模式。积极推进景区辐射带动周边发展乡村旅游，形成乡村与景区共生共荣、共建共享的“景区带村”模式。大力支持懂经营、善管理的本地及返乡能人投资旅游，以吸纳就业、带动创业的方式带动农民增收致富的“能人带户”模式。不断壮大企业主导乡村旅游经营，吸纳当地村民参与经营或管理的“公司＋农户”模式。引导规范专业化服务与规模化经营相结合的“合作社＋农户”模式。鼓励各地从实际出发，积极探索推广多方参与、机制完善、互利共赢的新模式新做法，建立定性定量分析的工作台账，总结推广旅游扶贫工作。（文化和旅游部、农业农村部、国务院扶贫办按职责分工负责）

（十五）完善利益联结机制

突出重点，做好深度贫困地区旅游扶贫工作。建立健全多元的利益联结机制，让农民更好分享旅游发展红利，提高农民参与性和获得感。探索资源变资产、资金变股金、农民变股东的途径，引导村集体和村民利用资金、技术、土地、林地、房屋以及农村集体资产等入股乡村旅游合作社、旅游企业等获得收益，鼓励企业实行保底分红。支持在贫困地区实施一批以乡村民宿改造提升为重点的旅游扶贫项目，引导贫困群众对闲置农房升级改造，指导各地在明晰产权的基础上，建立有效的带贫减贫机制，增加贫困群众收益。支持当地村民和回乡人员创业，参与乡村旅游经营和服务。鼓励乡村旅游企业优先吸纳当地村民就业。（文化和旅游部、农业农村部、自然资源部、林草局、国务院扶贫办按职责分工负责）

七、整合资金资源，强化要素保障

（十六）完善财政投入机制

加大对乡村旅游项目的资金支持力度。鼓励有条件、有需求的地方统筹利用现有资金渠道，积极支持提升村容村貌，改善乡村旅游重点村道路、停车场、厕所、垃圾污水处理等基础服务设施。按规定统筹的相关涉农资金可以用于培育发展休闲农业和乡村旅游。（财政部、发展改革委、农业农村部按职责分工负责）

（十七）加强用地保障

各地应将乡村旅游项目建设用地纳入国土空间规划和年度土地利用计划统筹安排。在符合生态环境保护要求和相关规划的前提下，鼓励各地按照相关规定，盘活农村闲置建设用地资源，开展城乡建设用地增减挂钩，优化建设用地结构和布局，促进休闲农业和乡村旅游发展，提高土地节约集约利用水平。鼓励通过流转等方式取得属于文物建筑的农民房屋及宅基地使用权，统一保护开发利用。在充分保障农民宅基地用益物权的前提下，探索农村集体经济组织以出租、入股、合作等方式盘活利用闲置宅基地和农房，按照规划要求和用地标准，改造建设乡村旅游接待和活动场所。支持历史遗留工矿废弃地再利用、荒滩等未利用土地开发乡村旅游。（自然资源部、住房城乡建设部、生态环境部、农业农村部、林草局按职责分工负责）

（十八）加强金融支持

鼓励金融机构为乡村旅游发展提供信贷支持，创新金融产品，降低贷款门槛，简化贷款手续，加大信贷投放力度，扶持乡村旅游龙头企业发展。依法合规推进农村承包土地的经营权、农民住房财产权抵押贷款业务，积极推进集体林权抵押贷款、旅游门票收益权质押贷款业务，扩大乡村旅游融资规模，鼓励乡村旅游经营户通过小额贷款、保证保险实现融资。鼓励保险业向乡村旅游延伸，探索支持乡村旅游的保险产品。（财政部、自然资源部、人民银行、银保监会按职责分工负责）

（十九）加强人才队伍建设

将乡村旅游纳入各级乡村振兴干部培训计划，加强对县、乡镇党政领导发展乡村旅游的专题培训。通过专题培训、送教上门、结对帮扶等方式，开展多层次、多渠道的乡村旅游培训。各级人社、农业农村、文化和旅游、扶贫等部门要将乡村旅游人才培育纳入培训计划，加大对乡村旅游的管理人员、服务人员的技能培训，培养结构合理、素质较高的乡村旅游从业人员队伍。开展乡村旅游创客行动，组织引导大学生、文化艺术人才、专业技术人员、青年创业团队等各类“创客”投身乡村旅游发展，促进人才向乡村流动，改善乡村旅游人才结构。（文化和旅游部、人力资源社会保障部、农业农村部、国务院扶贫办按职责分工负责）

各地各部门要把乡村旅游可持续、高质量发展作为实施乡村振兴战略的重要举措，统筹乡村旅游发展工作，结合实际出台落实意见或实施方案，明确部门工作职责，建立督导机制，形成推动乡村旅游发展的强大合力，推动各项任务贯彻落实。

附录 3

《中共中央　国务院关于建立国土空间规划体系并监督实施的若干意见》
（2019 年）

国土空间规划是国家空间发展的指南、可持续发展的空间蓝图，是各类开发保护建设活动的基本依据。建立国土空间规划体系并监督实施，将主体功能区规划、土地利用规划、城乡规划等空间规划融合为统一的国土空间规划，实现“多规合一”，强化国土空间规划对各专项规划的指导约束作用，是党中央、国务院作出的重大部署。为建立国土空间规划体系并监督实施，现提出如下意见。

一、重大意义

各级各类空间规划在支撑城镇化快速发展、促进国土空间合理利用和有效保护方面发挥了积极作用，但也存在规划类型过多、内容重叠冲突，审批流程复杂、周期过长，地方规划朝令夕改等问题。建立全国统一、责权清晰、科学高效的国土空间规划体系，整体谋划新时代国土空间开发保护格局，综合考虑人口分布、经济布局、国土利用、生态环境保护等因素，科学布局生产空间、生活空间、生态空间，是加快形成绿色生产方式和生活方式、推进生态文明建设、建设美丽中国的关键举措，是坚持以人民为中心、实现高质量发展和高品质生活、建设美好家园的重要手段，是保障国家战略有效实施、促进国家治理体系和治理能力现代化、实现“两个一百年”奋斗目标和中华民族伟大复兴中国梦的必然要求。

二、总体要求

（一）指导思想。以习近平新时代中国特色社会主义思想为指导，全面贯彻党的十九大和党的十九届二中、三中全会精神，紧紧围绕统筹推进“五位一体”总体布局和协调推进“四个全面”战略布局，坚持新发展理念，坚持以人民为中心，坚持一切从实际出发，按照高质量发展要求，做好国土空间规划顶层设计，发挥国土空间规划在国家规划体系中的基础性作用，为国家发展规划落地实施提供空间保障。健全国土空间开发保护制度，体现战略性、提高科学性、强化权威性、加强协调性、注重操作性，实现国土空间开发保护更高质量、更有效率、更加公平、更可持续。

（二）主要目标。到2020年，基本建立国土空间规划体系，逐步建立“多规合一”的规划编制审批体系、实施监督体系、法规政策体系和技术标准体系；基本完成市县以上各级国土空间总体规划编制，初步形成全国国土空间开发保护“一张图”。到2025年，健全国土空间规划法规政策和技术标准体系；全面实施国土空间监测预警和绩效考核机制；形成以国土空间规划为基础，以统一用途管制为手段的国土空间开发保护制度。到2035年，全面提升国土空间治理体系和治理能力现代化水平，基本形成生产空间集约高效、生活空间宜居适度、生态空间山清水秀，安全和谐、富有竞争力和可持续发展的国土空间格局。

三、总体框架

（三）分级分类建立国土空间规划。国土空间规划是对一定区域国土空间开发保护在空间和时间上作出的安排，包括总体规划、详细规划和相关专项规划。国家、省、市县编制国土空间总体规划，各地结合实际编制乡镇国土空间规划。相关专项规划是指在特定区域（流域）、特定领域，为体现特定功能，对空间开发保护利用作出的专门安排，是涉及空间利用的专项规划。国土空间总体规划是详细规划的依据、相关专项规划的基础；相关专项规划要相互协同，并与详细规划做好衔接。

（四）明确各级国土空间总体规划编制重点。全国国土空间规划是对全国国土空间作出的全局安排，是全国国土空间保护、开发、利用、修复的政策和总纲，侧重战略性，由自然资源部会同相关部门组织编制，由党中央、国务院审定后印发。省级国土空间规划是对全国国土空间规划的落实，指导市县国土空间规划编制，侧重协调性，由省级政府组织编制，经同级人大常委会审议后报国务院审批。市县和乡镇国土空间规划是本级政府对上级国土空间规划要求的细化落实，是对本行政区域开发保护作出的具体安排，侧重实施性。需报国务院审批的城市国土空间总体规划，由市政府组织编制，经同级人大常委会审议后，由省级政府报国务院审批；其他市县及乡镇国土空间规划由省级政府根据当地实际，明确规划编制审批内容和程序要求。各地可因地制宜，将市县与乡镇国土空间规划合并编制，也可以几个乡镇为单元编制乡镇级国土空间规划。

（五）强化对专项规划的指导约束作用。海岸带、自然保护地等专项规划及跨行政区域或流域的国土空间规划，由所在区域或上一级自然资源主管部门牵头组织编制，报同级政府审批；涉及空间利用的某一领域专项规划，如交通、能源、水利、农业、信息、市政等基础设施，公共服务设施，军事设施，以及生态环境保护、文物保护、林业草原等专项规划，由相关主管部门组织编制。相关专项规划可在国家、省和市县层级编制，不同层级、不同地区的专项规划可结合实际选择编制的类型和精度。

（六）在市县及以下编制详细规划。详细规划是对具体地块用途和开发建设强度等作出的实施性安排，是开展国土空间开发保护活动、实施国土空间用途管制、核发城乡建设项目规划许可、进行各项建设等的法定依据。在城镇开发边界内的详细规划，由市县自然资源主管部门组织编制，报同级政府审批；在城镇开发边界外的乡村地区，以一个或几个行政村为单元，由乡镇政府组织编制“多规合一”的实用性村庄规划，作为详细规划，报上一级政府审批。

四、编制要求

（七）体现战略性。全面落实党中央、国务院重大决策部署，体现国家意志和国家发展规划的战略性，自上而下编制各级国土空间规划，对空间发展作出战略性系统性安排。落实国家安全战略、区域协调发展战略和主体功能区战略，明确空间发展目标，优化城镇化格局、农业生产格局、生态保护格局，确定空间发展策略，转变国土空间开发保护方式，提升国土空间开发保护质量和效率。

（八）提高科学性。坚持生态优先、绿色发展，尊重自然规律、经济规律、社会规律和城乡发展规律，因地制宜开展规划编制工作；坚持节约优先、保护优先、自然恢复为主的方针，在资源环境承载能力和国土空间开发适宜性评价的基础上，科学有序统筹布局生态、农业、城镇等功能空间，划定生态保护红线、永久基本农田、城镇开发边界等空间管控边界以及各类海域保护线，强化底线约束，为可持续发展预留空间。坚持山水林田湖草生命共同体理念，加强生态环境分区管治，量水而行，保护生态屏障，构建生态廊道和生态网络，推进生态系统保护和修复，依法开展环境影响评价。坚持陆海统筹、区域协调、城乡融合，优化国土空间结构和布局，统筹地上地下空间综合利用，着力完善交通、水利等基础设施和公共服务设施，延续历史文脉，加强风貌管控，突出地域特色。坚持上下结合、社会协同，完善公众参与制度，发挥不同领域专家的作用。运用城市设计、乡村营造、大数据等手段，改进规划方法，提高规划编制水平。

（九）加强协调性。强化国家发展规划的统领作用，强化国土空间规划的基础作用。国土空间总体规划要统筹和综合平衡各相关专项领域的空间需求。详细规划要依据批准的国土空间总体规划进行编制和修改。相关专项规划要遵循国土空间总体规划，不得违背总体规划强制性内容，其主要内容要纳入详细规划。

（十）注重操作性。按照谁组织编制、谁负责实施的原则，明确各级各类国土空间规划编制和管理的要点。明确规划约束性指标和刚性管控要求，同时提出指导性要求。制定实施规划的政策措施，提出下级国土空间总体规划和相关专项规划、详细规划的分解落实要求，健全规划实施传导机制，确保规划能用、管用、好用。

五、实施与监管

（十一）强化规划权威。规划一经批复，任何部门和个人不得随意修改、违规变更，防止出现换一届党委和政府改一次规划。下级国土空间规划要服从上级国土空间规划，相关专项规划、详细规划要服从总体规划；坚持先规划、后实施，不得违反国土空间规划进行各类开发建设活动；坚持“多规合一”，不在国土空间规划体系之外另设其他空间规划。相关专项规划的有关技术标准应与国土空间规划衔接。因国家重大战略调整、重大项目建设或行政区划调整等确需修改规划的，须先经规划审批机关同意后，方可按法定程序进行修改。对国土空间规划编制和实施过程中的违规违纪违法行为，要严肃追究责任。

（十二）改进规划审批。按照谁审批、谁监管的原则，分级建立国土空间规划审查备案制度。精简规划审批内容，管什么就批什么，大幅缩减审批时间。减少需报国务院审批的城市数量，直辖市、计划单列市、省会城市及国务院指定城市的国土空间总体规划由国务院审批。相关专项规划在编制和审查过程中应加强与有关国土空间规划的衔接及“一张图”的核对，批复后纳入同级国土空间基础信息平台，叠加到国土空间规划“一张图”上。

（十三）健全用途管制制度。以国土空间规划为依据，对所有国土空间分区分类实施用途管制。在城镇开发边界内的建设，实行“详细规划+规划许可”的管制方式；在城镇开发边界外的建设，按照主导用途分区，实行“详细规划+规划许可”和“约束指标+分区准入”的管制方式。对以国家公园为主体的自然保护地、重要海域和海岛、重要水源地、文物等实行特殊保护制度。因地制宜制定用途管制制度，为地方管理和创新活动留有空间。

（十四）监督规划实施。依托国土空间基础信息平台，建立健全国土空间规划动态监测评估预警和实施监管机制。上级自然资源主管部门要会同有关部门组织对下级国土空间规划中各类管控边界、约束性指标等管控要求的落实情况进行监督检查，将国土空间规划执行情况纳入自然资源执法督察内容。健全资源环境承载能力监测预警长效机制，建立国土空间规划定期评估制度，结合国民经济社会发展实际和规划定期评估结果，对国土空间规划进行动态调整完善。

（十五）推进“放管服”改革。以“多规合一”为基础，统筹规划、建设、管理三大环节，推动“多审合一”“多证合一”。优化现行建设项目用地（海）预审、规划选址以及建设用地规划许可、建设工程规划许可等审批流程，提高审批效能和监管服务水平。

六、法规政策与技术保障

（十六）完善法规政策体系。研究制定国土空间开发保护法，加快国土空间规划相关法律法规建设。梳理与国土空间规划相关的现行法律法规和部门规章，对“多规合一”改革涉及突破现行法律法规规定的内容和条款，按程序报批，取得授权后施行，并做好过渡时期的法律法规衔接。完善适应主体功能区要求的配套政策，保障国土空间规划有效实施。

（十七）完善技术标准体系。按照“多规合一”要求，由自然资源部会同相关部门负责构建统一的国土空间规划技术标准体系，修订完善国土资源现状调查和国土空间规划用地分类标准，制定各级各类国土空间规划编制办法和技术规程。

（十八）完善国土空间基础信息平台。以自然资源调查监测数据为基础，采用国家统一的测绘基准和测绘系统，整合各类空间关联数据，建立全国统一的国土空间基础信息平台。以国土空间基础信息平台为底板，结合各级各类国土空间规划编制，同步完成县级以上国土空间基础信息平台建设，实现主体功能区战略和各类空间管控要素精准落地，逐步形成全国国土空间规划“一张图”，推进政府部门之间的数据共享以及政府与社会之间的信息交互。

七、工作要求

（十九）加强组织领导。各地区各部门要落实国家发展规划提出的国土空间开发保护要求，发挥国土空间规划体系在国土空间开发保护中的战略引领和刚性管控作用，统领各类空间利用，把每一寸土地都规划得清清楚楚。坚持底线思维，立足资源禀赋和环境承载能力，加快构建生态功能保障基线、环境质量安全底线、自然资源利用上线。严格执行规划，以钉钉子精神抓好贯彻落实，久久为功，做到一张蓝图干到底。地方各级党委和政府要充分认识建立国土空间规划体系的重大意义，主要负责人亲自抓，落实政府组织编制和实施国土空间规划的主体责任，明确责任分工，落实工作经费，加强队伍建设，加强监督考核，做好宣传教育。

（二十）落实工作责任。各地区各部门要加大对本行业本领域涉及空间布局相关规划的指导、协调和管理，制定有利于国土空间规划编制实施的政策，明确时间表和路线图，形成合力。组织、人事、审计等部门要研究将国土空间规划执行情况纳入领导干部自然资源资产离任审计，作为党政领导干部综合考核评价的重要参考。纪检监察机关要加强监督。发展改革、财政、金融、税务、自然资源、生态环境、住房城乡建设、农业农村等部门要研究制定完善主体功能区的配套政策。自然资源主管部门要会同相关部门加快推进国土空间规划立法工作。组织部门在对地方党委和政府主要负责人的教育培训中要注重提高其规划意识。教育部门要研究加强国土空间规划相关学科建设。自然资源部要强化统筹协调工作，切实负起责任，会同有关部门按照国土空间规划体系总体框架，不断完善制度设计，抓紧建立规划编制审批体系、实施监督体系、法规政策体系和技术标准体系，加强专业队伍建设和行业管理。自然资源部要定期对本意见贯彻落实情况进行监督检查，重大事项及时向党中央、国务院报告。

后　记

为了响应国家关于高校转型发展的要求，教学科研要服务于当地社会经济发展。我们在教学改革中，注重理论与实践相结合，以培养应用型人才为目的。近年来，我们团队承接一批乡村规划和城乡旅游规划项目，带领学生去调研考察，收取资料，室内进行文字收集整理、数据验算分析、文本图件生成，直到项目评审验收、项目落地建设、经营管理、项目提升改造，从而积累了较为丰富的乡村旅游规划与开发的科学研究成果和教学实践经验。我们对这些理论成果和教学实践进行了梳理总结，产生了两方面的成果：一是科学研究与社会实践相结合的科研成果《景观生态理念下的乡村旅游规划设计》一书，已于2018年出版；二是教学研究与教学实践相结合的教研成果《乡村旅游规划与开发》，即本书。

这里必须提到的是本书编写完成之时，正是中国人民和世界人民一起抗击新型冠状病毒肺炎疫情呈现稳中向好之势，但仍未获全面胜利。新冠肺炎在短期内的快速传播已经对全球居民健康、国家社会经济安全，乃至国土空间治理产生了重大影响。疫情危机引起人们的反思，我们从国土空间安全角度，重新审视国土空间格局，对人类命运共同体，世界经济一体化，国土空间治理体系和城乡人居环境进行深入研究与思考，将具有重大的理论与实践意义。这也为我们今后教学和科研提出了新的课题。

在编写过程中，我们借鉴和引用了国内外专家学者的研究成果。多次得到全国各地同行专家学者的建议和意见，尤其是山东省高校地理教材编写委员会分别在聊城市、泰安市和济南市对教材的编写、出版和使用进行了研究和安排。在此表示感谢！

刘　杰

2020年5月25日于菏泽学院城市建设学院